区分所有法の探究

片桐善衞 著

成文堂

はしがき

　名城大学の定年退職を前にしてこうした機会を与えられたお蔭で，初めての研究書を出すこととなった。しかし，率直に言って「この程度のものしか書けなかったのか」というのが，偽らざる心境である。学界全体の進展にどの程度貢献できるのかは疑問を伴うが，勝手ながら，私の業績をまとめることで，教員生活を振り返り，改めて自分を見つめなおす意義ある機会を提供して頂いた。

　大学教員として三校目になる名城大学で今日まで12年間勤めさせて頂くことになり，まずはそのことに心から感謝申し上げる。いささか来し方を振り返れば，元々民法の研究者になるなどとは想像だにできなかった大学時代は，正直に言えばもっぱら学生運動に身をていしていた。卒業を前にして，関心を持ち始めた法律学，当初は労働法に興味があり，その基礎を学ぶために民法と考え，もう少し勉強したくなって大学院の門をたたいた。その時代も決して勤勉な院生とは言えず，故郷で高校教員の試験を受ける心積もりであった。修士の上に博士課程があり，どういう訳かその博士課程の入試を受けることとなり，その面接を前にしての指導教授とのやり取りは，今でもかなり鮮明に思い出すことができる。教授からは，要するに研究者としての就職は考えるなと確認を求められ，私は「高校教員を考えています」と返事をした。かくいう次第での博士課程であるから，本格的な研究論文とは程遠いものしか書けないままで推移し，いつの間にか教員採用試験を受けることもなくなっていた。通信教育の非常勤講師のポストが与えられた以外，専任にはなれないままであった。30歳代の半ばも過ぎた時点で，九州産業大学商学部の民法担当として採用が決まった。福岡という新たな土地での，海や山の幸に恵まれ，自然に囲まれた豊かな体験を今でも鮮やかに思い出し，当地での生活は何事にも代えがたい楽しい一時であった。その後には縁あって，東京に戻り亜細亜大学法学部で10年以上勤めた後，名城大学という初めての名古屋での教員生活となり，12年目の今日を向かえた。瞬く間の大学での時

間であった。今日まで恵まれた条件の中で，若い学生に囲まれ教員としての生活を保障されたのは，幸いである。間も無くその時間が終わろうとしており，次なる生活をどう展開し充実させていくのか，楽しみながら考慮中である。

私の研究関心は時代の中で変遷して来た。学部の卒論は現代法を広く取り上げ，修士論文は近代的土地所有権論に興味を抱き借地・借家法を論じた。その流れの中で区分所有なる所有権に関心を抱くようになり，博士課程からは区分所有法をテーマにした。その後今日までこのテーマを中心に取り組んできた。マンションをめぐる人々の意識や生活もめまぐるしく変わり，その法律関係も変化して来た。

本書に収録したものは，私の教員生活の経過に沿ってほぼ時系列に沿って編集しており（除く，第4章），テーマは表題としている区分所有法に絞っている。この場所を借りて，収録論文の簡単な説明をしておく（初出一覧も参照願いたい）。

第1章のペット問題は，初めて専任となった九州産業大学商学部の紀要に登載したものである。当時はペットに限らず，マンションが一般化していく中で様々な問題が浮上し，そうした問題群の一つを占めていた。本文の中でも言及してはいるが，少なくとも当時争われた状況は，ほぼ過去のものとなっている。且つ，私の議論も直截的な解決策を提示するものではなく，主要な関心はそれを取り巻く法的議論にあった。特に部分社会論など，大幅に手を入れるべきとも考えたが，改めて論究を要する点が多く，内容的にはそのまま収録することとした。今日ペット問題は，住人とペットとがどのように共存するか，ソフトとしての規約等のみならず，ペットのための設備などのハード面の充実も図られている。しかしながら，まだペットに関するトラブルは皆無ではない。なお，ペットの件も含めて，「マンション総合調査」（国交省から平成26年4月23日付で平成25年度の当調査結果が公表されている）をご参照頂ければと思う。

第2章の専用使用権はその後の業績であるが，第1節は鬼籍に入られた指導教授内山尚三先生に捧げたものである。上にも記したごとく，右も左も分からないままに大学院の門をたたいた私を受け容れて頂いたのみならず，そ

の後の博士課程を含めて，およそ言われたことを聞かないで我儘放題の私を破門することもなく，弟子として頂いた。勿論その学恩に報いるには，不十分極まるものでしかないのを，忸怩たる思いと共に墓前に頭を垂れる以外にない。第2節は，実質的にこの問題へのまとめという位置を占めている。

　第3章はマンションの建替え問題を論じている。これも又その後の事態は進んでいるが，第1節は区分所有法2002年改定を経た時点でのものである。第2節は名城大学時代に提起したものであり，この建替えへの私からの批判とそれなりの対抗策であるが，個別への代替策にまで至ってはいないであろう。それは私の非力さに主要な原因があることは否めないが，もう一つの原因としては，問題自体が一律に現れてくる訳ではなく，個別的具体的な事例ごとに異なり，それぞれへの適切妥当な対応が必要であることも係わってこよう。たとえ基本としての再生なる路線が定着してきても，時間の経過に伴う劣化等，つまりは人間の住としての役割を終える段階を迎えるのは不可避である。そのときには，建替えも選択肢の一つとして当然考えなければなるまい。端的に時間軸だけで言ってしまえば，建替えは短期目標ではなく，長期目標の中で考えるべきと思われる。言うまでもなく，多様な選択肢が等しく用意されていることこそ望ましい。第2節での共法論とまちづくりへの架橋論は，そうした位置づけに基づく建替え一元化への近視眼的捉え方に対し，外在的批判でしかないかもしれないが，視点の転換を提起している積りである。

　最後の第4章は，3章までとは趣を異にした法制史的検討の成果である。亜細亜大学からオーストリアのインスブルック大学法学部へ留学した際に，ファイステンベルガー Faistenberger 教授の下で調べた資料が基になっている。その後，ここで論じたほぼ全ての点を含めて，後にウィーン大学の法学部教授となったコール Kohl 氏が Habilitation（教授昇格論文）をまとめて公にした（Gerald Kohl, Stockwerkseigentum Geschichte, Theorie und Praxis der materiellen Gebäudeteilung unter besonderer Berücksichtigung von Rechtstatsachen aus Österreich. Dunker & Humblt・Berlin, 2007）。本稿も，彼の成果を取り入れつつ再構成されるべきであろうが，時期的にみて先行業績としての意義程度は残っているであろう。

以上，ここに収録した全てにわたって，関係諸氏の忌憚なきご批判を賜れば幸いである。

 2015 年 5 月

片 桐 善 衛

目　次

はしがき

第1章　ペット飼育をめぐって……………………………………………1
第1節　マンションでのペット飼育をめぐって…………………………1
　1　はじめに―問題の背景　*1*
　2　横浜地裁平成3年（1991年）12月12日判決の検討　*2*
　3　外国法瞥見　*23*
　4　行為規範・生ける法論　*55*
第2節　補　論………………………………………………………………63
　1　はじめに　*63*
　2　日本での経過（旧稿後の展開）及び判例と学説　*63*
　3　外国法　*67*
　4　幾つかの論点　*91*

第2章　専用使用権………………………………………………………98
第1節　専用使用権を巡る裁判例の検討…………………………………98
　1　はじめに　*98*
　2　判例・学説の概要と実務での対応　*99*
　3　論　点　*111*
　4　まとめに代えて　*116*
第2節　専用使用権論――総括と課題――………………………………117
　1　はじめに　*117*
　2　現在の到達点　*117*
　3　課題および論点　*121*
　4　建替え　*124*
　5　小　括　*125*

第3章 マンション建替えの検討 ……………………………… 126
第1節 マンション建替え小論——要件論を中心に—— ……… 126
1 はじめに *126*
2 比較法 *127*
3 裁判例 *131*
4 裁判例の検討 *137*
5 おわりに *151*
第2節 マンションの明日に向けて ……………………………… 151
1 形成権論 *152*
2 売渡請求権 *153*
3 売渡しの対象・目的 *154*
4 共法へ *155*

第4章 階層所有権論 ……………………………………………… 160
第1節 階層所有権の歴史的展開——オーストリア法に即して—— …… 160
1 はじめに（概要） *160*
2 ABGB編慕と学説の諸相 *161*
3 階層所有権禁止の立法と展開 *164*
4 その後の展開 *180*
第2節 補　論 ……………………………………………………… 181
1 はじめに *181*
2 条文訳 *181*
3 所有権概念について *182*
4 当時の土地と建物の関係 *184*
5 まとめに代えて *187*

収録論文初出一覧 …………………………………………………… *190*
筆を擱くにあたって ………………………………………………… *191*
事項索引 ……………………………………………………………… *193*
人名索引 ……………………………………………………………… *196*
裁判例索引 …………………………………………………………… *198*

第1章　ペット飼育をめぐって

第1節　マンションでのペット飼育をめぐって

1　はじめに―問題の背景

　マンションでのペット飼育が，問題になっている。[1]何故，今の時期に至りこうした問題が論じられるようになったのであろうか。その時代背景を明らかにする事から，ここでの議論を始めたい。

　まずいわば時系列による整理であって，日本でのマンションという居住形態の発展の時期区分を試みよう。大きく分ければ次の4段階を辿って来たといえるのではなかろうか。1．創生期＝揺籃期。昭和30年（1955年）代。2．ハード面での各種トラブル発生期。産みの苦しみの体験。この時期にはもっぱら外に対して，構造面に眼が向けられていた。3．小康状態。相対的安定期。4．現在。やっとソフト面に対して眼を向ける事が出来る段階に達した。いわば，自分達の足元を見つつあるといえよう。そして，マンションという建物だけではなく，その環境，地域との関係まで観点が広まりつつあるといえよう（その意味では，新たな5段階目にも入りつつある。尤も，リフォームや建替えが出て来ているし，よりマンションの多目的化，多様化が進行するであろう）。

---

[1] 本稿のきっかけとなっているのは，日本マンション学会設立総会（1992年4月25・26，於京都リサーチパーク）での4月26日午前第三分科会「マンションの管理に関する諸問題」（コーディネーターは丸山英氣教授）の中の筆者の報告「マンションにおけるペット飼育をめぐって」である。当日の報告に対しては，多数の参加者の方から有益なご教授，ご指導を頂いた。そのうち限られた論点に対してしか当日には対応できなかったので，改めて本稿で能う限りの論及をさせてもらえれば，と考えている。当日は総会，記念シンポジウム，分科会，見学会など，盛りだくさんの内容であったが，やっとマンション問題を正面から論議する場が出来上がった意義は大きいであろう。そこでの問題の中に，ここで取り上げる点も含まれていた。

　なお，その後同学会では「ペットシンポジウム」が計画されており，そのための第3回ペットシンポディレクター会議（1992年10月9日，於　東京）に出席する機会があった。そこで，参考文献として，マンション管理センター監修，マンション管理実務研究会編・著『ペット飼育編』（第一法規出版，平成元年）を教えて頂いた。それも参照されたい。但し，本稿はそれによるものではない事を断っておく。

こうした4つ目の段階に達したマンションの中で、ペット問題はその象徴的課題になって来たといえるのではなかろうか。4段階にまで至る過程で種々提起された課題が全て解決したとはとても言う事は出来ないにせよ、あくまで比較的・相対的な重点の移行はあるといえよう（創生期以降の問題群は一貫して存在した訳で、それが重畳的に競合して現れて来るのだが、中心的な問題は明らかに変化がみられるのではないか）。どこかからは声高に「生活大国」が唱えられている今日、やっとマンション居住者は生活の物理的な基盤の上で一応は落ち着きながら、より快適なマンションライフを送りたいと考えられるようになった、という事であろう。

　更に問題を平面的、空間的な側面で把握すれば、本件は使用細則や日常生活でのルールのレベルでのそれであろう。区分所有法を中心とする実定法、規約、という規範が存在する訳だが、本件での主要な問題は、明らかにその平面では捉え切れない。いわば行為規範、生ける法という問題を提起しているように思われる。

　そこで、以下、まずペット飼育をめぐって争われた事件の検討から始めて、若干の外国法を眺め、最後に行為規範、生ける法の議論を行う。

2　横浜地裁平成3年（1991年）12月12日判決の検討[2]
(1)　事案の概要と判決
　[概要]　横浜地裁判決によれば、昭和60年Y（被告）は、家族と共にイングリッシュ・ビーグル犬を連れて横浜市内の本件分譲マンションに入居した。管理組合は、犬を飼育しないように要求していた。昭和61年に開催された管理組合臨時総会で、旧規約が改正され、新規約の一般細則3条によって、居住者の犬、猫、小鳥等のペット動物類の飼育禁止が明文化された（旧規約では明文規定は存在しなかったようで、訴外販売者の作成した入居案内に、『動物の飼育はトラブルの最大の原因ですので一応禁止されています』との記載はあったようだ）。引き続きYが犬を飼い続けたので、X（管理組合管理者）はマンション内

---

[2] 横浜地裁平元(ワ)第1101号、犬の飼育禁止請求事件、平成3年12月12日第四民事部判決、認容・控訴。判タ775号226頁。本件は控訴されているので、当然未だ確定はしてはいない。従ってここでの検討も、最終的なものではないという留保をしておく。

での犬の飼育禁止を求めて提訴（平成元年。但し，判タの《解説》によれば，前訴があって，管理組合が原告となり区分所有法57条の共同の利益に反する事を根拠に犬の飼育禁止を求めていたが，改めて管理者を原告とし規約違反に基づく請求として本訴が提起され，本訴が前訴と併合された後で前訴が取り下げられた，という経緯がある）。

　[判決]　Yは建物内において犬を飼育してはならない，としてX勝訴。

　判決理由は，大要以下のもの。①入居案内は，区分所有法上の規約と同様の拘束力を有するとは認められない。②Yの主張する白紙委任状の無効につき，瑕疵はなくYの抗弁は理由がない。③本件臨時総会の決議が，その効力に影響を及ぼすほど著しく不公正であるという事は出来ない。④（判決摘示の）事実によれば，入居者の間には動物の飼育は原則として禁止されているとの共通の認識があった事が推認される。⑤Yが犬の飼育によって他のマンション居住者に全く不利益を与えていないというYの主張は，認める事が出来ない。⑥（判決摘示の事実を総合すると）現在のわが国の社会情勢や国民の意識等に照らせば，全面的に動物の飼育を禁止した本件規約は，相当の必要性および合理性を有するものというべきである。⑦Yの子供が自閉症であると医師に診断された事はない。⑧（以上の事実を総合すれば）本件規約により動物の飼育を禁止される事によってYが受ける損害は，社会生活上通常受忍すべき限度を越えたものとはいえず，したがって本件規約改正についてYの承諾がない事は，右規約改正の瑕疵に該当しない。

(2)　**判決の検討**

(a)　「はじめに」，でも述べたようにペット問題がついに分譲マンションにおいて争われるようになり，それが訴訟にまで持ち込まれた。その点に本件の意義はあろう。恐らくは分譲マンションでの事例として，初めての判決であろう（賃貸マンションでの事例はある）。法理論としてとられた受忍限度論は格別に新しいものではないにせよ，他の部分ではかなり大胆な判示がされているし（控訴審でも維持されるか些か疑問が残る点もあるが），結論としてのペット飼育禁止の差止の点では，注目に値しよう。以下，本判決についていくつかの論点を検討する。

(b)　まず，マンションでのペットの飼育をめぐっては，極めてわずかの判例・学説しか存在しない。裁判例をみる事から始めよう。

裁判例① 東京地判昭和58年1月28日（判時1080号78頁，判タ492号95頁）。賃貸マンションで猫を飼っていた原告から賃借権確認等の請求がなされ，他方反訴として賃貸人から貸室明渡しが請求された事例。賃貸借契約には風紀衛生上問題となる行為，……近隣の迷惑となる行為及び犬等の家畜の飼育をする事を禁止する旨の特約があった。原告の行為は，その特約に違反する。本件のような賃貸マンションでは猫の飼育を禁止するような特約がなされざるを得ず，かかる特約がなされた以上賃借人はこれを厳守する義務がある。原告の行為によって，被告との間の信頼関係は既に失われているから，被告からの解除により賃貸借契約は終了した。

　裁判例② 東京地判昭和59年10月4日（判時1153号176頁）。犬・猫等の飼育禁止の特約に違反したとして，共同住宅の部屋賃貸借契約の解除が認められた事例。本件賃貸借契約は居住を目的とするものであり，被告（賃借人）がこの用法に違反したときは原告（賃貸人）は本件契約を解除できる特約があったし，また，被告は本件部屋内において犬，猫等の動物を飼育してはならず，これに違反したときは，原告は契約を解除できる特約があった。被告は本件部屋を犬，猫等の飼育及び飼料，器具の保管場所として使用し続けた。これは約定の用法に違反し，解除原因となる。被告は，原告の承諾も得ていない。被告は原告の内容証明郵便による条件付き解除の意思表示があった後においても同様の用法違反を続けていたものであること等の諸事情を考えると，この点をもって背信行為と認めるに足りない特段の事情があるとすることは到底できない。

　裁判例③ 東京地判昭和60年10月22日（判例集未登載。玉田弘毅編著『マンションの法律2』218頁（一粒社，第3版，昭和61年）岡崎泰造執筆による）。公団賃貸住宅において，猫を飼育し続けた居住者に対しての公団からの契約解除が争われた事例。古い契約であるから猫飼育についての特約は存しなかったものの，居住者たる被告の猫の飼育のありさまは共同生活の秩序を乱す行為に該当する。しかも被告が猫の飼育について何らかの是正措置を講ずることは，もはや期待できないものと認められる。このことは公団と被告の間の賃貸借契約上の信頼関係が既に失われたものといわざるをえない。

　一方の学説においても，ペット問題に即しては未だ本格的に論じられては

いない。まず岡崎説（前掲玉田編著『マンションの法律2』217頁）は、「ペットの飼育については、ともすれば買主が過保護になり、…他人への配慮がなくなってしまう危険性があり、それがトラブルの原因となっている。動物から感染する病気も少なくない。…健康上も問題がある。」と指摘する。賃貸住宅では、前述裁判例①③から、「ペットの飼育についても、飼育者である借家人が受忍の限度を越える近隣妨害行為を行い、他の賃借人や賃貸人に迷惑を及ぼす場合は、賃貸人は契約を解除して住宅の明渡しを求めることができるといえる。」分譲住宅では、「民間の分譲マンションの使用細則（規則）は、管理規約とあわせて販売会社が原案を作成・提示し、売買契約の締結時に購入者が承認することによって制定したものとなっているのが一般的である。（そこではペット飼育が禁止されているが＝片桐注）この表現があいまいなため、その解釈を巡って住民者間でトラブルの起きているマンションが少なくない。」「対策としては、管理組合（理事会）による住居者に対する注意である。これに応じない居住者で、かつ賃貸住宅の場合で述べたような明らかに他人に迷惑を及ぼしている場合については、建物区分法6条, 56条に基づき飼育禁止の訴訟を提起することができる。」「一方、ペットの飼育については、老人の一人住まいや子供のいない家庭について、一定のルールに従った良識のあるものであれば認めてもよいのではないかという意見がある。この場合は使用細則の改正手続きをえて実施することができる（建物区分法31条）。」（ペット飼育のルールの提案を紹介した上で、その＝片桐注）「提案は、ペットの飼育を管理組合への届出によって管理組合で管理することとしているものである。使用細則などにいかに表示しようとも、飼育者の良心にもとづく自主的管理に全面的に委ねることはできないことを示すものである。」「なお、マンションの販売にあたり、購入希望者のペット飼育の可否についての質問に対し、あいまいな対応をしたことが、飼育者のルール違反を招いている起因になっている事例もある。」

次いで折田説（折田泰宏『マンションの法律100章』58頁（鹿島出版会、1989年））は、「規約で禁止されている以上は、あくまでその飼育は規約違反になる訳

3　ここでの本文で紹介する見解以外に、梶浦恒男監修『居住者のマンション管理』（都市文化社、1988年）における議論（63頁、西村一朗。69頁、梶浦恒男）もある。

ですから，管理組合としては，これをやめさせることができます。しかし，この規則だけ（で＝片桐注）は，実際のところ中々その徹底が難しいものです。」と述べ，色々な工夫を紹介する。そして，「いずれにしてもマンションに居住することを決意した以上はペットの飼育は諦めるべきでしょう。」

(c) 学説においては，ペット飼育につき否定的である事が確認出来よう。なおかつその見解は，極めて現実的な視点を有していた。裁判例では，そのいずれもが賃貸借の事例に留まっていた。そして3件全てにおいて，（裁判例③を除いて）特約をも根拠にしてはいるものの貸借人の背信行為＝信頼関係破壊，と捉えていたのは，特徴的である。では，本件のような分譲の事例はいかに考えるべきであろうか。本件判決の立ち入った検討に移ろう。

(d) ①「動物の飼育はトラブルの最大の原因なので一応禁止する」旨の入居案内から，検討しよう。認定事実によれば，この案内は販売業者からではなく，「本件マンションの設備機器の点検・保守等の管理業務を担当している訴外会社が入居者の便宜のために作成・配布した参考資料」とされている。何故分譲＝販売業者が作成・配布しなかったのかは，不明であるが，恐らくはあらかじめマンション管理業務も訴外会社に委託するとの契約が，売買契約とセットにされており，購入者は一括してそれらの契約を締結するという関係があったのであろう。こうした経緯・関連の下で契約された法律関係が，そのままいわば自動的に管理組合の中での各居住者を拘束するかは，一個の問題である。即そうなるわけではない，と解すべきではないか。判旨によれば，入居案内は「参考資料」であり，その「入居案内自体について何らかの決議等がなされた事実はない」から，「入居案内が区分所有法上の規約と同様の拘束力を有するとは認められない。」とした。結論は正当であろう。

4　ここでその詳細を検討する事は出来ないが，ペット問題についての意識が醸成されていたならば，旧規約の中に規定されていたであろう（規約に規定があるからといって，それがそのまま管理組合構成員を拘束するか，という次のレベルでの論点が出てきはするが。いわゆる附合契約論を中心としての更なる検討が必要となる）。法律構成としての議論としては，次のようになろうか。業務上管理委託契約は，分譲契約に（その他の諸条件と共に）付随していると位置づけられるのが通常であろう（尤も，これらを一体化しないで個別化して捉える事は出来る。いわゆる自主管理方式では，むしろ個別化して契約されている方が多いのではなかろうか。では，この区別の基準は何か。分譲形態によるのみならず，購入者の管理への意識が決定的である）。それによれば，分譲者と購入者との関係が，今度は購入者＝居住者相互の関係となるのかが，ここでの問題である。

②委任状については，決して望ましい事ではないにせよ，今日の現実の管理組合では多用されている。名実ともの白紙委任ならば問題であって，瑕疵ありとする余地の可能性が生ずるであろう。決議方法についてと同様，判旨は正当と思われる。

③Yに対する「特別の影響」について。（改めて後述するが）判旨では，前記参考資料の援用，数名が飼っていた「小鳥は現在では処分されて」しまっている事，「動物を飼育しているのは分譲当初から現在に至るまで被告のみであること」等々の事実を勘案して，「本件マンションの入居者の間には動物の飼育は原則として禁止されているとの共通の認識があったことが推認される。」とした。又，Yの飼育承認のための諸活動に言及しつつも，「他のマンション居住者に全く不利益を与えないという被告の主張は，これを認めることができ」ないとした。

恐らく判旨は，Yへの「影響」と他の居住者への「影響」を比較衡量した（後述，受忍限度論参照）のであろう。判旨では，「Yへの特別の影響はない」との認定は明示的にはされていない。

続けて判決は，④規約につき，「動物飼育を認めるマンションは…希少な存在で」あり，そこでは「詳細な規定を設けている」し，防音設備・エアコンなど「住宅の構造自体を相当整備したうえで，動物を飼おうとする者の適正を事前にチェックしたり，飼い方などに関する詳細なルールを設ける必要がある」と述べた後で，「全面的に動物の飼育を禁止した本件規約は相当の必要性および合理性を有する」と結論づけた。ここでは，ペット飼育の例，そのために必要な条件にまで言及した上で，社会情勢や国民の意識まで視野において，規約の必要性と合理性を判断している。相当に周到な判旨といえよう。形式的に規約の中の規定の存否によるのではなく，その内容にまで立ち入った上での規約の判断は，評価出来よう[6]。

⑤判旨の最後の，受忍限度論について。Yの「子供が自閉症であると医師

---

[5] 「参考資料」とする以上，もはやそこに厳格な法律関係をみる―筆者の本文のように契約関係とみる―事は出来ない。この点に若干の異論は残る。「決議等がなされた」ならばどうなるか。区分所有法上当然にして，例えば決議に基づく拘束力が出てくる。この点には，原告の争える余地がありそうだ。

に診断されたことはなく，…通常の社会生活を送っている」とした上で，上記③④で述べた事実を総合すれば，Yの損害は受忍限度を越えず，規約改正につきYの承諾がないことは改正の瑕疵に該当しない，とした。

　ここで，Yに対する「特別の影響」があるか否かの結論が示された事になる。区分所有法上の論理（同法31条1項）に従えば，Yに特別な影響はないので，Yの承諾はそもそも必要ない，という事になろう。特別の影響の判断基準として，受忍限度論は受け入れられている[7]ので，ほぼ妥当な判旨といえようか（筆者＝片桐は受忍限度論に疑問をもっているが，後述したい）。

　⑥最後に，差止について付言する。結局本件では，Yの犬飼禁止というYに対するXからの差止請求が容認された訳である。しかし，その根拠（判旨で十分か），差止実現＝執行の態様，等については疑問が無くはない[8]。

　⑦以上，ここでは簡単な評釈にとどめたが，結論は小生も支持したい。しかし，そもそもペットとは何か，規約・使用細則の設定とその運用，全面禁止如何，受忍限度論等，この事例から解明されるべき論点につき，次にやや一般的に論及する。

(3) 管理について

　「はじめに」，で述べたような今日の段階を迎えたマンションにとって「管理問題」はますます重要な課題になって来た。これを，相対的に2つの局面に分ける事が出来よう。第一は分譲という局面，売買過程と，第二は分譲終了後の日常的生活の局面，である。言うまでもなく前者においては，業者と購入者（＝区分所有者）の関係であるのに対して，後者では居住者＝管理組合構成員相互の関係となる。俗に言う「管理を買え」との消費者への警告・助

6　こうした判旨は，本稿の検討にも大いに参考になる。ただ，飼育を認めている例がある事を指摘し，そのために必要な条件も明らかにしている事をどうみるか。本件では必要な条件を満たしていない，との筋で読むべきであるが，その反対の結論も成り立つ事を同時に明らかにもしていよう。必要な条件を揃える以上は，ペット飼育が承認されてもよい，という事になるのではなかろうか。この点からは，社会情勢や国民意識等はあくまで補充的な位置しか占め得ない。それは元々一律に決められるものではなかろう。

7　例えば，法務省民事局参事官室編『改正区分所有法の概要』29頁（別冊NBL，No.12　商事法務研究会，昭和58年）（該当箇所は，濱崎恭生「建物の区分所有等に関する法律及び不動産登記法の一部を改正する法律の概要」）。

8　判決の確定を待つ以外にないが，執行とは，例えば執行官がYから犬を取り上げる事になるのだろうか。後述する。

言は，この二つの局面が切り離し難く結びついている事を前提とするが，理論的整理としてはこの区別は許されよう。横浜の事例においても，当初から（第一の局面で）ペット飼育禁止が明確であれば，少なくとも別の現れ方をしたであろう。第一局面のペット飼育についての曖昧さを内包したまま，第二の局面での対応をX（管理組合）は迫られた事になる。この局面では，正に共同生活者の共同の内実が問われざるを得なくなる。いよいよ管理問題は，生活者の真価を問われる段階に達しつつあるといえるのではなかろうか。

(a) **日常生活の管理**　本件のようなペット飼育を巡っては，極めてソフトな平面におけるいわゆる「ルール」と通常扱われている場面での問題が主要であろう。それを実定法と規約に基づく規範から相対的に区別して，生ける法，行為規範の領域に属すのではないかと，「はじめに」では指摘しておいた。又，4つの時期区分の4段階での問題として論じているのではあるが，かかる問題が1〜3段階でなかったのかというと，決してそうではなかった事は明らかでもある。今日に至る以前においては，問題を抱えながらもそれを正面から取り上げる諸条件（客観，主観。物理的，人的，等）を有しなかったという事であろう。

では，こうした日常生活で問題になり，ルールの平面での対応が問われる例としては，どの様なものがあるだろうか。例えば，次のような実に様々な類がある。騒音，振動，水漏れ，駐車（場），廊下，ホール，エレベーター，ゴミ，子供の行動，プライバシー，防火，防災，防犯，そしてペット等。これらの諸問題に対して，ここではその対応全てを論じる訳にはいかないので，以下，本稿のテーマによる筆者の問題関心に添っての議論とする。ここでは，こうした問題群の中で居住者の日常生活は日々営まれている事を，確認しておきたい。

ルールが明文化されて，「規定」の形で具体化される場合がある。その形は，規約本文，その規約を受けての使用細則（規則），集会決議，その他が考

9　旧規約を根拠に出来た（規約改正の必要はなかった）といえる。なお，「はじめに」で述べた時期区分の2〜3の段階であったなら，本件のような争いになったであろうか。Xは，業者側の不備を問題にしたのではないかと予想される。想定例に過ぎないが，業者に対する損害賠償は可能ではないか，と思われる。

えられる。まず規約であるが、ペット自体について明文化されている例はまだ少ないのではなかろうか[10]。規約は区分所有者が定めることができる（区分所有法—以下、『区法』と略す—30, 31条）ので、勿論ペットについての規定を規約本文に入れる方法もある。しかし多くの例は、使用細則で定める場合であろう。その例をみてみよう。

　使用細則例①　(1)本細則でいうペットとは、おおよそ体長50cm以内の犬・猫・うさぎ・猿をいう。(2)飼育できるペットは一住宅一匹であること。(3)飼育を希望する者は、壁に接する住居者4名の同意を得ること。(4)万一、ペットが共用部分を汚したり破損したときは全額飼育者の負担で元に戻すこと。(5)飼育者が飼育にふさわしくないとマンション居住者のうち5名以上が理事長宛に飼育中止の申請があった場合、飼育者は自己負担で7日以内にペットを処分すること。なお、申請者の氏名は公表しない。(6)飼育者は飼育委員会に全員参加し、飼育者相互の親睦をはかるとともに、他の居住者に迷惑をかけない飼育方法などを研修すること。(7)本マンションで飼育しているペットが子供を生んだとき、その子供の処理を理事長に報告すること。(8)ペット飼育に関しては、飼育開始日より月額〇〇円を6カ月分ずつ前納すること[11]。

　使用細則例②　(1)居住者の飼育細則を厳守できることを誓約すること。(2)飼育できるペットの種類。(3)飼育できる範囲（数）。(4)上下左右の居住者の理解。(5)飼育者同士の委員会の設置。(6)委員会の責任と解決。(7)住環境を保つための厳守事項の設定。(8)損害を与えた場合の補償。(9)管理組合の指導。(10)違反者の措置[12]。

　これらの例をみると、かなり詳細な規定を用意している事が分かる。ペットの定義[13]、飼育手続き、飼育方法、損害・被害、管理組合の下で、違反者の措置、経費、等である。

10　昭和58年10月に出された建設省による「中高層共同住宅標準管理規約」参照。そこでは未だペットについての規定はない。関連する規約の条文を挙げておけば、12, 17, 19, 25, 31, 62, 63, の各条になろうか。
11　玉田弘毅編著『マンションの法律2』219頁（一粒社、第3版、昭和61年）に紹介されている例。出典は、大阪のマンション問題研究会編集『マンションに永住する法』（リサイクル文化社）。
12　団地サービスマンション相談センター編『中・高層分譲住宅管理の常識』170頁（株式会社団地サービス、昭和62年）。

こうしたルールの明文化・規定化まで至らなくとも，単なる集会での決議によったり，その他一種の申し合わせ事項とするとか，理事会（理事長）名での掲示等，様々な対応がなされていると考えられる。
　それでは，これらの規約，使用細則，集会決議，その他，の相互の関係は，どう解すべきか。とりあえずここでは，法規範化の度合い＝法的拘束力の強弱，と捉えておく。従って，その捉え方によれば，既述した実定法・規約に対しての行為規範，生ける法という区別は，あくまで程度差による相対的な区別に過ぎない（使用細則は規約に基づいて定めらえる）。ルールという用語の用い方にも，この事は妥当する。これらの規範（除く，「その他」）につき，項を改めて検討しよう。

　(b)　**規約・使用細則・集会決議の法的対応**　　横浜地判を参考にする事から始めよう。それは，（入居案内にはあったものの）事後新しくペット飼育禁止を導入した例であった。従ってその導入は，ペット飼育者への特別の影響となり，その者の承諾が必要となるか。又改正のためには，より高度の要件、集会決議に使用細則改正ではなく，規約改正の要件を課すべきか。

　規約の変更は（設定と廃止も），「区分所有者及び議決権の各四分の三以上の多数による集会の決議によってする」（区法31条1項1文）。この要件の変更は許されていない。そして，その規約が「一部の区分所有者の権利に特別の影

13　学会でもペットの定義につき，意見が出された。本文での例は文字通り一例に過ぎないが，例えば，盲導犬はペットなのかというような問題である。横浜地判の事例でも，被告は子供の自閉症のための犬だと主張した。判決では，既にみたようにこの主張は退けられている。地裁判決を読む限りでは，控訴審で自閉症のためという事が認められる見込みはありそうもない。しかし，真実自閉症であったならどうか。医療には素人故判然としないが，少なくとも自閉症治療のため犬が必要不可欠か否か，との判断が重要であろう。この事は，盲導犬の場合をも勘案すれば，使用細則例でみた定義だけでは，不十分だという事を物語っているのではないか。結局はペットという用語・概念の中に，具体的に何をどこまで入れるのか，という事になろう。使用細則の例では，然るべき要件を備える以上飼育は出来る事になるが，ペット飼育禁止のマンションにおいては，盲導犬のような例に対しては何らかの例外措置がとられる（端的にいえば，ペットではないとする）事が，要請されよう。
　小鳥や魚類のような類まで一律・全面的に飼育を禁止してしまう事には，疑問がある。とはいえ，この事は多くの通常のマンションについての疑問であって，そうした禁止を一概に無効として扱う事も又疑問が残る。禁止の対極として全面的なペット飼育の容認，俗に言うペットマンション，が現実に存在する。
　曖昧な結論になってしまいはするが，禁止と容認があってよいのではなかろうか。それを決めるのは，―抽象的基準ではあるが―当該マンションの設立趣旨・目的，構造・機能と，何よりも居住者の意識・考え方によると思われる。

響を及ぼすときは，その承諾を得なければならない。」(同2文)。これをYは1つの重要な争点として争った。特別の影響となるか否かは，いわゆる受忍限度の認否によるならば，それを基準に判断される。判旨は，忠実にも殆どこの立場に従った。さて，受忍限度論如何。余りにも問題が大きい故，ここでその十分な検討は出来そうもないが，少々の取り組みをしてみよう。

　(i)　受忍限度という考え方の主要な展開は，不法行為にあったと思われる。その対象としては，いわゆる公害であったといえようが，厳密にみれば不法行為にのみ限定されていた訳ではなかった。受忍限度論の発生過程を簡潔に辿れば，我妻教授の相関関係説に至ろう。そしてそれは，加藤一郎，星野英一教授を代表とする利益衡量論に受け継がれて来たといい得るのではな

14　尤も，集会議決に代えて区分所有者全員の書面による合意でなす事も出来る (区法45条1項)。この点で，当初の「入居案内」を「書面による合意」と解する余地はあろう。とはいえ，それはあくまで「案内」であろうから，判旨は慎重と評価すべきであろう。

15　既述，前掲注7濱崎『改正区分所有法の概要』29頁。同旨　法務省民事局参事官室編『新しいマンション法』196頁 (商事法無研究会，昭和58年)。同旨　濱崎恭生「建物の区分所有等に関する法律の改正について」法曹時報37巻8号1974頁 (昭和60年)。以上の3は，実質的には同じ文献とみる事が出来よう。区分所有法研究会『問答式マンションの法律実務』800頁 (新日本法規出版，平成3年) も，「区分所有者の共同の利益の観点から，規約の設定・変更又は廃止の必要性・合理性と区分所有者の不利益との比較衡量によって判断すべきでしょう」とする。更に，丸山英氣編『区分所有法』181頁[原田純孝] (大成出版社，1984年)，遠藤浩編『マンション』404頁[米倉喜一郎] (青林書院，1985年)，前掲注11玉田編著『マンションの法律1』231頁[篠原みち子] (昭和60年) も，同旨。

　参考判例に，大阪地判昭和58年10月28日判時1106号106頁 (区分所有権及び共有特分権に基づく通行妨害排除，専用扉の設置等の請求が棄却された事例)，東京地判昭和61年9月25日判時1240号88頁 (占有部分とされていたバルコニーを共用部分に改めたことが，区分所有者に『特別の影響』を及ぼさないとされた事例) がある。

16　我妻栄『事務管理・不当利得・不正行為』125頁 (日本評論社，昭和12年)。周知の権利侵害から違法性へ，とのテーゼに関する論点であり，我妻説は，「被侵害利益の種類と侵害行為の態様との相関関係に於いて」違法性を判断すべし，とする。更に源流を辿れば，権利濫用論に至ろう。大塚説によれば，「生活妨害の差止が認められるためには，その妨害が『適当の範囲を越える』ものでなければならないという，受忍限度論の原型は，鳩山博士により，フランスの権利濫用論と共に明治後期に導入されたのであり，わが国の受忍限度論の淵源はフランスの権利濫用論にあると思われる。」とする (大塚直『生活妨害の差止に関する基礎的考察(7)』法学協会雑誌107巻3号475頁 (1990年))。この意味では，物権的請求権や人格権説も，受忍限度論の影響を受けつつ展開したとの側面もある事となろうが，本稿ではこの二者を相対的に区別して扱う。

　なお大塚説について一言述べておけば，法律構成は余りにも柔軟に思えるものの，結論は支持すべき場合が多い，と思われる。

　いわゆる相関関係論については，例えば，四宮和夫『「相関関係理論」に関する一考察』加藤一郎編『民法学の理論と課題』263頁 (東京大学出版会，1982年)，中村哲也「民法七〇九条の一般条項化と個人の利益」法政理論15巻2号39頁 (1983年)，参照。

第1節　マンションでのペット飼育をめぐって　13

かろうか。こうした受忍限度論（その「発展」としての新受忍限度論も含めて）に最も鋭く対決したのが，環境権論であった。今ここでこれらの論点に詳しく触れる事が出来ないが，特に次の文献・論文に注目したい。淡路剛久『公害賠償の理論』（有斐閣，昭和50年，増補版は昭和53年），沢井裕『公害差止の法理』（日本評論社，昭和51年），原島重義「わが国における権利論の推移」法の科学4号54頁（昭和51年），である。淡路説は受忍限度論の立場から，原島説はその批判の立場からのものであるが，沢井説は一種の折衷説であり受忍限度論の立場を批判しつつも，部分的に受忍限度論を用いた作業が必要とし，かつ一般理論として違法侵害説を支持する。[19]

　さてここでの問題は，ペットをめぐる争いにおいて，そもそも上の論争の枠組み自体で論ずる事が適合的か，という点である。上で想定されている場面，それ故鋭く対立する場面は，産業公害であって，侵害の内実は生命・身体に対するものである。私人間での騒音・悪臭なども広く公害の中に入れてしまう考えも存在しはするものの，類型的には区別されるべきであろうと思われる。ペット問題は明らかに生活妨害の一種であって，通常は直ちに生命・身体ないしは健康に対する侵害とはならないからである。

　上の論争も，確かにその後双方からの「歩み寄り」がみられ，一時ほどの甚だしい対立はなくなったといえよう。ところが，（その事によるとばかりとも

17　加藤一郎『不法行為［増補版］』106頁（有斐閣，昭和50年）。同編『公害法の生成と展開』30頁［加藤一郎］（岩波書店，昭和43年）。星野教授の利益衡量論については，「民法解釈論序説」，その「補論」（『民法論集第一巻』1頁，48頁（有斐閣，昭和45年）所収）。但し，星野説は，権利侵害から違法性へのテーゼについては否定し，フランス民法に沿った解釈論を立てる。例えば，私法41号181頁（1979年）での星野報告（シンポジウム，不法行為理論の展望）参照。

18　淡路教授の同書，229頁においては，いわゆる権利説と不法行為説という2つの流れの中での受忍限度論の扱われ方に言及されており，「従来の物権的請求権説や人格権説の立場でも，受忍限度論的利益衡量論は，不可避的に認められてきた」と解されている。又，受忍限度論からの応接につき，同書，236頁参照。更に付言すれば，同教授はその後，『環境権の法理と裁判』（有斐閣，昭和55年）等を出している。

　なお，「相隣関係の一般問題」につき，川島武宜『民法I　総則・物権』200頁（有斐閣，昭和35年），又，日照権に関するものながら，評者の言う真正権利構成に立ったものとして，楠本安雄「判批」判タ314号142頁（1975年），参照。

19　原島説，沢井説，双方とも環境権論を支持する。原島説に対して，沢井説から「あえて問題を提起すれば」との批判につき，沢井同書，68頁参照。なお，沢井教授は違法侵害説につき，「被害本意的な権利説が核心にあることが承認され，しかも利益衡量の枠組みが明示されたうえで，違法侵害説が主張されるならば，これを批判するつもりはない。」と述べる。同書，50頁。

思えないものの，上の論争点に近接していた人格権や物権的請求権の論点などを大きく越えて）その受忍限度論（的法的構成）は，他の領域にもその影響力を及ぼして行った，といえよう。その流れの中の1つの現れが，本件判決であるといっても，あながち間違ってはいないであろう。

そうすると本件のような生活環境内で，相互に立場の互換性を明らかに有する紛争においては，むしろ（一種の）相隣関係の把握がなされるべきであって，その意味では受忍限度論導入にふさわしい状況がある[20]，といえるかも知れない。ただ注意されなければならないのは，管理組合という団体法理が強く働く事が要請されている事である。この点では単なる一市民同士の争いではなくなる。

では，本件の場合に即して検討してみよう。受忍限度論が明示的にとられているのは，犬の飼育者たるYへの「特別の影響」の存否の判断においてである。Yの受ける損害が，社会生活上通常受忍すべき限度を越えたならば，「特別の影響」がある，とされるとの論理である。同時に，この結論に至る前提としては，Y以外の管理組合側の事情も勘案されており，当然にして，利益衡量の操作がなされている。利益衡量，受忍限度をとる判例・通説に，見事に沿った1つの判決例である。しかし，本稿が注目したいと考えるのは，次の2点である。第1は，犬の出す騒音や悪臭は，「比較的軽度の積極的侵害[21]」に留まるのか。第2は，管理組合という団体と，そこでの規約・使用細則の存在である。

第1について。確かに本件のようなケースでは，重大な産業公害のごとく生命・身体・健康に対する直接的な被害ではなかろう。しかし，これらの被害の態様，度合いは様々であって，特殊な場合でなければ生命侵害にまでは至らない事が多いではあろうが，健康を害され，更には身体的被害が発生する事はたやすく想定する事が出来る。特に音に対しては，個人的な差異（あ

---

20 例えば，広中教授は次のように述べている。「生活妨害においては，同一種類の行為（たとえば騒音を発するという行為）でありながらそれによる他人の利益侵害が一定の限度を超えるという違法性を帯びそれを超えなければ違法性を帯びないとされるようなものが問題なのであり，それにとっては利益衡量が本質的であるといわなければならない。」広中俊雄『債権各論講義［第四版］』444頁（有斐閣，昭和47年）。
21 前掲注16の大塚説による理解，参照。

る人にとっては気にもかからなくとも，別の人にとっては騒音そのものであるというように）が大きい事には，留意されるべきであろう（尤も，この事をもって，判断基準の設定を，当該個人にするという事まで意味するわけではない。そのためには，第2点が考慮される。）。そして，今日の段階では，快適なマンションライフが目指されている点が，考慮されてよかろう。つまり，騒音や悪臭を出さない事に，より高い価値付けをするという事である。

第2について。本件のYも又，団体の構成員である。本件においては，入居段階で犬の飼育禁止につき不徹底な点があったので，入居後の規約改正で問題となった。こうした規約や使用細則は，団体法理ではあるものの，その中で各個人も，一種の契約関係の下で拘束される事は，明らかであろう。勿論，規約や使用細則が，常に絶対的なものではない。手続き的瑕疵のみならず，基本的人権とか公序良俗に反してはならない事，明らかである。犬などのペット飼育禁止が，こうした基準に反するか否かは，今少し検討を要する問題であろう。ここで注目すべきは，飼育容認か禁止かは，当該団体の選択に委ねられている事である。それ故，その選択は，法によっても尊重されなければならないと思われる。

以上の考察をしたとしても，それも又利益衡量・受忍限度論の枠内ではないか，との疑問が払拭されたわけではないかも知れない。それに対しては，当該マンション毎の，個別的具体的な判断による，とここでは答えておく。[22]

(ii) 横浜地判の事例で，当初原告側が主張した「共同の利益」につきみてみよう。区分所有法によれば，「区分所有者は，建物の保存に有害な行為その他建物の管理又は使用に関し区分所有者の共同の利益に反する行為をしてはならない。」（区法6条1項）として，広く一般的に建物の使用や管理を正常に維持するための規定を用意している（旧区分所有法5条1項も同旨を定めていたが，その違反への措置は解釈に委ねられていた）。通常，共同の利益に反する行為

---

22 つまり，ペットの騒音や悪臭を排除する事に高い価値付けをしているマンションで，その旨の団体法理を瑕疵なく備えている場合には，飼育禁止が容認されるとの結論になろう。理論構成としては，人格権によるとするのが，すっきりするかも知れない。なお，生活妨害による差止請求につき，四宮和夫『不法行為（事務管理・不当利得・不法行為中・下巻）』478頁（青林書院，昭和62年）参照。ここでは，四宮説の整理による，二元論（複合構造説）を支持しておく。

　人格権についての代表的業績としては，斉藤博『人格権法の研究』（一粒社，昭和54年），五十嵐清『人格権論』（一粒社，1989年）がある。それらを踏まえての検討は，将来の課題としたい。

については，次のような類型が挙げられる。建物の「不当毀損行為」，建物などの「不当使用行為」，「プライバシーの侵害ないしニューサンス」，建物などの「不当外観変更行為」[23]。ペット問題はこの中の，主要には「ニューサンス」に係わろうが「不当使用行為」にも該当する場合があろう。カラオケ騒音に対して夜10時から朝8時までカラオケ装置の全面的な使用禁止を認容した判決（横浜地判昭和56年2月18日判タ435号84頁）があり，参考になろう。ニューサンス nuisance とは元来は英米法上の概念であり，ここで問題とするのは privat nuisance であって，日本では広く「公害」と扱われる事があるが，敢えて訳せば生活妨害と訳するべきであろう。ニューサンスは，英米法では不法行為の一類型として発展して来たが，同様の生活妨害行為は大陸法では権利濫用論などにより不法行為となる事がある。損害賠償及び差止が，その効果である。共同の利益に反する行為として，このニューサンスを入れるべきか。少なくとも現行法での類型に数える事に争いはない。とはいえ他の三種型と異なる側面がある事は，否定し得ない。つまり，文字通り生活妨害はマンション以外の日常生活でも問題になるであろうから，そこで——一般の市民同士の問題として——捉えば足りるとも考えられよう。しかし，マンションという構造上の特質を考えれば，例えば一戸建て住宅に比して，このニューサンスの深刻さはより重大なものとなろう。共同した生活はマンションにとって所与のものであるが故に，ここでの類型の一にニューサンスを入れる事は，積極的な意味がある。それは単なる程度差だとも言い得ようが，例えば同じ騒音でもマンションにおいてはより厳しい対応が要請され[24]，その具体的現れの一つが，この「共同の利益」の基準であろう。こうした共同の利益に反する行為に対して，どの様な措置がとれるのか。違反行為の停止を要求したり，損害が発生すればその賠償を請求したりする事が認められるのは勿論であるが，区分所有法はそれに加えて違反行為の差止（区法57条），占有部分の使用禁止（同58条），区分所有権及び敷地利用権の競売（同

---

23 前掲注15法務省民事局参事官室編『新しいマンション法』271頁参照。これは，玉田弘毅『注解建物区分所有法(1)』228頁（第一法規，昭和54）によったものと思われる。又，水本浩・遠藤浩編『住宅関係法』（基本法コメンタール別冊法学セミナーNo.65）268頁［大西泰博］（日本評論社，昭和59年）によれば，占有部分・共用部分・債権関係における各義務違反行為につき詳論されている。参考文献も同書が詳しい。

59条)、を裁判上請求出来るとした。本稿では差止をみる。[25]

　区法6条違反の行為に対しては、区法57条による差止が出来る。その態様は、「その行為を停止し、その行為の結果を除去し、又はその行為を予防するため必要な措置を執ること」が出来るという三種が与えられている。例えばペットを例にとれば、ペット飼育をやめ、汚物を除去し、防音装置を設置する事などが考えられよう。違反行為に対応する措置を選択（競合も可）する事になる。その措置を請求する方法に、裁判外と裁判によるものがある。差止の場合には、使用禁止・競売請求と異なり裁判外での請求が用意されている（区法58・59条では『訴をもって』とされているのに対して、57条では1項で『他の区分所有者の全員又は管理組合法人は、…請求することができる』とされ、それとは別途に同2項において『訴訟を提起するには』とされている）。区分所有法は裁判外の請求権行使の要件を格別に定めてはいないし、結局立法担当者による解説のように「必ずしも区分所有者全員の名前でする必要はなく、また、区分所有者団体の意思決定方法である集会の決議を経る必要はありません。それは管理者の権限としてなしうるところですし、個々の区分所有者も保存行為としてなしうるところです」という事になろうか。この裁判外の請求にいかな[26]

24　隣同士といっても通常は上下左右（前後）の居室に被害は及ぶ。但し、その4(6)戸の被害をもって即共同の利益に反するといえるかは、一個の問題である。それだけでは「共同の」とはならないであろう。反対に被害は常に全体に及ばなければならないとする事も、行き過ぎであろう。それに対する一つの解答は、集会決議という多数決（差止の場合は区分所有者及び議決権の各過半数。区法39条1項。）である。更にもう一つ留意するに値するのは、団体法理と相対的に区別されるべき各区分所有者の個別的な請求権の存在である。つまり、まずは区法6条1項（又は3項）に基づいて、区法57条の団体で行使する請求とは別に（たとえ集会で差止請求が否決されても、この個別請求は可能と解すべきであろう）、各区分所有者が各自で差止を請求出来ると解する事である。更に、この請求権は民法などの一般法理をも根拠にして、物権的請求権、人格権、共有に基づく権利、不法行為、等に基づいて可能である（前掲注23 水本・遠藤編『住宅関係法』342頁［大西泰博］。前掲注15法務省民事局参事官室編『新しいマンション法』287頁も『特段の事情があるときは』結論同旨）とする立場に与みする。但し当然にして、この請求権は被害者単独の（共同して原告になる事は出来るが）個別的請求権であり、その請求権にはその請求を正当化する事由が要件であって、この点団体法理とは異なる。又、それ故個別的な被害の救済を目的としているが、一方団体法理はそうした個別的被害を包摂しながらも、むしろ区分所有者の共同生活の維持それ自体を目的としているのではなかろうか。

25　なお、この三の請求権相互の関係は、まず差止、次いで使用禁止、最後に競売という三段階と理解すべきである。尤も、各請求権が独立したものである事まで否定するものではない。前掲注15濱崎「建物の区分所有等に関する法律の改正について」(八)法曹時報38巻3号549頁、前掲注15法務省民事局参事官室編『新しいマンション法』276頁、前掲注23 水本・遠藤編『住宅関係法』270頁［大西泰博］。

る実質的な意義があるのか，少々の疑問は残りはする[27]。なお，規約による措置があるが，後述する。裁判による請求に移ろう。区法57条2項に基づき，通常多数の「集会の決議」による。勿論違反区分所有者も出席して，議決権を行使する事が出来る。使用禁止と競売請求の場合には，明文をもって違反区分所有者に「あらかじめ」「弁明する機会」が与えられている（区法58条3項，同59条2項）事との対比では，集会への出席は重要であろう。矛盾と考えられなくもないが，出席と議決は区分所有者の基本的権利である以上，それを奪う事は出来ないので認めざるを得ない。訴訟の提起とは広い意味で，通常の本案訴訟（差止の訴）だけではなく仮処分の申請なども含む。この措置による限り，集会決議はそうした提起の要件である。団体が法人化されていれば法人の名で，そうでなければ区分所有者全員の名で，提起する。法人の名でなした場合には，いわゆる法定訴訟担当になろう[28]。そう解すれば，差止請求の提起の権限は法人に帰属するが，その効果は区分所有者全員に及ぶ事となろう。後者の区分所有者全員の名で提起する場合は，文字通り全員が原告（当事者）になる以外に，「管理者又は集会において指定された区分所有者」が訴訟を担当することもできる（区法57条3項）。後者はいわゆる訴訟追行権であって，少なくとも管理者は任意的訴訟担当となろう。「集会において指定された区分所有者」は，任意的訴訟担当である側面と同時に選

---

[26] 前掲注15法務省民事局参事官室編『新しいマンション法』288頁。又，前掲注23水本・遠藤編『住宅関係法』339頁［大西泰博］も参照。

[27] 一般に権利実現の方法については，例外的な場合の自力救済を除き，広い意味での裁判によってしか認められないのは明かであろう。そして同時に又，ある規定を根拠にしての事実の平面での請求も存する事が承認されていよう。立法担当者の解説に対して述べれば，区法57条はあくまで「他の区分所有者全員又は管理組合法人は」と述べる以上（文理解釈では）57条から直接区分所有者個人や管理者がなし得るとするのには，無理があるのではないか。そうした裁判外の請求については，その根拠を57条に求めるのではなく6条その他に求めるべきと思われる。尤も，立法担当者は，57条を根拠にしてと明示的に述べている訳ではないが（この点は，前記大西説とは異なるといえよう）。そうすると筆者（＝片桐）の解釈では，57条を根拠にする以上はあくまで条文の文言通り区分所有者全員か法人によるが，6条その他の根拠によっても裁判外の請求とする事は可能という事になろうか。そして57・58・59条を全体的にみれば，使用禁止と競売請求は差止に比較して違反者に重大な規制を加える事になるが故に，「訴をもって」との規定が入れられたとみるのが，素直であろう。違反行為に対しては，通常まず差止の措置がとられよう（但し，義務ではない）。この事を重視すれば，差止については区分所有者及びその団体の自主的努力を法的に尊重しているとの解釈は出来ないか。勝手な読み込みに過ぎないかも知れないが。

[28] 前掲注15法務省民事局参事官室編『新しいマンション法』290頁。

第1節　マンションでのペット飼育をめぐって　19

定当事者（民訴法47条）の側面も持つとされている。この訴訟追行権については，あらかじめ規約で与えておく事は出来ず，逐一個別的に事案毎に集会の決議を経なければならないとされている。訴訟担当者に関して，横浜地判の場合には経緯があった様子であるが詳細不明のためコメントを控える。

　では次に，こうした共同の利益について，規約ないし使用細則で規定がおかれていた場合はどうなるであろうか。共同の利益は極めて一般的抽象的概念であるから，どの様な行為が具体的に共同の利益になるのか（それに反するのか）は必ずしも自明のものではない。それにつき，例えば集会で逐一決議するというのも実用的ではなく，あらかじめ基本を定めておく意義は大きいであろう。そのため規約（区法30条1項）ないし使用細則（前掲標準管理規約17条）が活用されている。ここで想定されているのは，具体的様態に対しては規約ではなく使用細則で定めるという事である。そうすると規約＝使用細則か，が問題となってこよう。規約の設定，変更及び廃止は，「区分所有者及び議決権の各4分の3以上」の集会決議と定められ（区法31条），この要件を緩める事は出来ないとされている。他方使用細則については，標準管理規約による限り通常の普通決議（過半数。区法39条1項，同規約44・45条参照）で「使用細則の制定又は変更」が出来る（同規約46条4項）。この点では明らかに規約の方に重要な位置を占めさせており，使用細則と同列に措く事は出来ない。立法担当者は「規約に基づく建物使用法に関する定めであれば……拘束力に差異はない」とするが，いかがであろうか。少なくとも，単なる集会決議や理事会決定と同じ範疇の中に位置づける事には疑問がある。但し，使用細則は規約からの法的な委任（授権）を受けていると解されるが故の拘束力は与えられてもよいと思われはするが，その拘束力には強弱の程度差（区

29　同前291頁。
30　同前291頁。区法26条4項の管理者への訴訟追行権付与と異なって，別途57条を規定した訳である。包括的な授権に対する批判に基づく対応である。立法過程で，日弁連からその趣旨の批判的意見が提起され，要綱案では反映されなかったものの「法律案の立案段階で部分的に反映された」と，立法担当者は説明している。前掲注15 濱崎「建物の区分所有等に関する法律の改正について」（二）　法書時報37巻3号670，671，678頁（昭和60年）。日弁連意見書は，「区分所有法改正要綱案に対する意見書（昭和58年2月19日　日弁連理事会承認）」自由と正義34巻4号108頁（昭和58年）参照。
31　同前『新しいマンション法』295頁。

分所有法，規約，使用細則，集会決議，理事会決定，等々というように重層的なランク付けが可能ではないか）が承認されてしかるべきではないだろうか。そしてその程度差は，どの様な事項につきいかに定めるかにより，実質的に決められるのではないか。その意味では規約と使用細則は内容的に重なる事があり，部分的には相互移行の関係となろう。例えば専有部分の使用方法については，区分所有法，規約が予定されているが（区法30条1項），同時にそれを使用細則で定める場合があり，その場合は規約＝使用細則とみるべきである。しかしながら，使用細則は一律のものではなく文字どおり日常的生活の種々の定めが置かれる場合も多い事を考慮すれば，常にこの二つを同視する事には無理があろう。この事は，当然にしてその拘束力における差異となって現れる。従って厳密に言えば，規定の事項とその内容に応じて，それぞれの拘束力を位置づけなければならない。さし当たり本稿との関係では，共同の利益の内容が基準となる。共同の利益であるとされる以上は，それが使用細則で定められていても，規約と同視されるべきである。

以下，こうした規約と使用細則との区別を念頭におきつつも，規約に焦点をおいて議論する事とする。

(4) **違反行為に対する措置**

各区分所有者が負うべき義務は，直接には団体（法人）に対するものか，他の区分所有者に対するものか。権利は法人に帰属するか，又は法人化されていない管理組合では全区分所有者に団体的に帰属するのか。常に後者であるが，法人化されている場合には権利の行使のみを法人に委ねたに過ぎないのではないか。

改めて，規約違反行為に対する措置はどうか。立法担当者は絶対的禁止事項と相対的禁止事項を，概念的に区別する。その意味は，前者においては区法6条の定める共同の利益に反する行為が具体化されたもののみに限定し，それ以外の規制の具体化を後者というように区別するところにある。特に立法過程では，区法6条1項の行為だけではなく「規約で定める義務」の違反行為に対しても，使用禁止，競売請求が出来るとの要綱案があったが，それは採用されなかったとの指摘は無視出来ない経緯である。つまり結論的には，相対的禁止事項では，使用禁止又は競売請求は出来ないという事になろ

う。絶対と相対の区別は，こうした措置に直結する。絶対的禁止事項に該当する行為への措置については，前述した（規約での規定は，単なるそれの具体化であり（それ以下はあり得るが）それ以上のものではない）。では，相対的禁止事項については，どの様な措置が出来るのであろうか。絶対的禁止事項の場合に比較して，より緩やかな，直接差止・使用禁止・競売請求とならないそれ以外の種々の措置となる。様々の措置が考えられるので，それら全てをここで論ずる事は事実上不可能に近い。例えば，違約金とか一定範囲内での利用制限などがあろうが，相当性や合理性が要求され，人権，所有権，公序などの基準に反する事は許されない。どこが限界点であるのかは，個別的な解釈に待つ事となろう。規約違反への措置については，区分所有法は規定を用意してはいない。標準管理規約はモデルとして基準となるべきであろう（同規約は62条＝絶対的禁止事項に続けて，63条で理事長の勧告及び指示等を定めている）。裁判外の勧告や指示等での措置では目的を達成出来ない場合は，訴訟提起となる。絶対的禁止事項については前述した。では相対的禁止に違反した場合にも，同じ様な措置が許されるのだろうか。直接区法57，58，59条を根拠には出来ない事は明らかである。重大な所有権侵害や甚だしい不法行為の全てが，常に「共同の利益に反する」とは考えられないので，その他の条文や法令を根拠にしつつ請求としては同様のものが認められる事はあろう。差止については，前述部分を参照されたい。管理者は規約に基づき訴訟提起できる（区法26条4項）が，それは相対的禁止事項についてのみと解するべきである。[33]

違反への措置が容認された裁判確定後の執行方法についてはどうか。差止請求勝訴について述べよう。

本件は，債務者（すなわち飼育者たるY）の不作為債務の強制的実現を目的とする。民法は，不作為債務につき「債務者ノ費用ヲ以テ其為シタルモノヲ排除シ且将来ノ為メ適当ノ処分ヲ為スコトヲ請求スルコトヲ得」としている（414条3項）。不作為債務の確定は判決手続きによるわけで，本件の地裁判決

---

32 同前296，297頁。
33 同前300頁末尾では，「規約違反を主張して差止訴訟を提起するには，新法26条4項の規定によれば足りる」との記述があるが，絶対的禁止事項についてのみの解説と読んでおく。絶対的禁止事項の規約による規定は，裁判上の主張立証に役立つ事は，筆者（＝片桐）も否定はしない。

によれば「被告は，…建物内において犬を飼育してはならない。」（主文）と判示された。いずれにせよ本件は控訴中であるから，最終的にはその確定を待つ以外にないが，ここでは地裁判決が確定したとの仮定に基づき議論する。

問題はその執行方法である。不作為債務の強制執行には，債務者の積極的行為の禁止を内容とするものと，債務者に受忍義務を課すもの，がある。不作為義務違反が継続中であれば，間接強制の方式により，執行裁判所は期間を定めて違反の中止を命じ，中止がない場合には一定の金額の支払を命ずる。違反行為により違法な物的状態を残している場合には，債権者は，代替執行の方法で，債務者の費用をもってこれを除却できる（民法414条3項，民執法171条1項）。反復的・継続的な不作為義務違反があった場合には，将来のための適当な処分を命ずる決定もできる（同前）。違反排除に対する債務者側の抵抗を排除出来るかについては，規定はないが，民事執行法6条等を類推し，実力で排除出来ると解釈する立場がある。

Yの対応を判決文から予想する限り，飼育禁止が判決で確定したとしても，それに自主的に従うとは思われない。従って勝訴判決を得た原告（本件では管理者であるが，それ以外にも集会で指定された区分所有者，いわゆる選定当事者，又は法人化されている管理組合，も）が，強制執行を申し立てる。元々不作為債務は非代替的性格をもつから間接強制により，執行裁判所は期間を定めて違反の中止を命じ，中止がない場合には一定の金額の支払を命ずる（民執法172

---

34 これは，抽象的不作為命令に該当するであろうか。Yには当該犬の飼育禁止が命令された訳で，敢えて抽象的とみる必要はなさそうではあるが，「飼育してはならない」との具体的な意味は一体どの様な事かを考えると，必ずしも一義的に確定出来ないようにも思われる。裁判実務上，ともかく請求は確定していたとされた（民訴法224条1項参照）ので判決にまで至った事を考えれば，抽象的な請求だとは扱われなかった事になろう（そして，執行段階での具体的措置への危惧もないと判断されたのであろう）。

抽象的不作為請求については，特に近時の有力説として「危険ないしその発生源と侵害の結果とにより特定」すれば足りるとする竹下説（竹下守夫『生活妨害の差止と強制執行・再論』判タ428号27頁（1981年）等）と，それに批判的な立場（富田善範『不作為執行（生活妨害差止めの執行）』大石忠生ほか編『裁判実務体系7民事執行訴訟法』495頁（青林書院，昭和61年））がある。後者に載せられている主要参考文献も参照されたい。筆者（＝片桐）としては，抽象的不作為命令の判決での承認に与したい。富田説に対するその他の疑問の一つは受忍限度論であって，これを論拠に竹下説を批判する事には抵抗がある。

35 三カ月説。三カ月章『民事執行法』421頁注(5)（弘文堂，昭和56年）。但し，「債権者の申し立てにより，執行官の立会いを求め」て，という要件は必要である。

条1項)。しかし，本件では違反とされる犬の飼育という有形的状態が継続して存在しているであろうから，より直截に執行裁判所では「除却」が命ぜられる事になろう。尤も，通常の間接強制によるのか，「除却」を命じるのかは，執行裁判所の判断である（判決の飼育禁止という判旨から，直接に「除却」となる訳ではなかろう）。「除却」であれば，それは代替執行の方法による。間接強制か代替執行かは，択一的判断である（通常ならば代替執行が優先し，それが出来ない場合には間接強制がとられる。民執法172条1項）が，本件のような不作為義務の場合に，即代替執行となるかは疑問がないわけではない。つまり，間接強制の手続きの中で，債務者への審尋（同172条3項），事情変更による決定の変更（同2項），執行公告（同5項）が考えられ，次の段階としての代替執行を位置づける事が出来るからである。

3 外国法瞥見

では，こうしたペット飼育につき，外国法ではどう対応されているか。以下，ドイツ，オーストリア，アメリカの学説と裁判例を概観する。

(1) ドイツ法

(a) 学説

(i) Hans Diester, Wichtige Rechtsfragen des Wohnungseigentums unter Berücksichtigung der Novellierung des WEG (NJW Schriften 19). 1974. S.110.

「B．重要な法律問題」の「Ⅳ．共有の秩序（共同関係上の規則）の内容」の中の「Ⅰ．利用規制の一般的問題」の項（a〜d）のb）で，動物飼育が扱われている（S.110ff. Rdn. 207ff.）。

法原則は，又，所有住居でどの範囲で動物を飼育するのが許されるのかという問題にも妥当する。この問題は，又，分割宣言【S.111】（共有関係上の規則）又は使用細則での詳細な規制に際して避けられ得たはずの紛争を，既にしばしば引き起こしてきた。建物の中で住居の障害になるような動物飼育には，一般には犬と猫―猫は鳴禽と同じだ―だけが多数飼育される場合にのみ問題となる。例えば鶏とか鴨は住居の中では飼われないで，せいぜい地面の上の小屋か大きな庭では一定の要件の下で，例外的に庭の一部で，飼う事が

許され得るという事は，明らかだ。ハムスター，金魚，鑑賞魚，鳴禽の様な小動物は障害にはならない。それらの飼育は拒否され得ない。音が筒抜けの住居の状態でおうむを飼えるかは問題だ。紛争は通常犬とか猫の飼育からのみ，発生して来たし発生する。

　驚くほど少ない意義ある該当判例が，この事を証明した。法学の分野では，時間的に16年の間隔でばらばらの二つの上級審裁判例が公にされた。それは，双方ともひょっとするともっと早く期待され得たかも知れないが，犬ではなく猫の飼育を扱ったものであった。その裁判例は，何年も大いに考察され引用されてきた1956年8月16日ベルリン上級地方裁判所の「猫決定」であり，バイエルン上級地方裁判所の1972年3月7日に出された第二の「猫決定」である。

　1967年に，一区分所有者が，アウグスブルグ地方裁判所に共有者の一人を訴えた。その理由は，犬が共有の中庭，庭，砂場をうろつき回り不当な妨害を引き起こしている点にあった。訴訟によって，原告はこの妨害の除去を達成しようとした。この事例は，しかし，判決（決定）にまで至らなかった。というのは，地方裁判所は裁判管轄を非訟事件を扱う区裁判所に移してしまったからだ。ミュンヘンの上級地方裁判所は，これに対する抗告訴訟を却下した。決定は，正当にも，被告が原告の申し立てによりWEG14条1号に違反すると共に共有関係の不当な使用をしている，と述べた。WEG14条の権利義務は，ともかく通常の裁判ではなくてWEG43条以下の非訟事件となろう。この手続きの後に住居での犬の飼育につきいかにして決定されるのかは，残念ながら文献上言及されていない。【S.112】「躾のよいダックスフント」の場合にはそうではなく，それについてはWohnungseigentum（雑誌名）1972年4月号35頁に報告されている。それ故，OLG München は上級裁判所の唯一の先例として，二つの「猫決定」と共に維持されている。

　aa）初めのベルリン上級地方裁判所決定は，重大な点を次のように述べる。

「動物飼育の基本的禁止は，特別所有権の制限であり，それは管理者により公布されるか又は集会により決定される使用細則の対象とはなり得ない。」
　住居での居住施設の管理者は，分割宣言での授権に基づき使用細則を設定

し、そこで動物飼育を禁じた。それにも拘わらず 2½ の居室では多くの猫が飼われていた。WEG43条1項2号による管理者からの申立てに基づき，非訟事件の区裁判所判事は2匹の猫の追放を命じた。更なる差止の申立てを，判事は次の理由で却下した。それは，2匹の猫の飼育を排除すれば，他の居住者の迷惑は回避出来るという事にあった。地方裁判所（LG）は，管理者からの申立権につき形式的な考慮から破棄し，上級地方裁判所（KG）は，区裁判所の決定を再び取り上げた。

　（KG決定によれば）正当である。使用細則は多数決によって規制出来る規定のみを備える事が許されるので，管理者はあらゆる動物飼育の基本的な禁止を通して法的な限界を越えてしまったのだ。そうした禁止は，音楽演奏の完全な禁止と同じように全ての共有者の合意によるか，又は，WEG8条に従った土地所有者の分割による規定によってのみなされ得る。当然にして，WEG14条1号の意味での他の居住者への不当な迷惑が，全ての動物飼育と結びつかねばならない訳ではない。それ故に，そうした迷惑は，集会での多数決によっても又禁止され得ない。管理者は，秩序ある使用の程度を越えて共有者の迷惑である事が明らかな場合（WEG14条1号）に限り，禁止する事が出来よう。2½の居室での4匹の猫の場合には，この事を承認するのは正当であるように思われる。猫に運動用の空き場所を用意しなければならないかは，検討を要する。

　ベルリン上級地方裁判所は，又正当にも次の事を指摘している。動物飼育の問題については，賃貸住宅と所有している住宅では区別して判断されなければならない，と。確かに賃貸住宅の多くの使用細則は，動物飼育を基本的に禁止している。この場合には，しかし，使用細則が賃貸借契約の内容となっている。それは当事者により合意されたものだが，【S.113】住宅所有権者の団体での共同関係上の規則で確定されない使用細則の場合には，それ（合意）を欠いている。

　詳細で説得力をもって根拠づけられたベルリン上級地方裁判所の指導的な命題は，それ以来実務にとって周知の規準となってきた。それに対する考察は，文献では異を唱えられていない。

　bb）16年後に出されたバイエルン上級地方裁判所の決定は，上の原則の結

論を確認した上で，管理者の同意に係わる使用細則の拘束力の事例に対しても，なおそれを拡大させ深化させている。

　事態は，ベルリン上級地方裁判所決定の関係から些か外れている。分割宣言は，次のような規定をもっている。

　「動物は，管理者の同意あるときにのみ飼育してもよい。」

　一人の住居所有者が，管理者が禁じたにも拘らず，二部屋で一時は7匹，後には5匹の猫を飼っていた。その事によって多くの他の住居所有者は迷惑と感じ，WEG43条以下の手続きにより動物飼育の禁止（差止）を請求した。バイエルン上級地方裁判所は，次の決定を下した。

　「a）所有住居での動物飼育禁止は，住居所有者にとって彼が禁止に契約上服する場合にのみ拘束力をもつ。そうでなければ，使用細則があったとしても次の事が個別的に確定されなければならない。つまり，動物飼育がWEG14条1号からみて他の住居所有者への不当な迷惑となるのか，あるいは，秩序に合致した居住管理の利益からみて動物飼育が拒否されるべきなのか，又その範囲はどうか。

　b）WEG43条1項1号の手続きに則り，他の住居所有者により動物飼育の禁止を求められた住居所有者が異議を唱えた場合には，管理者により宣告された動物飼育禁止は法と相容れない事となろう。それ故，管理者はWEG43条1項2号に従い同4項（3項と記述されているが，間違いであろう―片桐注）2号との関連でその手続きに参加しなければならない。」

　根拠としてはなお他の点が強調されようが，最も重要な事は次の点だ。つまり，売買契約の目的としてなされる分割宣言で，住居所有者は動物を飼育しないとの義務を負った訳ではなく，ただ管理者の同意を求めなければならない事だ。それ故，動物飼育の完全な禁止は―WEG14条違反を顧慮する事なく―正当ではなかった。

　この原則を適用して，バイエルン上級地方裁判所は更に次の決定をした。すなわち，当該住居所有者は全ての猫を2匹になるまで半年内に住居から除去しなければならない，と。我慢出来ると考えられる猫の数の点では，ベルリン上級地方裁判所に従っている。

　この決定には，ためらう事なく賛成する。ベルリン上級地方裁判所決定の

事例では，完全な動物飼育の禁止は許されなかった。【S.114】というのは，それは合意されたり共同関係上の規則で規定されたのではなく，単に管理者により使用細則の中で確定されただけであったからだ。そこでは，完全禁止は，分割宣言でも使用細則にも予定されてはいず，管理者の決定に委ねられていた。この手続きの法的効果は，全く疑問の余地はない。この場合も又，ベルリンの事例と同様に，動物飼育は適正な範囲に帰されなければならないだろう。

　実務上重要なのは，次の事を知る事だ。バイエルン上級地方裁判所の決定に先行する諸決定が，どれほど多く判例の充実になっているかを。

(ⅱ) Johannes Bärmann/Werner Merle/Eckhart Pick, Wohnungseigentumsgesetz Kommentar. 3. Aufl. 1975.S.406 (Pick).

　15条では利用規制（Gebrauchsregelung）を定めており，その注釈の中の1．内容のb）で（S.405）使用細則（Hausordnung）につき論じている。それをみよう。

　動物飼育の原則的禁止は特別所有権による制限であり，管理者により交付されるか住居所有権者集会で多数決で決められる使用細則の対象とはなり得ない。秩序に合致した使用の程度を超え，且つ，他の住居所有権者の負担となる限りでのみ，使用細則で動物飼育を禁ずる事が出来る（例えば，2½の部屋で4匹の猫を飼う場合であり，同じ部屋で2匹を飼うのはそうではない。判例）。共同秩序（団体規制）が何等対応する規則を持たない場合には，動物飼育が §14Nr.1 の基準に従えば他の住居所有者への不当な要求として，又は，秩序に合致した管理の利益からみて，禁じられる事の是非とその程度を，その都度個別的に算定して確定しなければならない（判例）。

(2-2)　同前 6.Aufl.1987．
いくつかの裁判例が，補充されている。

(ⅲ) Johannes Bärmann, Hanns Seuβ, Praxis des Wohnungseigentums. 3. Aufl. 1980.S.173.

「Ⅴ．共同関係上の秩序」ではまず「1．WEG10条の意味での合意」が検討され，その「b）内容」の中で動物飼育が扱われている（S.173. Rdn. 7）。

　更なる難問は，所有住居内での動物飼育だ。それについてはBayObLGvom

7.3.1972の決定が参照され得よう。それによれば，共同関係上の秩序で企図されている動物飼育の禁止を変更するためには，全ての住居所有者の合意が必要である。

　(iv) G. Gaishauer, Verbot der Tierhaltung in der Eigentumswohnung. in Deutsche Wohnungswirtschaft 1/1981 (Bd.33). S.18.

　法律系の雑誌ではないけれども，本件の課題そのものにつき論じられているので，参照したい。

　住居所有者の集会で多数決で決められる使用細則では，住居所有者に所有住居での動物飼育の基本的禁止が課せられよう。その種の広範な禁止が許されるか否かは，問題がある。

　1．住居所有権法は，その問題を明示的には規定していない。むしろ個別的に，所有者の権利の物権的整序，その他利用関係の契約上の規制が決定的である。この事は次の事を意味する。つまり，物権的に有効な利用制限も契約によるその点での使用規制も，動物飼育と矛盾しない場合には，動物飼育は基本的に許容される。この事はWEG13条1項から出てくるのであり，それによれば，各住居所有者は―法律に反したり第三者の権利を害さない限り―特別所有権を好みに応じて処分出来る（BayObLG, 7. März 1972, ZMR 1972, 226)。秩序に合致した住居所有権の使用は，それ故動物飼育を排除する事はない（OLG Frankfurt/Main, 13. Juli 1978, Rpfl. 1978, 414)。とりわけ小動物についてはそうである。

　住居所有者のこの権利は，整然とした共同生活の利益からみて，他の住居所有者のために動物飼育による損害を回避しなければならないときにのみ，制限される（参照。BayObLG, 7. März 1972, ZMR 1972, 226)。

　2．しかし，以下の場合には，動物飼育禁止という形での制限的な利用規制は物権的に有効である。つまり，利用規制がWEG5条4項，8条2項，10条1項に従って分割宣言に含まれ，且つ，登記された場合である。特別所有権は制限されてはならないだろう。この事からは，まず次のように言える。つまり，住居所有者の集会で決議された動物飼育禁止は何等物権的効果を有し得ない。更に，次のようにも言える。動物飼育の基本的禁止は，（例えば動物の数とか種類の点で）通常の限界内に留まるならば，管理者もしくは住居所

有者集会の多数決で決議された使用細則の対象となる訳ではなく，特別所有権の許されない制限となるであろう（判例＝KG, 16. August 1956, NJW 1956, 1679; BayObLG, 7. März 1972, ZMR 1972, 226：学説はその旨を述べる）。

　管理者は，使用細則に基づき，次の場合にのみ動物飼育を禁じる事が出来る。つまり，秩序ある利用の範囲を越えてしまい，その故他の住居所有者の迷惑となる場合である（Weimar説）。認められた動物の責任を負い得る数の規定，例示すれば一匹の犬と一匹の猫というものは，利用規制の対象となり得る（OLG Frankfurt/Main, 13. Juli 1978, Rpfl. 1978, 414）。

　(v) Hermann Weitnauer, Wohnungseigentumsgesetz Kommentar. 6. Aufl. 1982.S.217., S.223., S.262.

　14条では住居所有権者の義務を定めており，その注釈のI. Rdn. 3 (S.217)で次の議論をする。

　b）特別所有権及び共同所有権の大事な使用に対する義務

　共同生活での明確な敵対的妨害は，共同の居住では避けられ得ないという事実は顧慮されなければならない。しかし，それは秩序ある共同生活では，避ける事が出来ない程度に制限されなければならない。それと共に，BGB§138（善良な風俗）§242（信義則）§276（取引上要求される注意）の如く，取引・交友上の観点が指示される。それは具体的な関係—例えば，広いか狭い施設，遮音，建物の位置や性質—に従って，異なった判断に導く事が出来る。それ故，観光地での休暇の客への短期間の貸借は許されようが（裁判例あり），他の土地では許されない。住居を医療のため使う事は，一般的には許容の限界となろう（積極，消極の裁判例あり）。性的なマッサージのサロンのために利用した事例が，OLG Hamburg, MDR 1974, 138では認められている（非常に疑わしい）。部分所有権の空間での売春宿の経営は許されない（裁判例あり）。適度の限界内の動物飼育は許される（BayObLG 72, 90. 猫）。【S.218】例えば，魚屋のように特別な負担と結びつく経営は許されない。その許容範囲は，何よりも合意，決議，特に又WEG15条1，2項に従った使用細則の関係による。そうした規制がない場合には，各住居所有権者は同15条3項により裁判官の決定を導く事が出来（43条1項1号），その際には14条1号の基準が適用される。それは，特別所有権の利用にも共同所有権の共同利用にも

適用される。当該階だけの階層暖房には問題がある（参考文献あり）。大事に使用する義務は，法的危険を防止する義務の中に又含まれる。それ故，特別所有権に属す地下室に暖房用の燃料タンクを設置する住居所有権者は，防水のための責任保険に加入する義務を負う事になろう（裁判例あり）。一般的には住居所有権者の利用権につき，参考文献がある。建築上の変更については，14条2項が指示する22条1項参照。

又，15条のII.1項での合意の中の2．利用制限では，以下のように述べる（Rdn. 3, 3a. S.223.）。

共同関係上の秩序における利用制限は，共同所有権に関しては減多にない事ながら，特別所有権の場合には難点がある。

所有権としての特別所有権は，基本的に任意の利用をするための権利も与える（13条1項で明示されている）。この権利は，しかし，法それ自体以外にも15条1項の意味での利用規制によっても制限される。そうした制限は，特別所有権に変換されたか又は変換される空間が，住居とか店舗とかという目的のために規定されるならば，合理的なものとして存在する事となる。この種の利用制限は問題はない（学説と裁判例あり）。

そうした目的による規定に際し，原則的に許容される利用の内部でも，なお更なる規制に沿う要求が存する。それに従う不可避的か又は目的に合致した規制の重要な部分は，使用細則によって把握され得る（21条5項1号。多数決で可能）。【S.224】出来る限り，且つ，場合によっては，しかし，共同関係での一定の少数者への対応規範の確定が勧められねばならない。特に，次のような事について。動物飼育（KG, NJW 1956, 1679; BayObLG 72, 90），音楽レッスンをするような妨害的な騒音を出す活動，貸借に出す事（AG Karlsruhe, Rpfleger 1969, 131; OLG Frankfurt, Rpfleger 1979, 109）である。最後の種類の制限に関しては，正に12条による譲渡制限が認められるのと同じ根拠から正当な利益が存する。そうした制限は，当然当該住居所有権者の利用権を侵害するが，しかし，同時に他の住居所有権者の保護になるし，それはお互い同士という結果となる（Zimmermann, Rpfleger 1978, 120）。それ故音楽演奏の完全な禁止には，正当な利益がある。そうした規制を知りつつ住居を取得した者は，それをしっかりと維持させなければならない。騒音に神経質で自分では

音楽演奏をすると考えない者は，禁止されているが故にこそ住居を取得する決心を固めるはずであり，この事は従って全く拒否され得る訳ではない（参照裁判例。OLG Hamm, NJW 1981, 465）。基本的な法政策的考慮がそれに対して働いていない訳ではなくて，単に余りにも広範な制限をしないようにしているのだ。それは，連邦草案の中には正確には見取る事はない。住居所有権者の地位の改善は，大なり小なりの広範な利用制限の禁止により達成され得るのではなく，利益の保護を他の態様で配分する事によってのみなされ得る。利用制限を重大な根拠ある場合にのみ承認しようとしたとするならば，連邦議院の提案は法技術的にも成功したとは言えない。連邦政府の草案によれば，住居所有権者は以下の場合に利用制限に「拠り処」を求められるはずだ。つまり，規定に反する利用が他の住居所有権者に重大な侵害を与える場合か，より重大な理由がある場合だ。この規制は，単に次の事を意味する事になろう。つまり，住居所有権者は，余りにも広範な利用規制の侵害から生じる共同所有者に対する請求権を，BGB242条の範囲内で行使出来，又義務はどちらにせよあるし地役権者の権利行使は所有者の利益を考慮するものだ（BGB1020条）。

　以下，管理者の許可があるか，又は多数決議に基づく特定の利用に制限される点，貸借の形での利用制限，につき検討されている。

　更に，21条5項（これは住居所有権者による管理を定めた条文であり，5項では『以下の各号は，特に秩序ある，住居所有権者全体の利益に適合する管理のために該当する』と定め，つごう6号の規定を用意しているが，その1号には『家屋使用細則の制定』（die Aufstellung einer Hausordnung）が置かれている）につき，以下のように述べる（Rdn. 13, 14, 14a. S.262.）。

　5項は，一連の特に重要な管理行為を列挙しており，それは3項により単純多数決で決めるか，4項に応じて決められる。5項は，その二つの場合の要件を同等に扱っている。個々の点については以下詳論されるが，条文全体の規定は合意によって変更されたり（反対に）決して排除されない事がある事は，強調されなければならない。

　1．家屋使用細則の規制（5項1号）

　家屋使用細則の概念は，ここでは必ずしも詳細に規定される訳ではなく，あらかじめ予定されている。家屋使用細則は，賃貸借法（Mietrecht）の中で

形成されてきた。賃貸借では賃貸借契約の内容に応じて秩序は形成されるが，住居所有権者の場合には共同関係の規制の一部となる。それは，共同関係上の秩序の中に含まれ得る（BayObLG 75, 201）。しかし，それは一定の柔軟性をもつ必要がある事を規制するという問題をもつから，次のようにする事が望ましい。つまり，共同関係上の秩序では使用細則の制定を住居所有権者の多数決に委ね，せいぜいのところ住居所有権者の決議を条件として管理者に委任する事である（KG, NJW 1956, 1679）。例え使用細則が全体の規則の中に含まれるとしても，この事は原則的に使用細則は多数決により変更され得るという状況下で解釈されなければならないだろう（BayObLG 75, 201）。それは，管理者が使用細則を「公布」する権限をもつ場合にも妥当する。使用細則の制定は秩序に合致した管理に該当するから，21条4項に従い，又場合によっては裁判官の決定により置き換える事が出来る（OLG Hamm, NJW 1969, 884）。使用細則では，例えば次のような事が規制されよう。共用部分と特別所有権の部分の使用，例えば特定の時間での騒音を出す活動の禁止，動物飼育の制限，洗濯場・乾燥室などの利用，特定の場所への自転車と乳母車の駐車（BayObLG 75, 201），階段吹き抜けとその照明を清潔に保つ事，公用の電灯を使っての倉庫とか暖房室への立入禁止（BayObLG, Rpfleger 1972, 176）のような予防措置。

　使用細則の限界は一般的な限界から生じる。従って，何が共用部分と特別所有権の秩序に合致した使用と管理にふさわしいかによってのみ，限界は指令され得る。それ故，完全な動物飼育の排除は規制権限の枠を越えるし（KG, NJW 1956, 1679），事実上完全な音楽演奏の禁止もそうなる（OLG Hamm, NJW 1981, 465）。使用細則の実例参照。

　（以下，5項6号まで記述あり。）

　(vi) Georg Augustin, Wohnungseigentumsgesetz Kommentar (BGB Komm. herausgegeben von Mitgliedern des Bundesgerichtshofes 12. Aufl. 52. Lieferung). 1983,S.127ff.

　15条の利用規制の中の，個別的な特別所有権及び共同所有権の利用の項で（I. 3. Rdn. 4），次のように述べる。

　特別所有権の13条に従って許される利用は，その形態では常にそうなの

だが，空間所有権者の合意によってのみ排除され得る。利用制限は多数決により許されるが，それは合意に反しない限りでの事だ。例えば，数と種類による動物飼育の制限，音楽演奏の時間制限，賃貸への同意許可，職業上と営業上の活動，特定の活動のために賦課金を課す事（ピアノ演奏の裁判例がある。MDR82, 151），有償での利用，である。そうした制限は，15条2項の枠内でなされなければならないし，そうでなければ23条（住居所有権者集会を定める—片桐注）4項により取り消され得る。そうなされない限り，瑕疵ある決議が法的安定性を要求する事となる（参照裁判例）。多数決により決議された動物飼育，職業活動，音楽演奏の禁止は，取消（Anfechtung）が認められなければ無効（unwirksam）である。すなわち，そうした決議は共同生活で一般的に承認されている基本的な価値に反する。それは，秩序に合致する利用の規制の枠内には，もはや納まらないのだ（BGB138条。犬飼育＝OLG Stuttgart, Rpfleger 1982, 220. 動物飼育＝OLG Frankfurt, Rpfleger 78, 414）。多数決の否定により当該部分は，又，包括的に把握され（BGB139条），その事により特別な利用権が他の住居所有権者に譲渡される。

(vii) Münchener Kommentar zum Bürgerlichen Gesetzbuch, B. 4 (Sachenrecht) 2. Aufl. 1986. (Roll) ss. 400. 416. 420. 442.

まず，10条（住居所有権者の共同関係の一般原則）の「B. 所有者の合意」の「Ⅲ. 合意の内容」の中で，動物飼育が扱われている。個別的問題（a～u）のh項（Rdn. 18. S.400.）である。

全体の規則は動物飼育を禁ずる事が出来るか，又は，家禽（Haustier）の保持を管理者の許可に係わらせる事が出来る。住居所有権者の多数決では，出来ない（BayObLG, NJW 1972, 880）。動物飼育が制限されるべきならば，重大な事由ある場合のみ拒絶され得る管理者の同意に掛からせる方がベターである。使用細則の規定による動物飼育の禁止については，21条のRdNr.8.参照。

次いで，13条（住居所有権者の権利）の「Ⅳ. 特別所有権での利用の問題」の項で，動物飼育が音楽演奏と賃貸借と並んで検討されている（Rdn. 5. S.416.）。

基本的に，所有住居の中での動物飼育は，それが居住者への不適切で要求

出来ないような負担とならない限りでは、許容される。それに対して、共有者全員の合意により、動物飼育の禁止が共同の規則に入れられたり、家禽の飼育を管理者の許可に係わらせたりする事は出来る。共同規則の中での一般的な禁止は、合目的的ではない。そうした規制は、例えば、鑑賞魚やセキセイインコのように何等の障害を意味しない動物飼育は、そのまま許されるように解されるべきであろう。動物飼育は、重大な事由ある場合にのみ拒絶してもよいという管理者の合意に係わらせる方がよい。多数決で動物飼育が宣告されてはならない、という事はなお留意されるべきだ（OLG Stuttgart, OLGZ 1982, 301）。しかしながら、動物の数の制限、例えば一戸当たり一匹の犬と一匹の猫だけ、というのは可能である（OLG Frankfurt, Rpfleger 1978, 414）。

又、15条の「Ⅲ．多数決」の「3．動物飼育を禁じてはならない」との箇所で論ぜられている（Rdn. 6. S.420.）。

多数決で動物飼育の禁止を宣告する事は出来ない。動物飼育の一般的な禁止は、個々の住居所有権者の自由の範囲内で把握されるであろうし、15条2項の言う「秩序に合致する使用」に資す事にならないだろう。

最後に、21条（住居所有権者による管理）「Ⅲ．多数決」の「6．個別の事例」（a～h）のa）項で、動物飼育が扱われている（Rdn. 8. S.442.）。

使用細則は、任意ではない（動物飼育の）禁止を述べる事は出来る。重大な侵害になるなら、例えば、動物飼育の禁止は、管理者によって許容されるか住居所有権者集会によって決議された、使用細則の対象とはなり得ないだろう（BayObLG, NJW 1972, 880; KG, NJW 1956, 1679; LG Wuppertal, Rpfleger 1978, 23）。そうした禁止が規定されるべきならば、共同の規則の中に入れられなければならない。それに対して、使用細則では動物の数を制限出来る。一戸当たり1匹の犬と1匹の猫だけ、というように。

(b) 裁判例

（i）ベルリン上級地方裁判所1956年8月16日決定。NJW　1956, 1679.

〈決定要旨〉a）住居所有権事件で、即時再抗告は適法。b）法人も住居所有者団体の管理者になり得る。c）動物飼育の原則禁止は特別所有権の制限であり、管理者に委ねられるか、又は、住居所有権者集会で多数決で決められる使用細則の対象ではない。

〈理由〉申し立て人の法的手段には，根拠がある。1．即時再抗告の適法性については，WEGでは確かに何等言及されてはいない。しかし，住居所有権事件の訴訟手続きで適用される非訟事件手続法の27, 29条から適法となる。住居所有権事件での即時再抗告は基本的には不適法ではない事は，WEG58条1項3文が示しており，それによれば一定の種類の決定のための再抗告は，明示的に排除されている。

Ⅱ．ここで，有限（責任）会社すなわち法人を管理者にする事に対しては，さし当たり何等法的には根拠がないという考えがある。住居所有者団体の管理者は，勿論，法律行為の代理によって土地又は財産の管理を委ねられたところの純然たる家屋又は財産管理者と，同視は出来ない。管理者は，WEG20条2項による共同財産の管理のための各住居所有者団体の不可欠な機関だ。彼は，WEG24条4項により住居所有者集会の議長を務める。WEG27条2項により，彼には法に基づいて次のような権限が帰属する。つまり，一定の業務につきその名で，且つ全ての住居所有者のためにせよ対立するにせよ効果を保持しつつ，法的にも非法的にも行為する権限だ。この職務と権限は，住居所有者の規約によって制限され得ない（WEG27条2項—現行法では3項—片桐注）。この範囲内で管理者は，この事が団体法に極めて近似する機関であるにも拘らず何等の法的能力も有しない場合にも，住居所有者団体の法定代理人の地位に立つ。それと共に管理者は，43条1項2, 4号の場合で，住居所有権事件での非訟事件手続きにおいて，自己固有の権利によって，申立人と参加者になれる。その限りで彼は，職務に基づく参加者である。

職務に基づいて法定代理人か参加者になる権能は，自然人そのもののごとく，あらゆる場合に法人に帰属する訳ではない。というのは，法人自体が交替する自然人によって法的に代表されるし，又その職務についたら監督官庁に対する人的責任を欠くからである。それ故，施設や団体の後見の場合に，法人は後見人とか保護人になるのではなく，その幹部すなわち団体や施設の指導者になる。（略）

このように（種々の法規定の）異なる規制からは，次の結論が出てくる。すなわち，法人を法定代理人にしたり一定の職務を委託したりするのが許されるかは，その都度引き受けられる用件の性質に従って決められる。それ故，

商事会社の清算は明らかに法人に許されてきた。何故なら，清算人の活動というのは圧倒的に管理的であり生産的ではないからだ。しかし，他方，株式会社の理事や有限会社の取締役は，経済生活と法的取引に形成的に係わり，従って，困難なく責任をとる自然人を固定しておかなければならない。(略)

　住居所有者団体の管理者に，法によって委ねられる職務は，共同所有権の管理行為に存する。それ故，主要建物部分と附属設備の保持の配慮，住居所有者の決議と使用細則の実施，運営計画の制定，土地の負担金の支払，全体の請求権の主張，にある。彼の活動は，従って，本質的には財産管理にある。これらの措置を実施する自然人として負う責任は，ここでは住居所有者の利益を侵害する事なく背後に退く事が可能である。管理者は又，WEG26条2項の特別な場合を別にすれば，裁判所によって選任されたり任命されたり監視されたりするのではなく，住居所有者集会の決議によって任命される。それに応じて管理者は又，住居所有者にのみ責めを負う。【S.1680】特に法によって彼の権限の範囲は規律されるのだから，住居所有者団体の管理者に法人を任命するのが許されないかは，明確に説得力ある根拠がある訳ではない（学説）。

　Ⅲ．WEG43条1項2号に従い，管理者は次の権利を有する。つまり，共同所有権の管理に際して，彼の権利義務に関し裁判所の決定を出すように申請する事である。27条1項1号により管理者に義務づけされる使用細則の執行は，共同所有権の管理の義務である。というのは，使用細則の制定は，WEG21条5項により，秩序ある住居所有者全体の利益に適合した管理の手段の一つであるからだ。住居所有者にとって，使用細則から生じる義務を巡る争いは，同時に使用細則の実施に際し管理者の権利を巡る争いでもある。この権利については，彼はWEG43条1項2号に従い，自己の名で非訟事件手続きで裁判所の決定を引き出す事が出来る。（更にそれは執行される。）

　Ⅳ．地方裁判所は，それと共にWEG43条1項2号の規定を不当にも適用したので，その決定は破棄を免れない。それにより当部（Senat）は，事態の独自の評価に基づいて決定を下す状態に置かれている。

　被申立人に帰属する特別所有権の範囲は，彼が法の内容からそれる限りで，1954年11月12日の分割宣言に従って決まってくる。分割宣言は，

WEG8条2項2文により住居登記簿への記載によって効力を生ず。登記により土地所有者は，彼の一方的な宣言に基づいて，以後の住居所有者との関係を相互に規律する事が出来る（WEG8条2項，5条4号，10条2項）。この単独所有者により予め確定された共同関係の秩序は，住居所有権の物権的な範囲と内容を規定し，更に以後の取得者を特別の契約上の義務づけを要することなく拘束する。1954年11月12日の分割宣言では，11章（特別所有権の内容）4条（利用の種類）で次のように規定している。

「住居所有者は，その住居を居住目的のために無制限に利用する権限を有する。全ての住居所有者の建物全体の平穏な共同生活の利益において，家屋居住者の誰にも，秩序ある共同生活で不可避の程度を越えて損害を生じないように，住居所有者は利用権を行使しなければならない。個々には住居の利用と共同空間，建物の施設設備の共同利用で，管理者により制定された使用細則が基準となる。使用細則は，所有権者集会で，変更が可能である。」

それにより管理者は，拘束力をもって住居所有権の以後の取得者に使用細則を公布する権限を与えられた。彼は，しかし，通常何が使用細則での規制の対象になり得るかについての限界を，内部的には知らなければならなかった。この限界は，ここでは，あらゆる動物飼育の基本的禁止により越えられてしまった。何が個別的に使用細則の対象になり得るかについては，何等詳細な記述は必要なかった。少なくとも，使用細則が住居所有者の多数決により制定されたり変更されたりする（WEG21条3，5項）事から，次の結果となる。使用細則が，個別的にではなく全ての住居所有者の規約（合意）に基づくか，分割宣言自体に取り入れられている限りでは，ある規制を多数決により補完するとの規定だけが保持されてもよかろう。それに対して，WEG5条4項，15条1項により住居所有者の規約によるのみとか，住居所有権がWEG8条により存しているなら，その分割宣言によって根拠づけられるような特別所有権の制限は，保持されてはならないだろう。この種の特別所有権の制限は，又，動物飼育の根本的な禁止である。WEG13条1項によれば，各住居所有者は法律に反したり第三者の権利を害しない限り，特別所有権に属する建物部分を自由に支配し，特にそこに居住し，賃貸借したり，又はその他の方法で利用し，そして他人の干渉を排除する事が出来る。勿論，

この基本原則は，家屋共同体で必要とされる共同生活を顧慮して次のように制限されはする。すなわち，WEG14条1号により住居所有者は，秩序ある共同生活を行う上で避ける事が出来ない程度を越えて他の住居所有者に損害を与えないような方法で，特別所有権の建物部分および共同の所有権を使用する義務である。つまるところ住居所有者は，WEG15条2項により，規約に反しない限りで，多数決によって特別所有権である建物部分と共同の所有権の性質に合致した秩序ある使用につき，決議出来るのだ。それと共に，多数決によっては，なお秩序に合致している特別所有権の利用を排除できない。余りにも広範な制限の例としては，Weitnauer-Wirths と Diester の注釈書では，音楽演奏の完全禁止が引き合いに出されている。それは動物飼育の禁止に当てはまろう。多くの都市の住居で，又は賃貸人の許可なしで，動物特に犬や猫が飼育されている状態は，その事と必然的に他の居住者の負担が結びつかなければならないという必要はない，という事を示す。区裁判所は又正当にも，いかなる隣人にも臭いで迷惑をかけないように猫を飼う事は出来ると説明している。動物飼育の原則的禁止は，それ故，居住目的の特別所有権のそれ自体秩序に合致した使用の侵害であり，又，従って，住居所有者に使用細則によっては課され得ないのだ。賃貸住宅でそうした禁止が使用細則にあることは，矛盾しはしない。賃貸住宅では使用細則が賃貸借契約の内容であり，当事者の契約上の合意に基づいており，合意による根拠付けがない住居所有者団体の使用細則では，それを欠いているからだ。

　管理者は，使用細則を根拠に，次の場合に限って動物飼育を禁ずる事が出来る。

　それは，秩序ある使用の程度を越えており，且つ，他の住居所有者の迷惑になる場合である。2½の部屋の都市的住居で4匹の猫を飼うのは，問題なく限界を越えている。それに対して，2匹の猫の飼育では他の居住者の迷惑は回避され得るとした区裁判所に，賛意を表明しなければならない。区裁判所は，従って，結果としては正当に，被申立人に2匹の猫の排除を課したが，それ以外の申立ては棄却した。

　(ii)　バイエルン上級地方裁判所1972年3月7日決定。MDR1972, 516. ZMR1972, 226. NJW1972, 880（要旨のみ）. Rpfleger1972, 175（要旨のみ）. 以下の

整理は，MDR による。

〈決定要旨〉1．住居での動物飼育禁止は，住居所有者が契約上それに服していたときにのみ，拘束される。そうでなければ，使用細則があったとしても，動物飼育が WEG14 条 1 号からみて他の住居所有者に不当な迷惑となるのか，又は，秩序ある建物管理の利益上それが拒絶されるのか，更にその範囲はどうかは，個別的に確定される。

2.WEG43 条 1 項 1 号の手続きで，他の住居所有者によって動物飼育の差止を請求された住居所有者が，管理者により宣告された動物飼育の禁止は法に反するとの異議を唱えた場合には，管理者は WEG43 条 3 項（現行法では 4 項—片桐注）2 号との関連上 43 条 1 項 2 号に従い訴訟手続きの関係人となる。

〈決定理由〉住居の所有者がそこで動物を飼育出来る権利を有するかとの問題については，法律（WEG13, 14 条）からはその権利も禁止も直接には読みとる事が出来ないので，個別的にまず所有権の物権的発展，次いで利用関係の契約による規則が基準となる。物権的に有効な利用制限も契約によるその使用規制も，動物飼育の妨げにならないところでは，基本的に許される（WEG13 条）。;

住居所有者は，その場合，秩序ある共同生活のために動物飼育により他の住居所有者に損害を与えないようにする義務（WEG14 条）だけを負う（KG, NJW 1956, 1679/1680- 上述(i)の事案）。それに対して以下の場合には，住居所有者の権利への不法な侵害となろう。【S.517】つまり，物権的に有効な又は契約上合意された利用の規約がないときに，あらゆる動物飼育が管理者によって一方的に禁止される場合だ（前述の KG：学説）。

次の場合にのみ，動物飼育の禁止という形態での制限的利用規制は，物権的に有効だ。つまり，その利用規制が WEG5 条 4 項，8 条 2 項，10 条 2 項に従って分割宣言に入っていて，且つ，登記された場合である。それに対して，住居所有者による決議とか使用細則で規定された動物飼育の禁止は，例え以下の場合であっても，何等物権的効果を発揮しない。その場合とは，本件のごとく，分割宣言の中で使用細則の拘束力を一般的に，すなわちその内容の再現をする事なくして，引き合いに出す場合である。確かに所有者の多数決は，登記がなくても物権的効果を基本的には示すけれども，しかし，規

制の対象が決議によって補完される事が，個別的には前提となる。動物飼育の留保のない（無条件の）禁止は，上述したごとく，その場合ではない。

被申立人は，契約上動物飼育の留保なき禁止に服した訳ではない。被申立人が売買契約で服した1964年4月22日の分割宣言は，あらゆる動物飼育をしないとの義務は何等含んでいない。というよりむしろ，住居所有者は管理者の同意をそのために求めるだけという内容である。その事は，管理者は単に適法な措置のみをする権限しかないので（WEG20，27条），恣意的であっても管理者により拒絶された同意の下では，何等従う事はない事を意味する。

同様の事は，分割宣言の内容が全ての住居所有者に物権的効力をもつ限りで，妥当する。

それ故，動物飼育が秩序に合致する，すなわち法律に沿い物的にも正当化される管理に相応するか否か，その範囲如何という事が，個別的に検討されなければならない。その際，管理が秩序に合致しているかとの問題は，当該区分所有者が自分ではなくWEG43条1項2号による別の手続きでそれに関する決定を申請する（非訟事件手続きをとる）場合には，WEG43条1項1号の手続きで，彼の異議についても裁判により審査される。最後の場合には，本件で生じる事だが，管理者も又43条1項2号により同4項2号と結びついてその手続きの関係人となる。その異議によって，管理者の禁止は拘束的ではないであろうし，差止請求をした区分所有者は，結局WEG43条1項2号の意味での管理者の権利と義務に関する決定を得ようとする事になる。

住居所有者の秩序ある共同生活の保証に共に責めを負う管理者には，次の事を要求する事は出来ない。つまり，潜在的に存在する迷惑の源が―そして，一戸の住居の中での数を限定しない猫の飼育はそれに属すのだが―具体化（表面化）しない事を何時も苦にする事だ。その他の管理義務（WEG27，28条）の広範なカタログからみて，そうした迷惑の源に適切で相応した予防措置により対処する事が，彼（管理者）には許されなければならない。管理者が，本件において，約60平米の広さの住居の中でなお我慢できる範囲での猫の許される数を2匹に制限する場合には，彼が自己の権限からふさわしいとして選択した手段は，少なくとも次の場合には，何等違法な行使とはならない。それは，―本件のごとく―各住居所有者が初めから動物飼育には一定

の制限がある事を知っており，且つ，照会した60人以上の住居所有者が，本件建物でその種修正された飼育禁止に賛成を表明した場合である。

(iii)　ヴッペルタル地裁（LG Wuppertal）1977年7月5日決定。Rpfleger 1978, 23.

〈法定要旨〉1．管理者は，案内状で住居所有者の集会を召集し，同時にその集会で決議が出来ない場合のために，同日の半時間後に予定の新しい集会を同一目的でもって求める事が出来るか？

2．分割宣言に従い，一人の住居所有者が，管理者の文書による同意だけで動物飼育を認められた場合に，住居所有者（複数）は，特定の時点から動物飼育のための何等の許可も与えられないとの決議を，単純多数でする事は出来ない。

3．住居所有者は，分割宣言に反する規定がない限り，多数決で次の事を確定出来る。つまり，賃借人や所有者の入居に際して，一回の負担金を，追加の費用のためではあるが明白な毀損のためではない資金として値上げして，維持補修の積立金に組み入れる，との決議。

〈本文〉

（要旨1．＝2回の集会の件—略）

決議，それは管理につき1976年5月1日以来効力をもっていたが，犬や猫の飼育につき許可を与えられないというものだが，それは瑕疵あるものだ。何故なら，決議するためには全員一致が要請されていたからだ。本件に係わる規則は，従前の所有者の分割宣言の中の特則で規律されており，その事により，住居所有者との関係の範囲では特別所有権の内容として既に拘束力をもっていたし，現在の住居所有者との関係では規約と同等の位置にあるから，それは多数決で変更出来るものではない（WEG8条2項，5条）。かくして，関係者の特別所有権と共同所有権の利用に関して，犬と猫の飼育が問題となる範囲では，規約という形でなされた規則があったから，当該住居所有者は，多数決により異なる規制をする事が出来るというWEG15条2項に従って，妨げを受けた。

その上，規制というのは犬や猫の飼育は管理者により許可されない事であって，それは，今日までそうした家禽を飼っていない者にとっては，動物飼

育の原則的禁止を，住居所有者の多数決の対象とはなり得ない個々の住居所有者の特別所有権の制限と，同じ事にしてしまう事となる。動物飼育は，次の場合に限って禁止され得る。【S.24】それが秩序ある利用の程度を越え，他の住居所有者の迷惑になるのが明らかなときだ。そうなるか否かは，管理者の案件だ。；適切な規制が，これまで既に住居所有者の規約として通用してきた分割宣言の中でなされてきた。犬と猫の飼育についての今後の許可を（その規制から）完全に除外する事は，しかし，関係者の所有権を余りにも制限してしまう。

（要旨 3. ＝管理費の徴収と運用—略）

(iv) フランクフルト高裁 1978 年 7 月 13 日決定。Rpfleger 1978, 414.

〈法定要旨〉

特別所有権の秩序ある利用を，動物飼育は排除するものではない。利用規制の対象としては，しかし，許された動物の是認できる数を規定する事は出来る（本件では，一匹の犬と一匹の猫）。

〈本文〉

地裁は正当にも住居所有者の決議の拘束性から議論を立て，それによれば，各住居所有者は一匹の犬と一匹の猫だけを飼う事が許されていた。この決議は無効ではない。住居所有者が善良の風俗に違反するか強行法規上の禁止に抵触する場合にのみ，それは問題となる。動物飼育の制限は，それに該当しない。むしろ住居所有者は，規約による（WEG15条1項）か多数決によって（同15条2項）特別所有権の利用に関して，詳細な規定を設ける事が出来る。分割宣言の中では動物飼育は規律されていないから，住居所有者は次の事をしても差し支えなかった。つまり，WEG15条2項に従い利用規制を多数で決め，又，以前の使用細則を管理者の許可が必要になるように—相手方に入居の時点でそれを盾にとるのだが—変更する事。制限は，確かに，秩序ある利用だけが決議され得る事から生じるのであり，住居所有者があらゆる動物飼育の原則的禁止を明言していたときには，それに該当しないであろう。動物飼育を一匹の犬と一匹の猫に制限する事をもって，—他の小動物，ハムスター，鑑賞魚，鳥は一般的に妨げにならないし，それ故拒絶され得ない—住居所有者の決議が動物飼育の許容される範囲内に納まり，その際，他

の居住者の迷惑にならないようにする事が出来る（参照。KG, NJW 1956, 1680; BayObLG MDR 1972, 516. それぞれ2匹の猫）。その際，管理者や住居所有者にとって，次の事は認める訳にはいかない。つまり，潜在的にある迷惑の源—数の点で無制限な猫飼育はそうなのだが—が，表面化しない段階を越えてしまい継続的に増大する事。むしろ，そうした迷惑の源を適切な予防措置により対処する事，本件で許された動物の是認できる数を規定したごとく，それが容認されなければならない（参照，BayObLG, MDR 1972, 516）。

（v）シュツッツガルト高裁1982年3月4日決定。Entscheidungen der Oberlandsgerichte in Zivilsachen 1982, 301. Die Justiz 1982, 230. 参照は前者による。

〈法定要旨〉

犬飼育の一般的禁止は，秩序ある利用規制の枠内ではなく，それ故多数決では決定出来ない。

〈決定理由〉

【S.302】地裁決定が，本件での類の住居においては，一般的に犬飼育の禁止は多数決で指示され得る（というのは，経験上建物管理での著しい迷惑と困難を考慮するからであろうが）との一般的な定式化なる方法で表現しようとした限りでは，そうした権利の理解を当裁判所はとらない。当裁判所は，むしろ次のように解する。つまり，犬飼育の一般的禁止は，特別所有権に属する建物部分と共同所有権の秩序ある利用の規制という枠の中で把握するのではなく，それ故多数決では決定され得ない（WEG15条2項），と。

確かに，地裁は正当にも次の事から論を立てている。つまり，適切な方法で秩序ある利用の概念の内容を規定するに当たり，住居所有者全員と管理者の正当な利益を取り入れ，相互に慎重に考慮している。高裁（BayObLG, MDR 1972, S.516; OLG Frankfurt, Rpfleger 1978, S.414）によりそうした慎重な考慮の枠で，「潜在的にある迷惑の源が表面化しない限度を越えて，継続的に増大する事」は，住居所有者の秩序ある共同生活の確保のために連帯責任を負う管理者には，「容認されない」という事を指摘される場合には，特定の種類の家禽の飼育を完全に禁止する事は，正当化されるべきではなかろう。むしろ，具体的ケースでは，飼育する家禽の数を2匹の猫とか1匹の犬と1匹

の猫というように制限するのが許容される，とみなされよう。

　そうした妨害と迷惑の減少と有用で支障のない建物管理を考慮する利益は，多数決で指示される一般的な動物飼育の禁止を，次のような根拠から正当化出来るものではない。

　「秩序ある利用」のカテゴリーを使う事により，住居所有者の有益な共同生活と共同居住が保証されるべきだ。その概念を使うに当っては，それ故この共同生活と居住に関して国民の中で育てられた概念が，なおざりにされてはならない。その時々の文化の領域内で伝えられ一般に承認された風習，習慣，規則は，―少なくともその中心部分では―優先的に有益性を考慮する事により支配的になる良き熟慮によって，排除され得ない。

　家で犬を飼う事は，当地で伝承されてきた社会文化的観念によれば，秩序ある居住の内容と見られるべきだ。この事は，単に犬が主要には番犬としてその元来の役割をなお持っている田舎だけではなく，【S.303】犬が増大するコミュニケーションの要請を充足する都市の密集したところにも又，妥当する。

　こうした共同体的な価値観念をないがしろにする犬飼育の一般的禁止は，「秩序ある利用」の規制の範囲内にはなく，住居所有者団体の個々の関係者の意思に反して，多数決によって指示される事は出来ない。

　それに反して，犬の飼育に際し通常予期される迷惑と侵害を排除したり，減少したり，それに制裁を課す事がふさわしい多数決による規制を設け，又そのための措置を指示するのは，住居所有者団体の自由裁量に任されている。今まで適用されていた使用細則にある諸規制は，その点で何等考慮してはいない。

　上述の理由からみて，地裁はWEG15条2項を不当にも適用して，法的に瑕疵ある決定をした。上述の原則を鑑みれば，問題を更に審議する必要はなく，当裁判所が自判出来る。従って，再抗告で地裁と区裁の決定を破棄して（aufzuheben），住居所有者集会の決議の不当の申立を，犬飼育の一般的禁止が指示できる範囲で，容認する。

(2)　オーストリア法

　オーストリア区分所有法は，さほど一般的とも思われないので若干の解説をしておこう。同法は，その14条において「不動産（Liegenschaft）の管

理」の定めをおいている。そこでは，まず1項で，不動産の管理につき区分所有法と共に，民法典 ABGB の第2編（Teil）（物権）第1章（Abteilung）（物的権利）第16節（Hauptstück）（所有権と他の物的権利の共同関係）が適用されるとし，そこでの案件に対しては多数決で決するとして，1〜8号（保持の範囲を越えないような建築上の変更を含めての不動産の共用部分と施設設備の秩序ある保持，積立金，維持補修のローン，付保，管理者，使用細則，賃貸借，賃貸借契約の解約）が挙げられている。2項では，賃借人の駐車場利用権の規定をおく。3項では，秩序ある不動産の保持を越える利用上の改良行為は，区分所有者全員の同意を要するとし，以下の場合には他の共有者の同意は要しない，としている。その場合とは，多数決による改良，保持のための費用や作業が近い中には必要ではないとき，（案件が多数決により）否決されたとしても，改良によっては甚だしく損なわれる事がないとき，である。

以下，動物飼育そのものについての詳論ではないが，関連すると思われる箇所を，次の文献から見てみよう。

（i）Walter Meinhart, Das Wohnungseigentumsgesetz 1975. (1975) ss.145, 197.

実質的には注釈書と思われる本書から，14条1項6号の使用細則の議論をみよう。

【S.145】（それに対して）団体の規則のためには，ABGB828条（持分権者の共同の権利）に従えば全員一致が必要だ。建物の施設設備の摩擦無き利用にとっては，それは大きな意味があり，そして，基本的局面で住居所有権の組織化に当たり契約を十分理解した上でその関係に入る事が，疑いもなく重要だ。そうした合意が許されるという事は，住居所有権が特別に適格性を持った共有として，団体の利益に対して個々の共有者の利益を軽視する事を要請する事となる。WEG24条（法的に無効な rechtsunwirksame 合意）によるそうした合意の無効（Nichtigkeit）の限界は，13条（住居所有権の目的となった住居又は空間の管理）と共に ABGB828, 829条（持分による権利）から生じる。

それによれば，住居所有権者の処分権及び利用権は，団体の利益領域の中で把握してはならない。もしそうすれば，とりわけ秩序ある共同生活に避けられる程度を越えた不都合な影響を与えてしまう事になる。この限界内で，

団体の規則は，例えば職業への従事，家屋と庭の利用，動物飼育を規律し得，契約によって13条2，3項に従って住居所有者に帰属する権利と義務を正確に規定し得，共有者の意思形成の要件を補完する事が出来る。

団体の規則と使用細則の内容は，法それ自身では決定的に法に反する場合のみの22条（共有者の排除）1項2，3号による制裁と，侵害された住居所有者による排除訴訟の是認によって，その範囲を限定されている。

又，上に出ていた24条（法的に無効な合意）の注釈の中でも，動物飼育が扱われているので，みておく。

それは，契約上保護される規定の意味をめぐって，である。

【S.197】24条1項により制限する能力を与えるような全ての合意又は制限（留保）は，法的に無効だ。それが1～5号で数え上げられている怪しげな契約類型に当てはまるというのは，否定可能な推測であり，「仮定的な」（いわれ無き unterstellt）ものだ。制限力とそれによっての「法的な無効」は，承認されなければならないだろう。その例として，以下のものがある。使用細則に違反すれば契約上の刑罰を課す事，将来の住居所有者が基本の段階から服する事，独身（貞潔）条項，無制限な動物飼育の禁止，投票権の拘束，排除訴訟への期限付きの撤回出来ない代理参加，管理者任命に当たっての住居所有者でない者の共同発言権，等。

次いで，しばらく後に出版された次のものをみよう。

(ii) Faistenberger/Barta/Call, Kommentar zum Wohnungseigentumsgesetz 1975. (1976). §14 Rz. 69. S.377, §15 Rz. 21. S.406.

上にみた14条の注釈の中で，使用細則（Hausordnung）については論及されているので，それをみよう。

【S.377】意味のある使用細則は，能う限りの支障無い共同生活を可能とするものだ。区分所有法は，明らかに次の事から出発している。つまり，使用細則については，契約が重要なのではなくて，その妥当根拠を共有者の多数決に見い出している。古き紛争点は，住居所有者の単独承継者（住居所有権取得者）も又使用細則に拘束される事によって，疑問無く解明された。それと共に我々の場合には，他の妥当理由を越えた全ての思惑をそこから遠ざける事となった。それ故，それに従わなければならない契約についての構成を，

使用細則は「提示」したが，しかし，管理者としての住居所有権の機関の多くが明らかに誤って使ってきたという事も又，使用細則はたやすく「提示」した。

（判例：略）

1948年住居所有権法につき公にされた決定がないので，再生された司法をためらい無く引き寄せたという事は，確実にいえる事ではない。（略）

【S.378】過度の多数決に対しては，15条1項5号が，然るべき保護（個人の権利）を提供している。

使用細則は，基本的に全ての居住者に向けられている。取引慣行によれば，訪問者（第三者）も少なくとも使用細則の一部には従う。

使用細則の元来の目的，すなわち支障無い共同生活を出来るようにする事は，恣意的な差別を禁ずる。使用細則は住居所有者（住居所有権取得者）に認識されなければならず，又，あり方としては，住居所有者が要求すれば（その内容を）教えられるはずのものだ。その目的に最も合致するのは，玄関での継続的な掲示である。

使用細則は，周知のごとく，多くの無益なものを持っている。それらは簡潔明瞭に把握されなければならない。使用細則の場合には，対象の大きさとその時その時の特殊性に配慮されるべきだ。しばしば，それが欠けている。老人が90％住んでいる家屋の使用細則を，若い家族の住む家屋の使用細則として持ち出すのは，目的にそぐわないだろう。

使用細則は，その限界を個々の住居所有者の個人的権利におかなければならない。我々の見地では，使用細則で次のような事がなされてはならない。つまり，秩序に反する管理行為が隠されたり，共用部分を今までとは別の利用規制（専用的変更 Widmungsänderung）に，例えば，子供の遊び場でボール遊びを禁ずるとか，駐車場をサッカー場に変えてしまうというような，そうした規制に服するようにする事である。そうするには，合意が必要だ。使用細則により処分する事は，絶対許されない。例えば，次の例だ。従来は誰でもが通行できた緑地帯を，一部だけに留まらない形で特別な利用に供してしまうとか，【S.379】1階の住居の前にある4メートルの幅の緑地帯を事後になってからその1階に割り当てるとか，又は，使用細則で賃貸借を規律しよ

うとしたり訪問者の受け入れを禁じたりする事だ。

　使用細則の適切な内容としては，以下のものがある。
　　―建物内での静穏
　　―門の遮断
　　―駐車（輪）禁止
　　―交替制の清掃義務
　　―駐車場利用規制
　　―洗濯場規則
　　―動物飼育
　　―バルコニー利用規制
　　―管理人の届出義務
　　―火災時の対応規定
　　―屋根裏部屋と地下室への物置禁止
　　―エレベーター規則

　使用細則の中で，相隣関係上の義務を挙げて，13条3項に加えての他の共有者の利益になる義務（例えば，美しく利用する事）を強調するように，活用する事が出来る（具体例：略）。

　以下の場合には，許容されないであろう。22時以降の入浴禁止，管理人が何時でもマスターキーを使って止むをえぬ理由無くして住居に入り込むとか，【S.380】子供は監督者の下でのみ中庭で遊んでもよいとか，12歳以下の者は一人でエレベーターを利用するのは許されないとか，動物飼育の一般的禁止。

　使用細則の遵守は，とりわけ間接的に効果を発揮するのであり，確かに22条（共有者の排除）をめぐっては，その1・2項で規範化されている要件がここでは意味がある。それと共に，給付訴訟と差止訴訟が考慮される。例えば，ABGB364, 523, 339条による場合であり，危険が迫っているときには自力救済も考えられる。

　オーストリアの多くの地方では，住居所有権の契約の中で団体（管理組合）の規則が取り入れられているのが，通常である。団体の規則が問題となる領域については，より一層の研究が必要だろう。その規則を，住居所有者

を組織するのに無理強いするための手段とするのは，厳格に排除されなければならない。

又，15条（管理への少数者の関与）の注釈の中でも，使用細則及び動物飼育につき言及されている。

【S.406】共有者は誰でも，使用細則の個々の規定を廃止したり変更するように請求する事が出来る。尤も，その規定が共有者の保護に値する利益を侵害したり，共有者の公正な評価をするに当たり不当である事を，前提にするが。その双方の要件の範囲を動かすように分ける事は出来ないし，同一の法的効果のためにも又不必要な事だ。とりわけ，共有者の人的な要求が考慮される。それ故，例えぱ，老人とか肉体的に虚弱である事が考慮されるが，しかし，又，経済的な要求も考慮される。

【S.407】具体例

a）ある住居所有者が，つましい年金生活を送っている場合。例えば，次の例では年金生活者にとっては不当となろう。彼が虚弱で（掃除を）出来ないときに，使用細則に従って順番でなされる適切な階段吹き抜けの清掃を（しないで）金銭で済まさせようとする事。不当性だとか保護に値する利益の侵害にとっては，それぞれの具体的な状況が重要なのだ，という事が考慮されなければならない。従って，要求され得る事が時には不当とされ得るのであり，使用細則が今まで何等異議を唱えられないで認められてきたとの根拠によっては，決して（使用細則の破棄と変更が）排除され得ない。変更を正当化するためには，申立人が投票で負ける事を要求するMeinhart説は，正しくない。

b）車椅子に頼らざるを得ないような住居所有者にとって，使用細則でその車椅子を階段吹き抜けに置く事を禁じているときには，保護に値する利益を侵害していよう。

c）子供を敵視する全ての規定は，不当である。

d）音楽演奏の一般的禁止。

e）動物飼育の禁止。

我々の規定は，いずれにせよ，破棄や変更は多数決で決められた使用細則に向けられる事を要求している。そこでは，しかし賢明にも，一人は，使用

細則を利益状況と要求可能性に従って弾力的に維持しようとする―広範な変更の制限は見い出し得ない。管理者による使用細則も，裁判官によって変更された使用細則も，（新たに）変更可能である。

(3) アメリカ法

(i) David Clurman/Edna L. Hebard, Condominiums and Cooperatives. 1970.

第6章「家屋取得者はコンドミニアムを買うべきか？」との表題の下，居住の規制（Restriction on Occupancy）の項を設け，動物飼育についても論じている（P.90，91）。

コンドミニウムの買い手は，取得する所有権の完全な行使に規制を受けるとして，次のタイプに付き述べている。

1．賃貸借の制限。
2．居室（units）取引に必要な承認。
3．居住者とその家族の数の制限。
4．土地建物を業務又は専門職に使う際の限界。
5．装丁の制限。
6．一人が取得出来る居室の数の制限。

そして，最後の7．で，ペットの制限を挙げている。その説明をみよう。

こうした制限は，通常共同住宅（cooperatives）のためになされてきたが，コンドミニウムの買い手によって極めて厳格に維持されるべきだ。共同住宅の所有者は，その違反により賃貸借を解除出来るが，コンドミニウムでは些か異なる。持続的なコンドミニウムでの居室所有者の違反に対する適切な救済は，裁判での差止（court injunction）を期待出来る事だ。

(ii) Genevieve Gray, Condominium: How to Buy, Sell, and Live in Them. 1976.

副題から分かるとおり一種の実務書ではあるが，問題状況を把握するためには参考になると思われる。11　人間関係（p.157）なる章の中で，レクレーション，子供，客，プール，貸借，等々に言及されており，その一部でペットについても論じられている（p.162）。

ペットが訪問客のものであれ居住者のものであれ，行儀が悪く始末におえ

ないペットは，あたかも同様の子供がそうであるごとく，コンドミニウムでは血圧を上げるほどの問題だ。コンドミニウム内でペットを飼育するには，明確な規約（bylaws）の規定を措く必要があり，管理委員会（board）は，違反者に対しては裁判上の差止を請求するようすべきだ。裁判所は，通例，管理委員会が余りにも臆病に規制を実施するのを許さないようにしつつ，ペットに対する団体的規制を支持してきた。もし構成員が，規制の実施を要求するなら，そう出来るのだ。おかしな事だが，規制実施を熱望するほとんどの所有者は，しばしばその動物は友好的で良く躾けられた誠実なペット保有者である。

ペットを街中では紐で繋げとの法があろうと無かろうと，規約では敷地内でペットをうろうろと歩き回らせる事を禁止する規定を措くべきだ。飼育者は，【P.163】その犬を隣人の処とか共用部分でうろつかせるのを，明示的に禁止されるべきだ。いくつかの団体では，土地建物の周りに適切なペット置き場を設ける事で成功してきている。その場所は，砂で囲まれ，維持管理の組によって定期的に清掃され消毒される。

(iii) Warren Freedman/Jonathan B. Alter, The Law of Condominia and Property Owners' Associations. 1992.

最近出版された専門書である本書でも，ペット問題が取り上げられている。その6コンドミニアの規則及び規制（Rules and Regulations）の中で，規制権限，ごみ収集，安全，修理と維持，雪と落ち葉の除去，駐車，眺望と美観，子供，ニューサンス，業務としての使用，と共に，6.8の項で論じられている（P.119）。

ペットに係わる規則を作成する事は，開発者やコンドミニウム証書の作成者が直面する，最も感覚的に神経を使う点の一つであろう。非常にしばしば，これらの規則は，コミュニティーの性質の現実的な分析を何等反映せず，取締の観点から適当とされてしまう，鋼板の上に書かれた文字のような現れ方をする。例えば，30ポンドを越す犬を禁止する規則は，主要（原文はmail）居室で2又は3匹の乱暴なテリア（犬）を飼う事がもたらす破壊的な力を不問にし，全ての四足動物を禁じる規則は，洗濯機の近くでウワバミによって発生されるであろう大破壊を不問にしてしまうのだ。

期待されたごとく，これらの微妙な論点は，かなりの数の判例法を喚起した。Northcrest Home Owners Ass. 対 Friedman 事件は，例えば，管理委員会を通じてのコンドミニウム団体の請求により，居室所有者に対して一時的な禁止命令を出し，その後【P.120】居室所有者とその同居人が，犬を共用部分や個人の居室に持ち込んだり飼育したりする事を禁じる強制的差止（mandatory injunction）を命じた。委員会は，宣言の中で，ペットは「健康を危険にし，不当に家屋所有者を妨害する」と決めてもいいと述べられている規定に含まれる権限に従い行動したし，そして，動物が財産を害する事を禁じていると考えた。委員会は，犬が人を咬んだ後に動いた。委員会は，特別集会を開催し，飼育者が犬を土地建物から別の処へ移すような解決をした。裁判所は，委員会の行動は全体として適切だとして，支持した。

多くのケースは，ペットに関して事件後の禁止を扱ってきた。これらの規制のほとんどは，多用な「犬の死手譲渡（amortization）」の性質を有していたのであり，そこでの禁止は現在の場所からペットを移動する必要はなく，原因はなんであれ「死手譲渡」後の移動を禁じている。裁判所は，一般的にはそうした規制を許容してきた。というのは，元々の証書がペット飼育を許可した後で，コミュニティーからペットを無くすか制限するように変える合理的な方法だと，その規制をみているからである。死手譲渡ルールを考察したケース，すなわち Wilshire Condominium Assn., Inc. 対 Liza Kohlbrand 事件では，提起された唯一の疑問というのは，以下のように述べられている宣言に含まれている規定の実行可能性であった。

〈宣言の内容〉居住用居室の購入時点で犬（通常，膝犬として知られている）を保有していた所有者は，その犬が死んだりしたとしても移動されないとの条件で，コンドミニウム内で飼育したりかくまったりしてもよい。どんな場合であれ，いかなるペットも，紐で繋がれるか抱かれていない限り，水泳用プールや共用部分に入る事は許されない。

団体は，このルールに反するとして，被告に対して永久的差止を図って行動を開始した。公判（一審）では，ニューサンスに関する宣言の規定に依拠し，団体の請求を退けて，犬の移動はニューサンスではない，とした。その規則は，居室所有者が（彼女の）コンドミニウム居室を享受する権利を不当

に制約する，とした。控訴審は，買い手は居室購入時に規制を承認していたとの理由で，（原審を）破棄した。判旨によれば，「この規制の究極的趣旨は，誰も居室において犬を飼ったりかくまったりする事が許されないような団体の生活にあるであろう。我々には，本件の状況からみて，そうした規制は合理的であるのみならず契約的にも有効であると思われる。」裁判所（控訴審）は，次の見解をとった。「犬の移動に対する規制は，極めて近接して生活している居室保有者の健康，幸福，及び精神の平和を増進するとの原則に，合理的に一致する。」結局，次の事に注目するのは相当の意味のある事だ。つまり，かつてペットを飼っていた新しい居住者に，ペットの楽しみを享受するのを許す事が重要になった場合，従来の対応を転換するときに，死手譲渡ルールが付加的な意味を引き受けるようになる。

かくして，明らかに裁判所は，ペット規制に対して，進んで様々なアプローチを認めると明言したのだ。重要な点は，次の事だ。【P.121】委員会と団体は，ペットの存在そのもののみならずペットの行動をも規制出来る権限を持つ事であり，そして，場合によるとはいえ，例え問題が法的なニューサンスのレベルに至らなくとも，問題が発生したときにはペットを追い出す事が出来る事だ。

委員会と団体の規制の刷新は，闘犬用のブルドッグ（pit bulls）をめぐっての感情的な議論から明らかになる。団体のために問題を解決する一つのやり方は，次のような解決策を普及する事かも知れない。

団体内の所有者と居住者にその健康，安全，福祉の保護を確保するためには，当部（係 section）は，犬に関して次のように扱うのが適切であると考える。つまり，その犬は普通は「闘犬用のブルドッグ」に属するものであり，又ここではそのように明確にされたものであると。当部の目的は，こうした闘犬用のブルドッグを規制し，その飼育者に犬を監禁し登録し責任保険に入る事を通じて，責任を果たす事を確実にする事にある。闘犬用のブルドッグの特有な歴史，性質，特徴は，特殊な規制を要すると決意させた。

居室所有者は，次のようになる事を許容したり満足したりする事は無かろう。つまり，居室や共用部分の保険料率が上がったり，他の構成員の権利を妨害したり，それに干渉したり，その他理由無き騒音で悩ましたりする事

だ。構成員の誰もが，居室や共用部分でのニューサンス，不道徳で違法な行為を犯したり許したりはしないだろう。

　なお，居室所有者を保護するもう一つの条件は，責任保険の取決めである。(略。)

　又，ペットに関する，以下のような典型的で一般的な団体の規則や規制に留意されたい。

　いかなる動物，野生生物，家畜，爬虫類，家禽（鶏など）の類は，土地建物のいかなる場所でも飼育されたり子供を産ませたりされない。但し，次のものを居室内で飼う事は許される。合計4匹を越えない範囲での，犬，猫，普通通常の大人が家で飼うペット。しかし，特別の隣人関係の中では，ペット制限はより切迫する事になるかも知れない。全てのペットは，共用部分では紐につながれる。管理組合や隣人間の団体の単独の判断で，健康を害し，敵対的な騒音を発し，他の居室や土地建物の他の場所の所有者へのニューサンスや不便さとなるようなペットは，【P.122】委員会の請求により排除される。いかなるペットも，商業目的で飼育されない。家屋内で飼われるペットは，居室以外ではいかなるときも責任者により紐でつながれる。ペットは，団体により場所が指定されているならば，その共用の箇所で，許容されるだけである。その共用の場所にペットを持ち込む人は誰も，当該ペットの固形のごみを直ちに取り除く責めを負う。

(4) 外国法小括

　必ずしも全面的で詳細にペット問題をみたとは言えないにせよ，いくつかの点は確認できよう。

　まず驚かされるのは，いずれの国においてもペットについての問題が提起されており，それがかなり深刻になっていると思わせるに十分な状況がある事である。いわゆるマンションライフにおいて，ペットは避ける事が許されない課題の一つになっていると思われる。しかもそれが，最近生じた訳ではなく，1970年代から発生していた事が分かる。日本との歴史や生活様式の違いなどは，当然考慮されなければならないものの，そこには共同住宅（マンション）での生活レベルでの管理問題が，明らかに存在するという事だ。

　（オーストリアの紹介は概括的なものに終わってしまったが）特にドイツとアメリ

カでは，ペットに対して訴訟が提起されており，判例の立場が確認できた。いずれもペットに対しては，厳しい対応がなされているといえよう。とはいえ，一律には禁止されておらず，例えば飼育数を制限する範囲で許容されていた事は，示唆的である。なお又，いわゆる管理組合での取り組み如何が，まず検討されているといい得るのではなかろうか。

その居住者による取り組みであるが，やはり規約や使用細則（に相当するもの）によって，相当詳細な規定が準備され，共同生活を円滑に送るとの目的の前には，ペット飼育は厳格に管理されている。ペットに対する最終的措置は，その排除である事も，確認できよう。

4 行為規範・生ける法論

ここでの問題意識は，既に「はじめに」でも述べておいたように，ペット問題というのは，つまるところ国家法規範とは相対的に区別されるべき領域，区分所有法をも含めての民法などの通常の法規＝国家制定法とは異なる部分で，論じられ最終的に手当されるべき問題ではないのか，という点にある。日常用語ではルールや道徳，場合によってはエチケットとさえ表現される領域で，正に問題とされているのであろうと思われる。そしてこうした捉え方は，単に問題の客観的な認識としてというだけではなく，問題の論ずべき方法をも意味すると解したい。換言すれば，ペット規制は国家法で把握するのは間違いであるのみならず，国家法のレベルで法的対応されてはならない，という事も同時に指摘したい訳である。そのため，以下，まず伝統的な立場から行為規範や生ける法の議論を概観し，そこから問題の位置を明らかにした後で，いわゆる部分社会論と（マンションという形を取った）共同体論について論じたい。勿論この課題は専門を外れてしまうので，思わぬ誤解や謬論の展開になってしまう事を恐れるが，伝統的な民法の議論だけでは納まり切らない論点を本件は含んでいると考えるので，筆者（＝片桐）の想いを能う限り開陳し，至らない点はご叱正を待つ以外にない。

(1) 行為規範・生ける法について

行為規範・生ける法について，取り上げなければならないのは，エールリッヒであろう。彼の『法社会学の基礎理論』[36]の議論を見る事から，ここでの

検討を始めよう。彼の理論の核心は，法の科学的理論は「事実」についての「純粋認識」を目指す「法の社会学」であった。彼が注目した「生ける法」とは，権力による法規の定立を介する事なしに，人々が実際に行い生きている社会を秩序づけている行為規範であり，これが「真の法規範」である。それ自身一種の「社会的事実」であり，それを生み出すものは，慣行，支配関係，占有関係，契約・定款・遺言などの意思表示，という事実，「法の根源的な事実」である。こうした事実の経験的な観察調査に基づいて「生ける法」を探究し，その成立，機能，発展について歴史的又法則的な考察をする事が，法社会学の主要な課題であるとする。[37] 法社会学の基礎理論を展開するのがここでの課題ではないので，それはさておき，上記の議論で注意しなければならないのは，エールリッヒによれば，「生ける法」のみが法規範とされてしまう点である。しかし，様々の社会団体・集団の内部秩序にこそ注目して，その行為規範に光を当て，その効力を保障するものとして，社会的共同生活の必要・社会的圧力であるとした立場は，本稿からみて顧みるに余りある。それ故，やや強引な展開ではあるが，ペット問題を解明するためには，正にエールリッヒが指摘し強調した「生ける法」を探究する事が重要である事を確認しておこう。[38]

(2) 部分社会論

米内山事件に対する最高裁決定における，田中耕太郎裁判官の少数意見をみる事から始めよう。当該事件は，青森県議会議員米内山義一郎が懲罰として除名され，その取消を訴え且つ執行停止の決定を求めて争ったものである。最高裁まで争われたが，そこでの多数意見に対して，田中裁判官は次のような少数意見を述べた。

本件は，「根本的な法秩序相互の関係の問題」すなわち「法秩序の多元性」に係わる問題であり，「国家なる社会の中にも種々の社会，例えば公益法人，会社，学校，社交団体，スポーツ団体等が存在し，それぞれの法秩序をもっている」。それらの「特殊的法秩序」と「国家法秩序すなわち一般的

36　Eugen Ehrlich, Grundlegung der Soziologie des Rechts, 1913. 同書の翻訳として，河上倫逸・M・フーブリヒト共訳『法社会学の基礎理論』（みすず書房，1984年）。又，磯村哲『社会法学の展開と構造』第三編，特にその第二章第二節（日本評論社，昭和50年）。
37　加藤新平『法哲学概論』254頁（有斐閣，昭和51年）のまとめに拠った。

法秩序」との関連をどの程度にするかは，国家が「公共の福祉の立場から決定すべき立法政策上の問題である」，と。言うまでもなくここでは，当該判決の当否を問題にする訳ではなく，一言で言えば司法権の限界を論ずる議論として，検討したいのである。

佐藤教授が指摘する如く，田中少数意見はその後の判例に大きな影響を与えた。又，部分社会論は，同じく佐藤教授の評価される如く，田中少数意見以前から存在したものであるが，それが通説の位置を占めているかについては，必ずしも明かではないように思われる。言うまでもなく本件での検討は，議会，大学，宗教団体，会社の工場自治会，弁護士会，政党でのそれで

---

38 次の点を付言しておこう。第一は，エールリッヒの法規範について。第二には，法規範の一般論について。第一。本文で述べたように，エールリッヒは法規範と「生ける法」とを等置するかのような議論をしているが，この点は次の第二でも述べるように，正確ではなかろう。勿論彼の真意ないしは議論の核心は，法規範の区別にはなかった事は明かではあるが，少なくとも通常の理解―「生ける法」とは区別される「法規」をも含めて，全体として法規範と捉えるそれ―とは異なってこよう。そうしたエールリッヒの理論を批判するものとして，ケルゼンがいるが，それらにつき，例えば，大橋智之輔・三島淑臣・田中成明編『法哲学綱要』49頁等（青林書院，1990年）参照。

　第二。法規範（法秩序）として，通常は三種類が指摘されている。行為規範，裁決規範，組織（構成）規範である（上記『法哲学綱要』60頁以下，前掲注37『法哲学概論』376頁）。この三種類の区別と相関の中で，本件の課題も追究されるべきではあるが，ここではハートのルール論に若干言及しておく（H.L.A. Hart, The concept of law, 1961. 同書の翻訳として，矢崎光圀監訳『法の概念』（みすず書房，1976年）参照）。ハートによれば，義務（責務）を課す第一次ルールと，権能を付与する第二次ルール（承認＝ほぼ立法権能に相当，変更＝同じく法改正権能，裁決＝同じく司法権能，の三種類）がある。この二つのルールによって，法体系を統一する。本件に即して展開するならば，次のように言えようか。ペット飼育についての何らかの第一次ルールがあり，それが管理組合に帰属しているか否かの識別基準として，承認のルールがある。尤も，第一次ルールが変更のルールによって改廃される事もある。そして裁決のルールが待っており，個人，団体，国家により，裁決される。承認のルールが究極的とされており，正に本件はその究極的「承認」が誰によってどの様になされるのか，換言すれば最高の「承認」とは何かが問題である。ハートはこれらのルールの結合関係を論じるので，前述の法規範の中の行為規範をもって，第一次ルールと全く同視する事は出来ないと思われる（ハートによれば，ルールの内的側面を見よ，という事となろう）。筆者（＝片桐）は行為模範・生ける法の独立主体性を主張したい訳であるが，その要請に必ずしも応えてくれる事にはならないようだ（尤も，こうした筆者（＝片桐）の考え方は，存在と当為，事実と規範ないしは規範と価値を混同しているとの，根本的批判を受けるかも知れない）。

39 本件の米内山事件は，最大決昭和28年1月16日民集7巻1号12頁，県議会議員除名処分執行停止決定に対する特別抗告事件，棄却。田中裁判官の少数意見は，同民集15頁以下。なお，本文でのまとめは，次のものによった。佐藤幸治「『部分社会』論について」判夕445号2頁（1982年）。

40 前注　佐藤論文参照。なお，併せて，より本格的には，佐藤幸治『現代国家と司法権』第二章司法権の範囲ないし限界Ⅱ「部分社会」と司法権　114頁以下（有斐閣，昭和63年）参照。

はなく，マンションという場での，より具体的にいえば管理組合での問題として論じている。そこで第一には，果たして，管理組合を，少なくとも判例によれば，上の例の中に数え上げるのが，妥当であろうか。それが承認された場合，第二には，本件のようなペット問題は，いかなる意味付けを与えられ得るのであろうか。そして第三として，司法権が及ばないのか，その基準と根拠・理由は何か，が問われる必要があろう。

第一について。憲法は結社の自由を保障している（憲法21条1項）が，区分所有法は「管理を行うための団体を構成」するとしている（区法3条）。通常，管理組合とされる団体の当然設立が，その3条によって確認的・宣言的に規定されたと解されているから，結社の自由の脈絡で区分所有法上の団体を捉えるのは出来ない（自由を認めてしまえば結社への非加入をも認めてしまう事になるから，3条の趣旨と相反する）。しかし，憲法を論ずる能力はないが，団体当然設立そのものが，憲法の保障に基づいていると見る事は出来よう。尤もそれは，結社の自由によるものではなく，広く財産権保障（憲法29条1,2項）に基づくものではないかと思われるが，如何であろうか。更に関連して，はたして部分社会論が，上でみた結社の自由や財産権保障などという観点から既に検証されたものなのか否か。必ずしもそうではなかろう。従って，管理組合という団体を部分社会の一例とする事には，積極的根拠を見い出し得ないものの，他方それを否定する事も出来ないように思われる。ここでは，その

41　学説としては，田中耕太郎『世界法の理論　第一巻』95，130，142，152・3頁等（岩波書店，昭和7年），同『法律学概論』22頁（学生社，昭和33年），末弘厳太郎『法学入門』55，84，112頁等（日本評論社，昭和9年），美濃部達吉『法の本質［法学叢書］』21，28頁，又「法律行為」につき135頁（復刻版，日本評論社，1948年）。

　これらの学説の評価として，加藤新平教授は「法の社会的基盤」として，「国家説」，「部分社会説」，「全体社会説」を挙げ，部分社会説は「法の外延を余りにも拡げすぎる嫌いがある」「論理的には実に透明な仕方で一貫させることができるが，前述の方法論的見地からすると，先ず，やくざ仲間や泥棒団体にも法があるという主張は支持できない。次に，全体社会によって排撃され『違法』とされるこれらの集団は別として，そうでない外の集団や社会関係の場合には，それは全体社会の一構成部分としての地位に立つものであるか，或いはそれ自身も亦一の全体社会（コミュニティ）と見なし得るものであるか，の何れかであって，結局，集団的又は非集団的な各部分社会はそれだけでは法の本来の地盤をなすものではないと思う。」とし，結局は全体社会説を支持する（前掲注37『法哲学概論』347, 351頁）。又，佐藤教授は，「一般法理論の問題としてみた場合，『部分社会』論は魅力的な主張ではあるが，実定法の解釈の領域でそれが果たしてどのような意義をもっているのか，あるいはもちうるのか思わず考えこんでしまう。」とする（前掲注39判タ5頁）。

例の一に取りあえず数え上げる事としておいて，次の検討に進みたい。

　第二には，ペット問題に関連して論じてみよう。まず，法令の存在に気づく。「動物の保護及び管理に関する法律」とそれに基づく「犬及びねこの飼育及び保管に関する基準[42]」であり，同趣旨の各条例があるようだ。関連して，狂犬病予防法などがあろう。そうすると，少なくとも形式的には，国家制定法が存在する以上，その統制力の対象にマンションでのペットも入る事を否定する事は出来ない。しかし，その現実的な運用・法適用はどうなっているのであろうか，疑問なしとしない。例えば，法文では「……しなければならない」とか「……努めなければならない」「……できる」との文言が目につくし，罰則が規定されている（上述，動物の保護及び管理に関する法律 13 条，『保護動物を虐待し，又は遺棄した者は，3 万円以下の罰金又は科料に処する。』）が，はたしてこの文言通り適用されているのであろうか。実態は，努力義務の規定，訓示規定に留まっている事が多いと考えられる。それ故，一面では法令の適用対象から，マンションでのペットを除外する事は出来ないが，他方での法令の解釈・運用のレベルまであまねく制定法規範が及んでいる，と見る事も出来ないと思われる。そして後者の領域では，正に部分社会論が妥当するのではなかろうか。

　では，第三の司法権との関係如何。一般論としては，司法権が及ばないという事は出来ない事，自明であろう[43]。従って，結論的には部分社会論に全面的に依拠し，それで一貫した論理を貫徹出来ない事とならざるを得ない。にもかかわらず，こうした主張の一切を否定し去るには抵抗が残る。制定法＝区分所有法自体が，規約自治，区分所有者による集会自治を法的に承認している。明らかにその自治が承認される以上，司法権が（少なくとも直接的には）及ばない。更に文字通り，マンションという部分社会で，その部分の内実を形成するものの一つとして，一言うまでもなく本稿では，その内実は規約や使用細則に具現化する—ペット問題は存在している，と考える事を，無碍に排斥出来ないように思われるのではあるが。

42　前者は，昭和 48 年 10 月 1 日，法律第 105 号，後者は，前者 4 条 2 項に基づくもので，昭和 50 年 7 月 16 日，総理府告示第 28 号，である。
43　憲法 76 条 1 項，裁判所法 3 条 1 項，に従い，本件の紛争も司法の支配に服する。「一切の法律上の争訟」に含まれると解さざるを得ないであろう。

(3) いわゆる共同体論

ここで論じようとする共同体論は，かつて問題とされたそれ（例えば，マッキーバーや大塚史学で論じられたもの）ではなく，今日アメリカを中心として論じられているリベラリズム（liberalism）と共同体主義（Communitarianによる考え方＝communitarianism）との対抗で論じられている共同体論を参考にしたものである。検討素材としては，かつてアメリカでなされた「法・共同体・道徳的推論 Law, Community, and Moral Reasoning」と題されたシンポジウムを取り上げ，参考にしたい。勿論，筆者（＝片桐）には充分な議論をする能力はここでもないし，当シンポジウムで直接の素材として取り上げられているのは，ソドミー行為を規制する事の合憲・違憲論であるが，その素材から離れても，本件の事例を考える上においても意味を有していると思われるからである。

当シンポジウムでの対立的論点はいくつかあるが，それに沿いつつ本件との関連を論じる事とする。

第一は，個人か共同体かという論点。〈若松氏〉によれば，リベラリズムの人格観は，「人格は目的に先行する」といい，他方共同体主義（サンデル）によれば，「目的が自我を構成する」という。共同体主義からの，リベラリズムは原子論的な個人を前提としているとの批判に，リベラリズムの側から対応した議論が，ドゥオーキンの統合理論である。尤も，この統合理論は「共同体の共同生活が個人のあらゆる側面を統合する」訳ではなく，「共同生活を立法，行政，司法などを通じて行われる政府の公式の政治行為だけに限

---

44 このシンポジウムは，1988年9月30日～10月1日にカリフォルニア大学バークレー校で行われたものである。77 California Law Review 475-594（1989）に掲載されている。そして，その紹介と検討がパターナリズム研究会「法・共同体・道徳的推論㈠～㈢・完」國學院法學29巻1～3号（平成3, 4年）においてなされている。

45 前注での紹介と検討（國學院法學29巻3号132頁以下［若松良樹］。以下〈若松氏〉と記す）による。それによれば「共同体主義は，リベラリズムが同性愛に対する寛容を説く点で『共同体に敵対している』と非難する」が，その理由として主要な三つが挙げられている。第一は「『人格の理解』に関するものであり」，共同体主義者は「『個人か共同体か』かという二者択一を迫」り，「リベラリズムは共同体から遊離した原子論的自我を前提としている」。第二は「『政府の役割』に関するものであり」，「リベラリズムが『中立性の政治』を要求するのに対して，共同体主義者は『共通善の政治』を要求する。」第三は「『哲学の役割』に関するものであり，共同体主義者の「批判の根底に存するのは，『普遍主義か個別主義か』という対立図式であ」る。

定し，この側面においてのみ，政府の活動は個人の行為と同一視される」とするものである（〈若松氏〉138頁）。〈若松氏〉は，つまるところ程度問題に還元するが，はたして本件の「実体的な議論」はどうであろうか。ペットを一つの実体的基準と考えれば，何れとも言い難い事となろうか。人格はペットに対して選択権を持つのが通常であるし，ペットマンションという共同体を強制される事も，又，通常はなかろうから。

第二は，中立性か共通善か。〈若松氏〉によれば，共同体主義者としてサンデルを取り上げて，そのリベラリズム批判は成功していない，とする。中立性の政治論によれば，「よき生についての特定の見解を政府が執行すること」を排除するのであり，この考えは基本的に支持されるべきものであろう。日本の江戸時代のある時期の如く，今日でいうペット飼育を政府が執行する事は許されない。リベラリズムのいう如く，よき生の評価は「文化の市場」に委ねられるべきものであろう。そしてその市場的決定を，民主主義で支える事が重要である。リベラルな社会での寛容，多元主義，自律性に基づく社会的協働の確保に与みしたい。とはいえ，確かに戦略が問われている。

第三は，普遍主義か個別主義か。〈若松氏〉によれば，この対立図式によっても，リベラリズムと共同体主義を区別する事は出来ない，とする。本件において，ペットについての伝統を確定するのは，それ自体一個の問題である。まして，ペットに即しての正義論とは，いかなるものとなるのであろうか。ここで一言で語り得ない。又，その伝統批判の方法とは，等の疑問が直ちに生じて来ざるを得ない。

では，以上みてきたリベラリズムと共同体主義との論争から，何を学ぶのか。そもそもペット問題を，こうした枠組みで論じ得るのかとの前提的問題はあろう。あるマンションを一つの共同体と見立てるというのも，問われるかも知れない。マンションを，いわゆるアソシエーション（association）ではなく，コミュニティー（community）の一として考える事は許されよう。結論的に筆者（＝片桐）は，リベラリズムの立場に与みしたいのだが，その単純な理解によれば，管理組合での決議自体が問われてこよう。そして，ペットに対する「共通善」については，その存否自体が問題だし，例え存したとしても，それを共同体に押しつける事には反対したい。その点では，「文化の

市場」に委ねたい訳だが，次なる問題は，そこでの具体的な扱われ方ではなかろうか。どう現実的には扱うべきなのかが，個別マンションとそこでの居住者から問われており，その答を今ここで用意出来なければ，結局問題は最初に戻ってしまう。

　それに対しては，現在の法律学の一つの到達点を示す事で，取りあえずの責めを果たしておこうと思う。それは，「議論」論であって，それ自体，本件の問題への答を提示するものではないけれども，その代表的主張者である田中教授による「対話的合理性」基準ないし「コンセンサス原理」，とまとめる事が許されよう。その「基礎的特徴は，基礎的な背景的合意に依拠しつつ公正な手続に従った討議・対話などの実践的議論を通じて形成された理性的な合意を核心的な合理性基準とする考え方」である[46]。少なくとも，答を出す方法を提起しているし，その入り口に我々を招き入れてくれよう。

　既に今まで１．２．で具体的な素材の検討を経た後に，３．における各論点の枠組みでも捉えられないかとの試みをして来た訳ではあるが，必ずしも具体的で有益な成果はなかったかも知れない。少なくとも明確で一元的な答は出てこなかった。その事は，有り体に言えば，ケースバイケースとしかいい得ない問題である事を物語っている事となろうか。

　本稿を閉じるに当たり，若干のまとめをしておくべきであろう。

　あるペットをめぐる訴訟から始めて，最終的には法学の基本問題まで議論を進めてきた。その議論の評価は読者に委ねるしかないけれども，謬論の恐れと共に，やや牽強付会ではなかったかとの感は拭えない。にも拘らず，当初のペット問題を論ずる基本的視点が間違っていたとは考えてはいない。しかし，とりわけ今日の日本のマンションの現実の姿を眼前にしたとき，果たして，と頭を抱えざるを得ない。正義，公正，権利，そして安寧などの目標設定とそれらを主体的に担い得る自立した市民を構想するとき，実際には―勿論，取りあえずとの留保を付しながらも―パターナリズムに依拠せざるを得ないのか，との観念から解き放たれる事はない[47]。戦後現行憲法を打ち立て

---

[46] 田中成明『現代法理論』189頁（有斐閣，昭和59年）。

てから45年，マンションが定着し始めてから30数年，未だそれだけしか年月は経過していない，それ故の生活経験の蓄積がなされていないのだから，まだこれからだ，との楽観的でどっしりした構えをとるのも一つであろう。最終的・結論的には，マンション居住者の日常的営為の中からしか，かかる問題の解決は生み出し得ない事を確認して，本稿を閉じる事としよう。

第2節　補　論

1　はじめに

　かつて筆者は，この問題を論じたことがある。[48] 本稿はそれに続くものであり，それ以降（1993年～）の変化・推移を踏まえつつ，改めて本問題を今日の段階で取り上げたい。補論と称する所以である。当時とはかなり様相を異にしており，現在の到達点を明らかにすることにもそれなりの意義があろう。一言で言えば，マンションという集合住宅内でペットの飼育が定着して来つつある，といえよう。

　以下，まずは旧稿以後の経過を概観することから始め，判例・学説のその後の展開，及び外国法を見て，そこから改めて問題を抽出することを試みたい。

2　日本での経過（旧稿後の展開）及び判例と学説

　(1)　旧稿以後，20年近くの年月を重ねた。果たしてこの時間の推移の中で，いかなる変化等が生じて来たのだろうか。第1には，それ以降の都市住宅の変化が指摘できる。つまりは，マンションがより一般化してきたのは否定できないであろう。[49] 住居という物的対象が絶対数としても増えるということは，当然にしてそこに居住する人々もまた増えてきたことを意味する。そ

47　パターナリズムについては，例えば，中村直美「法とパターナリズム」（『法と強制』（法哲学年報1982）37頁）。又，他の論点をも含みつつ，星野英一・田中成明編『法哲学と実定法学の対話』（有斐閣，1989年）における座談会（353頁以下）での樋口（368，376・7，378・9，390，394・5頁），井上（374・5，377・8，392・3，396頁），星野（370・1・2頁）各教授の議論には，共鳴する点が多い。

48　「マンションでのペット飼育をめぐって」（九州産業大学）商経論叢33巻3号129頁，同4号25頁（1993年）。以下，本稿に対して旧稿という。

して第2には，その結果といってよいであろうが，多数の多様な居住者が登場するわけであって，いわば一種の市場原理としてそうした様々な居住者＝その殆どはマンション分譲を受けた上での購入者，消費者として立ち現れてくるが故に，そうしたいうところのニーズに応える例も現れてくるのは当然といえようか。いわゆる「ペットマンション」も，そうした例の1つであろう。

　少なくとも旧稿で取り上げた紛争例は，そうした変遷を重ねて今日を迎えた段階から振り返れば，当初の事例と見ざるを得まい。やや大袈裟な表現をすれば，歴史的総括の視点も必要ではなかろうか。旧稿の時点では，未だ集合住宅での生活に習熟してはいない段階での例であった，との評価も可能ではなかろうか。もしそうした見方が許されるとしたら，当該裁判例による犬飼育を否定するとの結論は，歴史的に見れば当然といえよう。何故なら，まずは物的な供給として現れてきたマンションなる集合住宅居住形式が，徐々にではあれハード面からソフト面をも考慮せざるを得ない，一種の過渡期での紛争例と総括することが出来るのではないか，と思われるからである。

　但し，マンション居住につき，今日が完全に安定した習熟期に達しているとの判断は，留保すべきであろう。ペットマンションの存在は確認できるものの，それは多様性の一指標に過ぎず，何よりもマンションの居住に伴う問題は，この本件で論じようとしているペット問題に限定されることはないからであって，未だ様々な紛争が生じているからである。

　しかし，（いわゆる賃貸マンションなる奇妙な日本語の例も含めるならば，なおさらであるが）マンション供給から見ただけでも，「売り」としてのペットマンションの存在は，社会現象の1つとして，本稿からも無視すべきではなかろ

49　総務省による「平成20年度住宅・土地統計調査」によれば，共同（本稿で言う集合）住宅は（一戸建，長屋建，その他，の中で），2069万戸で41.7％を占めており，平成15年度調査に比べて，10.5％増となっている。国土交通省による「平成20年度マンション総合調査」（平成21年4月10日付け）によれば，「全国のマンションストック戸数」は，平成21年末現在で約562万戸（居住人口約1400万人）となっており，グラフに出てくる昭和43年から一貫して右肩上がりの増加を示している。同様に，そのグラフで，新規供給戸数も，増減はあるが，増加の傾向にある（いずれも，推計値）。同マンション総合調査によると，「トラブルの発生状況」では，居住者間のマナー：63.4％，建物の不具合：36.8％，費用負担：32.0％，となっており，「トラブル（過去一年間）の発生状況」の項を更に見れば，特にトラブルは発生していない：22.3％である。「居住者間の行為，マナーをめぐるもの」の内容は，生活音：37.1％，ペット飼育：34.8％，違法駐車：31.2％，となっており，依然としてペット飼育は相当高い比率でトラブルの原因となっていることが確認できる。

う。その現実を，そのまま唯々諾々と肯定するには躊躇も覚えはするが，共同した居住形式の一例としては重要であろう。購入者＝消費者としては，そうした選択肢が与えられたわけであって，よりペット飼育に相応しい条件が整ってきたこととなる。加えて，内部的調整の努力をも見ておくべきである。旧稿での紛争以後，ペットを飼育するに必要で相応しい手当が模索されてきた。ペット飼育者の組織化（ペット委員会等），細則の整備（場合によっては規約での明文化），日常的管理での徹底（糞尿の処理等），等々の積み重ねである。こうした変化に，ペット，広くは動物や更には生物への対応にも，肯定的な動きが強まってきたことも（生物の多様性を正面から認めようとの態度。因みに民法からいえば，ヒト概念の再考を促している），上の変化に与った否定できない背景である。

　さて，では法律面ではどうであったのか，これが本題である。

　(2)　まずは，判例をみることから始めよう。

　筆者がみる限りでも，最上級審裁判例としては，次の最高裁判決が一例あるだけである。それは，①最（一小）判平成10年3月26日である[50]。その判決理由は，次のように簡単なものであった。「所論の点に関する原審の認定診断は，原判決挙示の証拠関係に照らし，正当として是認することができ，その過程に所論の違法はない。」とするものであった。

　本件事案は，大要次の通り。管理組合（原告）では，元々規約で小鳥及び魚類以外の動物飼育は禁じられており，総会では新たにペットクラブを発足させ，その自主管理の下で，当時飼育中の犬猫一代に限って飼育を認めるとの決議をした。ところがその数年後，ある組合員が犬を飼い始めたので，その者を被告として，規約違反を理由とするその犬の飼育中止（加えて不法行為

---

[50] 公式判例集には搭載されていない。直接には，升田純弁護士による紹介を参照した。「判例の広場（41）『マンションにおけるペットの飼育』」マンション管理センター通信　1998年6月号（No.147）。第一審判決は東京地判平成8年7月5日判時1585号43頁，第二審は東京高判平成9年7月31日（非公刊）。

　　この事案も検討するものとして，長谷川義仁「マンションにおけるペット飼育に関する管理規約の改正とその問題」京都学園法学2005年第1号（47号）72頁がある。

　　より一般に目にしやすいものとして，篠原みち子「動物の飼育を禁ずる規約の効力」不動産取引判例百選［第3版］196頁（2008年）に，この最判が論じられている。

　又，鎌野邦樹『マンション法案内』（勁草書房　2010年）特に184頁以下，参照。

による損害賠償）を求めて提訴した。一審，二審，そして上記最高裁でも，いずれも原告の請求がほぼ認められた。

その他の下級審裁判例として，主要なものに次の例がある。

② 犬飼育中の区分所有者（犬飼育者はその一人のみ）に対し，その後新たに管理組合総会で規約を改正し，その使用細則でペット・動物類の飼育を禁止するとし，管理者からの飼育禁止が認められた事例（東京高判平成6年8月4日高民集47巻2号141頁，判時1509号71頁，判タ855号301頁。旧稿で取り上げた横浜地判平成3年12月12日の控訴審判決である）。[51]

③ ペット飼育禁止規約に付き，管理組合の原告適格，飼育差止請求，弁護士費用相当額の損害賠償，がいずれも認められた事例（東京地判平成8年7月5日判時1585号43頁）。

④ ペット飼育禁止を定めた規約はそれなりに合理性があり，管理組合からの飼育禁止請求は権利の濫用とはならない，とされた事例（東京地判平成10年1月29日判タ984号177頁）。

⑤ LexisNexisJPによる独自収集判例によれば，同様ないし類似の事例として（飼育禁止認容），次のものがある。いずれも東京地判であり，平成14年11月11日，平成15年6月10日，平成19年1月30日，平成19年10月9日。

以上の判例をみる限りでは，ペット飼育を容認した例を指摘することが出来ない。飼育者からの確認を求める法的実益がない（飼育者からは争わないことが多い），逆を言えば飼育容認のマンションでは反対側が飼育の禁止を求めていないから訴訟となって来ない，と説明できるように思われる。⑤の事例では，飼育禁止を認容した平成19年までの判例があることが判るが，上で指摘した如く，一概にペット容認と断定できないことを意味しよう。

(3)しかし，学説に現れている次の例をみれば，その多くは飼育容認の流れが顕著であって，この点では判例と学説が（大勢的傾向としては）対立しているといっても差し支えないであろう。

主要な，旧稿以後に現れてきた学説を挙げてみよう。

まずは，肯定派・容認派と目される吉田眞澄「現代ペット連れ住宅事情」

---

51 奥川貴弥「すでに犬を飼育中の区分所有者がいる場合の動物飼育禁止規約新設の可否」玉田弘毅・米倉喜一郎編『マンションの裁判例』［第2版］259頁所収（有斐閣　1999年），がある。

民事法情報 96 号 25 頁（1994 年），同「ペット法研究のススメ」ジュリスト 1063 号 116 頁（1995 年），椿寿夫「ペットと法」ジュリスト 1087 号 2 頁（1996 年），がある。

ついで，客観的な立場からの検討として，山田卓生等「特集　各国のペット法事情」法律時報 73 巻 4 号 4 頁（2001 年），椿久美子「マンションとペット問題」日本不動産学会誌 75 号（2006 Vol.19 No.4）84 頁（ドイツの状況と賃貸住宅についても検討されている）がある。

又別途には，新たな学会としてのペット法学会が設立されている。[52]

3　外国法

以下，アメリカ法，ドイツ法，オーストリア法の順で，旧稿以後に現れた判例・学説を，重点的に（網羅的にではない。見落としている重要な情報があることを恐れつつ）取り上げ，紹介することとする。

(1)　アメリカ法

Powell on Real Property § 54A.05（2008）

54 章（Chap.54）共同の利益を有する共同体（以下，管理組合と訳す）の運営（Operation）の中で，マンション，共同住宅，持ち家団体の組織と時間分割（Time-shares）が論じられる。そこで，05 管理組合の問題点の項で，ペットが取り上げられている。その大要を見よう。

［1］ペット

［a］ペットの許可されたタイプと数から生じる争いと制限の実行可能性

ペット飼育とそれを許すルール，ペットの禁止とそれの飼育制限に関しては，多くの論争の心配に満ちた管理組合法の幾つかの主題がある。荒れ狂う感情的な言い争いは，この分野で多くの量の訴訟と文献を産み出してきた。この熱心な利害関係は，殆ど二人のアメリカ人には一匹のペットがいるとの事から，理解できよう。

---

[52] その他，目に出来た参考文献（一部）をここで挙げておく。長尾美夏子等『ペットの法律相談（改訂版）』（青林書院　2000 年），吉田眞澄『ペットと暮らす』（人文書院　2001 年），建築士によるものとして，金巻とも子『マンションで犬や猫と上手に暮らす』（新日本出版社　2007 年），森裕司・奥野卓司編著『ペットと社会』（岩波書店　2008 年）等。

ペットを含む争いは，一般に二つの広い範疇に入ると分類され得よう。論争の第一分野は，多様なタイプの飼育許容性とペットの数に関する制限を含む。第二分野は，それらの合理性に基づく制約の実行可能性，または管理組合法の宣言 declaration 若しくは補助的な記録 documents の中にある明文である。

　［b］ペットの許容されるタイプを規制するルール

　許容されないペットのリストの多様さは，殆ど際限が無い。以下のリストは，管理組合，地方自治体，裁判所によって吟味に導く関与の多様性を示している。

　・大きなペット・太ったペット・嚙みつく可愛いペット・みすぼらしいペット・歩き回るペット・抑えられないペット・騒々しいペット・エキゾティックなペット・疲れ切ったペット・余りにも多数のペット

　配慮あふれる草案を通して，全ての起こり得る利害の調整を試みた特筆すべき例がある。コネティカット法曹協会によって提案されたモデルペットルールの一例であり，それは次のように述べている。

　「いかなる種類の動物，鳥または爬虫類も，私有財産 property（＝専有部分）で飼育され，増殖され，保持されてはならず，共有財産 Commom Elements（＝共用部分）に持ち込まれてはならない。但し，次のものを除く。成熟状態で肩の高さ20インチ未満で，かつ，大人しい性質の1匹の犬，管理組合との両立に関して理事会若しくは管理者によって是認されたライセンスが与えられた2匹の猫または他の家禽類。ペットは，何らかの商用目的のために飼育され，増殖され，保持されることは許されない。ニューサンスまたは不合理な妨害または騒音を引き起こし発生させるようなペットは，理事会からの警告と聴聞後3日以内に，専有部分から永久に排除される。あらゆる犬は，中庭で，あるいはパティオやテラスの近くでは，拘束され（とめぐつわを嵌め）なければならない，但し，通りや理事会によって指定された特別な場所を除く。ペット保持者は，ペットの行為から結果する不平から，団体 Association（＝管理組合）に害を与えないようにする。目と耳の障碍者向けの犬は，その必要性の証明書を有する人には，許可されるだろう。」

　［c］権原に基づくペット規制の実行可能性

実行の領域で生じる多くの争いの源は，ルールが宣言または補助的な理事会で修正可能な記録の範囲内か否かをめぐる，核心的な問題に係わる。Hidden Harbor Estates v.Basso 判決（後述参照）で明らかにされた如く，裁判所は，宣言に含まれる規制を，次の場合のみ無効とするだろう。それは，規制が恣意的に適用され，公序に反し，若しくは基本的な憲法上の権利を廃止する場合だけである。それに比し（と違って）Johnson v.Keith 事件では，反ペットルールにつき，そのルールは宣言や規約 bylaw の規定としての地位を有していないとの理由で破棄（取消）された。この傾向は，1994 年以後の宣言での裁量的規定に関して，ペット使用規制を取り除く点で，NCCUSL（The National Conference of Commissioners on Uniform State Laws）の指令と矛盾する。NCCUSL は，以前の統一共同体法 uniform community laws には明確性が欠けていたと例証しつつ，次のような見解を出した。ペット規制は，その廃止または改正に絶対多数の賛同を要するような諸規定の一つであると意図されてはいなかったのだ，と。多分，宣言での使用規制は，実施委員会（理事会の下の実行委員会に相当か＝筆者（片桐）注）にその自由裁量で使用規制を展開するのを許してきたような良心的な宣言（申告）者によって，なお起草されたのだろう。しかしながら，実行できなくなることを避けるためには，そうしたルールは，特殊に描かれた（規定された）宣言違反を探し出したり，他の専有部分や他の区分所有者による共用部分の使用と享受に逆の影響を与える対応を規制することを示したりすることに関して，狭く（限定的に）示されなければならなかっただろう。

　委員会が公布したルールは，成功裏に耐える挑戦に向けて，もう一つ次の四方面からのテストを受けなければならない。

　・規制は，管理組合で述べられている目的のために，誠実な努力のもとで採用されたものでなければならない。

　・その目的を確保するために採用された方法は，合理的でなければならない。

　・そのルールは，宣言と管理する行為と調和しなければならない。

　・そのルールは，公序と調和しなければならない。

　公序と調和できないようなペットルールの一例は，区分所有者に適正手続

なくして採用されたルールである。Hidden Harbour Estate 事件（後述参照）では，フロリダ裁判所は，管理組合を，基本的な適正手続きがメンバーに与えられるべきだった民主的な小社会であると考えた。従って，区分所有者には，委員会が行動する前に，提起されたルール変更と声について意見を聞く権利が与えられるべきであった。

公序に反するであろうルールのもう一つの例は，障碍者のためのペットに対し全面的な禁止を試みる例である。連邦公正住宅法 Federal Fair Housing Act と類似の州法は，障碍者の多様性に基づく共同体内で広い範囲の動物が許される，ということを要請しているだろう。

発展しつつある実行ルールでの争いの他の特筆できる分野は，事後的なペットを一切認めないルールとその元となる祖父（＝適用免除）規定である。少なくとも二つの事案で，裁判所は次のように判決した。管理組合は，次のこと無くして，包括的な反ペット禁止を命じることは出来ない。区分所有者から聴聞することもなく，又，ペットを保持できるかどうかに関して誠実に独断的でない方法で拘束を受けない決定をすることもなくして，である。しかしながら裁判例は，次のことに関しては，非常に制限的なルールと全面的な禁止さえ是認するかもしれない。それは，潜在的に攻撃的な（影響が大きい）臭い，騒音，健康侵害，清掃，維持のような諸要素に基づくペット飼育に係わってである。

遡及的か祖父規定によるペットルールは又，実行の問題を引き起こす。それというのも，少なくとも次のような区分所有者についてである。そうしたルールを回避する目的で，死んだペットを同じ種類，色，名前の新しいペットに繰り返し置き換える者。何人かの実務家は，管理組合が，祖父条項を無効にするかまたはケースバイケースの基礎に基づき，特殊な例外を創造するように主張している。

［7］実施（実行）については［a］実施前の手続き［b］実施手続き，［ⅰ］利用できる代替（選択）手段は自力救済または法的手続き，と続いた後，次のように述べる。

［ⅱ］ペットの移動

ペット移動のための管理組合権限の適用は，引き続いての挑戦を示す。明

らかなことに，攻撃する動物の存在は，直接の警察力の行使と動物の統括という反応を誘導する。しかしながら，最初の噛み付き又は「みすぼらしい」動物のケースは，さほど明らかではない。そうした状況では，暴力的な動物を強制的に移動させようとする不幸な管理者の試みは，生命と脚（腕）だけではなく刑法犯でも有り得よう。ある論者は次の指摘をする。地方自治体の権限を用いての実施は，こうした状況下では民事による提訴よりもより迅速でありより効果的であろう，と。幾つかの例では，自治体の裁判所は所有者を収監し，攻撃する動物を没収し，適切な条件でそうした動物を殺傷することが出来る。

　同上，実務のガイド5（§P5.01）管理組合の創造―構成員による合意の草案の中で，関連部分を見ておく。

　［3］団体（＝管理組合）を管理する手段

　［c］ルールと規制

　共用部分の用法を管理するルールと規制は，区分所有者間と組合のために，口論して実を結ぶ基盤であることが証明された。討論は，実体的ルールがより実行（実効）性を確保するために規約の中に入れられるべきか否かに関し生じるけれども，多くの起草者は，共同の規約としての諸規定といわゆる〝建物ルール（使用細則）〟とを分けている。その区別は，管理上の理由に基づく。ルールは通常，規約よりも厄介で，共用部分に特定されている。他方で規約は，委員会が統括するような，その他の多くの他の問題に対処している。

　［i］ペット

　大きな犬，異国的な鳥，噛みつく動物，価値ある太鼓腹の豚さえ，共用部分から排除され制限される「ノアの方舟」のペットに含まれた。最も厳しい鎖で繋いでおいたり糞をかき集める規制にさえ不満はあろうから，委員会と管理者の忍耐力は，もしペットが管理組合のあらゆる場所で許容されるならば，確実に試練に晒されるだろう。一定の種類又はタイプの動物に対して，絶対的に禁止されるか，管理組合のために厳格責任が生じることとなる（例えば闘犬，有毒な蛇等）か，を決めるには，地方（自治体）の条例への参照も又されるべきだ。

(§64A.01 では，ペットによる trespass となる場合につき述べられる。)

次いで，判例を見よう。

Hidden Harbor Estates,Inc.v.Basso.,393So.2d.637（1981）
Distroct Court of Appeal of Florida,4.District

分譲業者（上訴人）が，（トレーラー式の）一移動住宅所有者（被上訴人）に対し，その土地に浅い井戸を掘ったことに対して差止めを求めたが，その合理性の立証がされていないことを理由として，差止めが認められなかった事例。

Villa De Las Palmas Homeowners Asso.v.Paula Terifaj,.33Cal.4th 73;90p.3d1223;14Cal.Rptr.3d67（2004）
Supreme Court of California

ルールはペット所有者が区分所有を購入したときには，存在していた。そこにはペット禁止とされていたが，そのルールは登録 record されていなかった。(一旦，管理組合は差止め等を求めて提訴しているが，敗訴した。) 後になり，管理組合は改正された宣言を採用し登録したが，それにはペットを保持しない制限が付け加えられた。事実（第一）審で，永久の差止めが認められ，控訴審でも，州最高裁でも，認容された。

宣言改正の要件については，先例 Nahrstedt v. Lakeside Village Cond. Assn.（1994）に拠った。その Nahrstedt 判例（＝先例）は，次のような法理である。宣言での約款と制限は，合理的である場合には，実行（＝強制執行）可能な衡平法上の地役権となろう。

John G.Dubois, Timothy Peindable v.Assoc.of Apt. Owners, (2005), 453 F.3d1175
U.S.Court of Appeals for the 9th Circuit

但し，US Supreme Court certiorari denied by Dubois v.Assoc.of Apt. Owners, 2007U.S.LEXIS2219

cf.304F.Supp.2d1245,US District Court for the District of Hawaii (July 11,2003)

区分所有者の元々の請求は，次のものであった。管理組合は，区分所有者の同居人の抑うつのための合理的な適応（便宜）として二人が犬を飼育することを許さなかったのは，連邦住宅法（FHA）違反として，障碍を理由とし

ての彼らに対する差別をしている，と。管理組合は，決して犬を排除して，その便宜を拒絶してはならなかった。そうした便宜が要求された後で，組合は調査しつつ動物の存在を制限する規約の一時的な例外を許容した。居住者が退出するまで，動物は居室に留まっていた。更に，連邦地裁はルール実施の再審査を適切にも否定した。というのは，区分所有者の申立は単に従前に周知の事実を補強したか精神面での証拠を提示しただけであったからだ。結局，組合に不法行為訴訟として維持するとの連邦地裁の略式判決の承認は，請求のそれぞれについて区分所有者が充分な立証をすることに失敗したことに関しては，適切なものであった。彼の証拠（提示）は殆どが重要ではなく（不適切で），単に確証されていないだけに留まっており，利己的な（虫のよい）言明であった。（最終的には，組合からの不法行為の請求だけが認容されたのではないか，と思われる＝筆者（片桐）注。）

(2) ドイツ法

学説

Pick in Bärmann/Pick/Merle,WEG Komm.9 Aufl. (2003)

§15（15条　利用規制）2. 建物使用細則（S.426）で
使用に関する規制，ドア，表札，宣伝（公告）の要請，公告手段，（S.427）納税義務，活動的な協働，順番での利用，につき言及し，動物飼育についても次の様に述べる。

（Rn.7）動物飼育は，典型的な建物使用規制である。区分所有者は，多数決で次のような制限を計画（意図）することができる。例えば，動物の数とその他の制限，例えば，管理組合の外部での自由な走りの禁止，である。約42平方メートルの大きな個室で四匹の猫を飼うのは，臭いから発生する危険（被害）のために，他の区分所有者の特別所有権空間に対して，違法で有責な（過失ある）作用となり，場合によっては許されることも無く，損害賠償義務を負う（判例）。世話されないままで部分的に強く補修が要請されるような居住対象である住居の状態の場合での，狭い住居内における四匹よりも多くの飼育は，14条（住居所有権者の義務）1号の意味での秩序に合致した使用の水準を超えてしまう。：これは，15条3項の意味での公正な判断に照らして，区分所有者の全体の利益に最早合致しないだろう。そうだから，各区分

所有者は，動物 (S.428) 特に猫と犬を，外部の施設と建物内で自由に駆け廻らせないように，又，他の区分所有者の住居と庭に入らせないようにして，飼う義務が有る（判例）。動物飼育をめぐる規定を考慮しない場合には，三回にわたる効果のない文書による諫止があれば，動物飼育は管理者によって拒絶されなければならないことも又，規律され得る（上記，判例）。

持ち家内での闘犬（その例：ブルテリア）飼育は，多数決で禁止され得る（判例）。

多数決による変更も又，それが合意（管理組合の規則）に含まれているならば，生じてくる（判例）。例え建物使用細則が管理組合の規則の形式的構成部分であったとしても，その使用細則は動物飼育の点では，決議という方法で補完され得る（判例，学説）。

（Rn.8）動物飼育の基本的禁止は，特別所有権の制限となって，管理者によって公布されるか，区分所有者の集会で多数決で決められた，使用細則の対象とはなり得ない（判例，学説）。BGH決定（VZB 5/95, BGHZ129,329（1995）= 後述）は，それと相反するわけではない。従って，多数決でなされた住居内での禁止は又，犬飼育に結びつき，全ての区分所有者に（そしてその貸借人にも）適用となる。何故なら，そのことは違法でもなく，区分所有権の核心部分を侵害することも無いからである。そうだから，住居内での犬飼育を一般に禁ずることに異議の無い多数決は，全区分所有者を拘束する。しかしながら，そうした禁止の貫徹は，個別的には信義則に従って許されないこともある。基本法（憲法）3条3項2文（この第2文は1994年改正で付け加えられた。『何人も，その障碍を理由として，不利益を受けてはならない。』）の考慮の下で，民法242条（信義誠実の原則に従った給付）に適合的な利益衡量が個別的には生じ得ること，有効な犬飼育の禁止の貫徹は障碍のある区分所有者に対して継続的に又は一定時期には許されないこと，それは正しい。一区分所有者に先行した有害さ（不健康）を見ながら，彼の住居内で犬と猫の飼育と滞在を終わらせ将来に亘って禁止するとの多数議決は，特別所有権への許されない侵害ではない。

使用細則は，次の場合に限ってのみ動物飼育を禁止することが出来る。秩序ある使用の水準を超え，他の区分所有者への負担となる場合である（例えば，二部屋と半分の（2½）部屋の中で四匹の猫とか，しかし，同じ広さの住居内での二匹の猫はそうではないが）。組合規則は，いずれにせよ家禽飼育の一般的禁止を

内容とすることができる。(S.429) この場合にはしかし，動物が一般に迷惑をかけるように作用し得るか否か（鳥等）は，区別されなければならない。組合規則が相応しくない規制を含んでいるのなら，その都度個別的に次のことが突き止められるべきだ。動物飼育が14条1号の割合で他の区分所有者に要求できない負担のため，又は秩序ある管理の利益において，禁止されるべきか否か，且つ，その範囲はどうか，が。そうだから蛇並びに鼠類の飼育は，活きた餌としては当地の社会的文化的観念と矛盾する。区分所有者のところに存在し追体験できるような不快さで充分だ。次のような動物飼育の更なる制限も可能である。例えば，犬を共同の通路上で綱で繋いだだけで走らせたり，将来の動物の入手につき管理者と管理委員会の事前の同意に依存させたりするような，決議である。

Staudinger BGB（2005）：

14条（Heintich Kreuzer 担当）(S.369) で，家禽飼育について述べる。

(Rn.19) 住居内での家禽飼育は，次の場合には基本的に許容される。それはしかし，飼っているしきりに吠える犬は辛抱されてはならないし，それにそもそも鼠とか蛇の飼育は正当にも許されない（判例）。又，一部屋の居室内で四匹以上も許容されない（判例）。個々の事例での付き合い方が決定的である。

15条での　多数決 (S.399) においても，言及されている。

(Rn.49) 不適切な動物飼育の禁止はされるが，しかしそれは全面的な禁止ではない。動物の数の制限は，例えば管理者の許可を引き合いに出すことも又考えられる（判例）。禁止は，飼育動物の種類の如く—例えば観賞用の魚—，一般的に他者への侵害とならない限りは，妥当しない（学説，判例）。危険な動物の差止めも又可能であって，例えばブルテリア（ブルドッグ）（判例），闘犬（判例），四匹の猫（ある判例によれば，42平方メートルの居室内に四匹の猫の例がある）である。網が建物の外面を醜くする場合には，その猫の網の禁止は，秩序に合致した管理として適合的である（判例）。

21条（住居所有権者による管理）(Wolf-Ruediger Bub 担当) (S.622)

(Rn.131) 全員一致の決議で—多数決によってではなく—設定された建物使用細則によってのみ，区分所有者の合意で，且つ法律上定められている使用および共同使用権は，制限されたり排除されたり出来る。例えば次のよう

に。動物飼育禁止を通した特別所有権に関して；犬の飼育について―それは住居所有権の実体的な内容に元々属しているわけではない，というのは圧倒的な数の居室では何ら犬が飼育されてはいないからだ（判例）―。

判例

BGHZ 129,329（Beschl.4.5.1995）

「居室内で一般に動物飼育を禁止する区分所有者の異議の無い多数決は，合意で設定されたとの性質を有し（参照，判例），全ての区分所有者を拘束する。何故なら，多数決は風紀を乱す訳でもなく，住居所有権の物権的な核心部分に介入（を侵害）する訳でもないからである。」

（一審 Landshut 地裁　二審 Landshut 高裁を経て，上告審へ）

（判決理由より）

I．原告および被告は，一つの住宅内での区分所有者である。被告は1991年にその住居を購入し，それを賃貸した。その賃借人（女性）は，犬を飼っている。

1974年8月1日に，区分所有者は建物使用細則を変更し補足する決議をしたが，それは居室内での犬飼育を基本的に（原則として）禁じるものである。使用細則は，1992年5月18日に，被告の居室内での犬飼育を顧慮して，改めてこの決議をした。

原告は次の請求をした。被告は住居内での犬飼育を禁止（差止め）する義務を負う，予備的に賃借人との賃貸借関係を解約告知し明渡訴訟を提起するように，と。被告はその住居を賃借人に売ってしまい，管理およびそれに必要な同意を拒んだ。被告は次のことを確定するよう請求した。つまり，犬が絶え間なく大声で吠え共用部分を不潔にすることによって重大な負担を掛けているわけではない限りは，犬飼育は許されると。更に，1992年5月18日の決議は無効である，とも主張した；予備的に，1974年8月1日の決議は変更され，1992年5月18日に犬飼育は許されることが同意されたことに，原告は義務付けられている，と主張した。

地裁は1994年5月27日の決定で，付加された（予備的）請求を棄却して，被告にはその住居内での犬飼育を排除するように配慮する義務があるとした。高裁は被告の一部変更された請求に基づき，原告は決議の変更下で，

次のことを義務付けられるとした。犬飼育が，絶え間ない吠え声又は共用部分の不潔さによって重大な態様で負荷とならない限りは，住宅内で甘受すること。更に高裁決定は，(S.331) 1974年8月1日と1992年5月18日の所有者による決議は無効 (nichtig) だとした。それに対して原告は，即座に異議を申立て上告した。

バイエルン州最高裁判所は，原告による即時の異議申立てを理由あるものとした。それによれば，1992年1月13日の Kammergericht 決定（判例）によって，地区裁判所の決定の原状回復に反しており，それ故に事件は連邦最高裁で審議される，と。

Ⅱ．この提訴は，適法である。提訴された裁判所は，異議がなく且つ持続できる所有者による決議を，いわゆる合意で設定された決議として，連邦最高裁判例に照らし，有効な (wirksam) ものとした。その決議は違法でもなく，特別所有権の核心または本質で把握されるものでもなかろう，とした。それに対して Kammergericht は，更なる異議に基づいて出された決定で次のような解釈を主張した。つまり，具体的な負担が事前に無いままで犬飼育を禁じるような区分所有者の決議は，異議（取消，否認 Anfechtung）がなくても無効となるだろうと。この相違は，上訴が正当とされる。

Ⅲ．即時の更なる異議申立ては，法律に従って許容される。それは，又根拠がある。民事部は，先行した下級審の解釈に従った。

1．住居内での一般的な犬飼育禁止は，特別所有権と共同所有権の使用に係わっており，区分所有者は原則として合意によってのみ，それを規制し得る（住居所有権法 15 条 1 項；同 10 条（一般原則）1 項 2 文）。そうした合意は事前になされるものではない。多数決に付き，区分所有者は秩序に合致した使用との観点からのみ，する（同 15 条 2 項）。連邦最高裁の確定した判例によれば，住居所有権法 23 条（住居所有権者の集会）4 項 2 文の期間内（1 ヶ月内。但し，2007 年法によって期間の明示は無くなった＝筆者（片桐）注）に否認されない区分所有者の決議は，しかし，次の場合にも又区分所有権の特定承継人も一般に且つ正に拘束する。それは，合意それ自体が不可避であったような場合である。この解釈を民事部は，進んだ理由付けで確認した（1994 年 9 月 16 日決定，Niedenführ 説）。この判決から離れられない（確定するだろう）。下級審は，的確

にもそこから立論する。ベルリン高裁も，その上述の決定を，連邦最高裁判例から一部逸れた見解に依拠しはしなかった。民事部が述べたように，共用部分とそれと結びついた特別所有権の取得者は，登録された秩序（規則）だけを信用することは出来ない。：取得者は，その規則が維持力を持った決定によって変更されるか否かを，確認もしなければならない。

　２．争いのない決議が法規定に抵触し，その（決議の）遵守を有効に断念され得ないかどうかだけが，従って問題となろう（§23Abs.4Satz2WEG）。

　a）確かに各区分所有者は，法律に反し第三者の権利を害しない限りで，特別所有権を意向に沿って処分が出来，特にそれを他の方法で利用できる（§13Abs.1WEG＝住居所有権者の権利）。彼は住居所有権法14条（＝住居所有権者の義務）1号に従って，特別所有権および共用部分を，次のような方法で使用する義務を負う。つまり，使用によって，他の住居所有者に秩序ある共同生活において不可避な程度を超えて，損害を与えないように。しかしこの自由は，一般法の枠組みで許されるような同法15条1項，10条1項2文に違った他の方法での利用規制の下でのみ，存する。且つその利用規制は，切実な制限を保持できるものであり，(S.333)犬飼育禁止に比較してより重大なものでもある。民事部判例（特にBGHZ127,99ff.参照）によれば，住居所有者の合意により争いが無くて維持できる多数決で決議できるので，先例では住居所有者の基本的な利用の自由は，許される方法で制限されるということが，この判決での結論である。民事部はその際に，所有者の集会での多数決で犬飼育が一般に禁止され得るか否かについては判示してはいないで，適切で争いも無く維持できる決議から生じてくる法律関係のみを判断しているだけだ。

　b）当然にして下級審は，住居所有権の物権的な核心部分への侵害（民事部判決　NJW1994,3231.参照）も又否定した。犬飼育の可能性は，住居所有権の利用の実体的な中身に属する訳ではなく，それは住居の圧倒的多数で犬が飼育されていないことから，結局は結論が出されているのではない。それに応じて，確立した通説・判例も又犬飼育の一般的禁止についての，所有者の合意を許容している（学説。勿論，バイエルン州高裁判決への適切ではない指示を有している）。この解釈は，判例でも貫徹されてきた。

　c）当然にして下級審は，所有者による決議を違法なものとしていない

(§138Abs.1BGB＝習俗に反する法律行為は，無効nichtigである）。このことは既に，(S.334) 合意の方途で（§15Abs.1,§10Abs.1Satz2WEG）使用制限を犬飼育の一般的禁止の形で設定することは，住居所有者に禁じられてはいない。

　下級審がその他の点では適切に述べた如く，住居内での犬飼育によって，通常の場合には他の住居所有者への侵害（共用部分の汚染，騒音の負荷）が生じよう。犬飼育の一般的禁止は，恣意的でもなく物理的に完全に根拠付けられていないわけでもなく，特に侵害が決して排除されてはいないのだが。具体的な負荷を顧慮した利用制限は，管理においても大いなる実務上の困難さにぶつかるし，家屋内での平穏を害するような紛争への原因を与える。民事部も又従って，一般的な犬飼育禁止は，住居所有者の合意においても合意を生ぜしめた維持できる多数決においても，全ての正当で公正な考慮の作法感情に抵触しないとの解釈をとっている。

　賃貸借契約でも又，通説によれば個別の契約上での犬飼育は，完全に排除され得る（学説）。そうした契約上で合意された禁止は，行政法上も問題が無い。上述のまとめでは，次のことは意義あるとは言えない。連邦最高裁の判例によれば，狩猟向けの家禽飼育の書面による契約上の排除は，約款法9条1項に則り許容されない（Urt.（＝判決）v.20.Januar1993)。何故なら，ここではそれは問題ではないからだ。

　d）尤も，そうした禁止の達成が法律関係上信義則の一般原則（§242BGB）の下でなされ，そしてそれ故に個別的な事例では許されないかも知れないとの考察は残る。そうした事例のための（S.335）（例えば，盲導犬を利用しているような盲目の所有者に対しての禁止の貫徹は考慮されるべきであろう）根拠とは，しかしながらここではならない。

　3．被申立人（被告）の解釈に対して，区裁判所の言明は内容面で確定しており充分だ。申立人（原告）は，被告に，決議に合致した（§15Abs.3WEG）特別所有権と共用部分の使用を請求できる。被告は，賃借人（女性）にもこれに適合した関係となるように配慮しなければならない。それに対して賃借人がどのような措置を取るかは，基本的に賃借人に委ねられなければならず，だからといって指図され得ない。その限りで，権利関係は所有権妨害を理由としての妨害排除の訴えから区別される訳ではない。

被告がいる限り，賃貸借関係では犬飼育禁止を貫徹する立場とはならない（出来ない）だろうし，いずれにせよ提起されている判決手続きにとっては意味が無い。住居所有者相互間での権利と義務が肝要なのだ。請求された住居所有者が賃貸借契約に拘束されていることによって，それは拡大したり縮小したりする。被告の不可能な給付は，問題となり得ない。被告は犬飼育禁止を認識しつつ，住居を賃貸した。被告は，賃借人（母）に犬飼育で順応するように，能う限りのことをしなければならない。その他全てのことは，執行手続きに委ねられ得る（判例，学説）。

BGHZ145,158（Beschl.20.9.2000）

a）特別所有権は合意のみによって根拠付けられるのであって，維持され得るようにされた多数決によってもなされるものではない。住居所有者集会は，それに対し，絶対的な決議能力（権限）を欠く（判例）。

b）決議の形によって，住居所有権若しくは合意に遵って住居所有者が決議によって決定してもよいような要件のみが整えられ得る。さもなければ合意が必要である。

c）住居所有権法23条4項に則ってなされた決議は，それが通用しない（無効）ungültig と説明された場合にのみ無効であって，同条同項は住居所有者が一般に決議によって決定してもよいことを前提としている。

d）絶対的に決議に適合していないことを無視したままでなされた決議は，無効 nichtig である。

e）利用（§15WEG），管理（同§21），共用部分の維持補修又は修復の規則に係わり，しかしそれは内容に対して「秩序に合致した」措置であるとの要件での決議は，単に取消し得るだけである。

OLG Frankfurt 20.Zivilsenat,Beshluss vom 13.09.2005

（この決定に対する Georg Waldemar Krebs による Anmerkung から。Juris Praxis-report Miet-und Wohnungs-eigentumsrecht 参照）

B．決定の内容と対象（途中から）

多くの人の共同生活上で提供される反対への配慮を前にして，負担の考慮は既に充分だ。他の共有者は，又悩まされなかった。又地裁によって瑕疵無くして，物件の環境下では野生の鳥の強烈な個体群があることが，考慮され

た。万一の侵害にとっては，当該土地の思慮ある平均的な利用者の感情は決定的であるが，妨害を受けている者の主観的感情はそうではない。

　裁判所は，1989年から1992年の間の他の高裁判例を指示し，鳩の数はなお飛行では水準を超えるものと見るべきとの立場であるとは見られていないとする。結局，鳩は獣医学説的には面倒を見られており，衛生的には申し分の無い形で飼育されている，と。住民の広い範囲は，この動物に対する不快さを内蔵している，ということから立論し得ていない。汚れは損害という形で被告の鳩に起因しないことが又重要であり，同様に被告の鳩は原告の病気の原因となったことも，立証されてはいない。

　C．決定の脈絡（背景・関連）

　OLG Oldenburg は，1999年6月10日判決により，通常の住居に対し，60羽のほぼ留まっている鳩と35羽の自由に飛び回る伝書鳩を，通常の住居での不動産に対し，許容の上限と考え，その場合，該当する都市の箇所での鳩飼育は，その地方では慣習となっていたとするべきだ，とした。OLG Cell 09.12.1988判決で，田舎では20羽の鳩が毎日1時間2回自由飛行することを，認容した。LG Hamburg は，ただ10羽の鳩が〝時間中動き回る〟のを認容した。この OLG の広く引用されたなべて古い判決を整理すると，本件 OLG Frankfurt 判決は，安定した判例の部分であるように見える。

　それにも拘らず，結局それは納得させるものではない。§14Z1WEGは，各区分所有者に次のことを義務付けている。特別所有権並びに共有財産（共用部分）を，「他の住居所有者に」，従って一人の（！）更なる住居所有者だけではなく，秩序ある共同生活上避けられない程度を超えて損害が生じ「ない」ような方法でのみ使用すること。他の共有者は悩まされないとの OLG の指示は，従って正当には跡付けられてはいない。一般に，当該物件に屋根裏テラスを持っている更なる共有者がいるかどうかは，公刊されている判決理由から読み取ることは出来ない。鳩の糞とその継続の形につき考慮することなく，類型的な考察方法の基準を不断に，そして単に漠然とではなく適用することが，むしろ提示されていただろう。鳩の汚物は特定の鳩に由来することを証明することに，どのようにして一人の共有者が成功すべきであったのか？もしこれが一つの基準と一般になってもよいのならば，「広範な住民

圏」は何ら鳩に嫌悪感を持たないということも，完全に確証されている訳ではない。他の共有者は不可避な水準以上の損害を何ら受けてはいないことが，§14Z1WEGによって決定的である。隣の関係における野生の鳥の個体数への指示も又，納得させるものではない。既に野生の鳥と野生の鳩がいる場合には，性質に条件付けられた侵害がなお付加的な鳩飼育によって強まってもよいということは，より説得的に議論されるべきだ。裁判所が被告の鳩の獣医による監視を指示する場合も又，有益であるとも見えない。何処にそれらの鳩を飛ばし，何処が居場所であり，いかなる病原体を迎え入れるのか，等の危険がある。

　提供されている類型的考察方法によれば，次のことから立論するのは自然であったろう。つまり，自由に飛び回る鳩はそれ自体病気の病原体を運ぶのに適切であって，そのためにFrankfurt am Mainのような都市ではむしろ妨害と見られており，鳩との親密さの例外を為すこの反感は広範に広がっており，その結果，被告の鳩が彼のテラスをも飛び回り，鳩は最後には何を食べるのか，どのようにして頭を垂れて選別しているのか，単に固形状で豆の形か又は液状になっているのか否か，ということが結果的に原告には要求（期待）され得ない。OLG Humburg（NJW1988,2052）が，かつて庭のこびと（一寸法師）に対して共同所有のために許される造形手段として別れを告げた（排除を認めた？）と同様に，大都市空間での鳩飼育も又，その地方で慣習になっていて広範な人口圏によって受け入れられているとは最早みられない，ということが今日ではあるだろう。

　D．実務での作用

　実務にとって，州内では判例の変更は全く無い。都市を形成している領域と大都市にとって，その意味は一層狭くなっているだろう。何故なら，そこでの鳩飼育は余りにもしばしば出会うわけではなかろうから。従来の判例は無批判に大都市の場所に適用されたわけではなく，過度に個々の事例に当てはめたものとして，以前は類型的に議論されている，そのことにもしかすると留意しなければならないだろう。

(3) オーストリア法
学説

Alexandra Mair,Die Zuordnung von Sachteilen beim Wohnungseigentum. 2001

6．住居所有権の管理　6．2．住居所有権の変更権　6．2．2．保護に値する利益の侵害　6．2．2．1．建築上の変更　との記述の後で，6．2．2．2．法的変更につき，次のように述べる。

(S.182) 殆ど共有者と住居所有権者の対象内部での対応が係わってくる諸規定は，(S.183) 大抵夫々の建物使用細則となっている。その細則は，次の目的を持っている。秩序ある共同生活で不可避な水準を超えて，誰も他の共有者に損害を生ぜしめないように。

例：次のような動物飼育の禁止である。猛獣，爬虫類（浴槽の中での鰐の様な），鶏，鴨（アヒル），多数の動物飼育，動物の養殖。

一般的な動物飼育禁止は，ドイツではしかし契約上の合意によって達成され得る。オーストリアでは，その種の契約での規定は，何ら法律上の基礎を持たないから，考慮されない。一般的な動物飼育禁止は，個々の居住者への広範囲に及ぶ束縛と見られている。

完全な音楽演奏の禁止も，スイス法では考慮されない。

しかし，時間による（例：8時以前と20時以後の禁止），又は特定の楽器に制限された（例：テューバ，打楽器の禁止）規制は，正当に思える。〈略〉

(S.184) 音楽演奏と動物飼育に関する規定は，建物使用細則への影響を顧慮しないで，利用規制の対象でもあり得る。

所有権に反するような制限（訪問者の受け入れの一般的禁止のような）は，許されないものと見られなければならない。

Christian Prader,WEG 2002^2（2006）

7．Abschnitt　不動産の管理（S.420）の章で，28条（＝通常の管理）1項8号への注では，次の言及がなされている。

12) 動物飼育も又，建物使用細則の対象であり得る。狩猟用の動物飼育の一般的排除は，住居所有権の領域では許されない（否認並びに廃棄／変更に至るまでは有効ではあるが）ものの，一定の動物に制限することは，それに対して許

される（例えば，鰐の様な危険な動物を飼うことの禁止）。闘犬飼育の中断もまた正当であり，決して過度の侵害を意味しない。全てこれらの指示に対しては，非訟事件裁判官の依頼の可能性がしばしばあろうけれども。;それについてはOGH（オーストリア最高裁）判例も参照。建物使用細則や組合規則に組み入れる問題は，明示的にしばしばそうされるが，しかしどのみち，侵害の同時存在を除いて個人の訴権は否定される（OGH25.11.2003.,…）。

判例
OGH25.11.2003.5 Ob261/03y
「判決理由」:

紛争の場は，当該夫婦は手続き上参加してはいないのだが，EZ不動産の共有者及び住居所有権者である隣人であり，その土地にはL通108b，同c，同dに所在している二つの建物がある。現下の住宅は，全てL通108dの建物にある。彼らは，不動産の1143分の379を超える持分を共同で持っている。

第二被告は彼の住居top18を，2001年の夏に第一被告に賃貸した。;第一被告は，その住居内でシェパードの雑種を飼っている。

2001年12月6日に提起された訴えでは，原告達は次の請求をした。つまり，被告は二人とも合手的に（共同して）有責であると認識すべきであり，L通108dの多家族向け住宅での住居top18内で，Hにおいて家禽を飼育するのは禁止されるべきだ，と。2002年4月8日の口頭弁論で，原告はなお次の予備的請求をした。つまり，二人の被告は合手的に有責であって，当該多家族向け住宅内での家禽飼育は禁止される，と。

原告達はその請求で，何よりも被告の建物規則（使用細則か。むしろオーストリアでは規約に相当？）違反（抵触）のみを根拠とした。元々の建物規則は確かに動物飼育を許してはいたのだが，それは飼育者は騒音を出さず清潔に配慮する限りのものであり，且つ他の居住者に何らの負担を課さない限りでもあった。ところがこれは2000年12月4日L通108dでの建物所有者の集会で全員一致で変更されて，動物飼育は最早許されないが，B夫婦のためにはその例外となる。その例外とは，既に12歳の老いた猫はそれが死ぬまで飼うことは差し支えない，と。この規制には，L通108dの建物所有者の団体が権

限を持っていよう。この所有者団体は，不動産全部に対しての全ての共有者の住居所有権者組合と並んで，空間的に制約された権限と共にある。それは建物規則から出てくるわけで，各建物には固有の理事長がいることが前もって考慮されており，規則でも双方の所有者団体が話題となろう。決議は，次のことが出来よう。更なる訴答書面が詳論する如く，住居内で飼われているカナリアは重要（問題）ではないが，しかし「犬の場合には，個々の住居所有権者とその賃借人を拘束するだろう。犬は，いつも重ねて階段と建物の前を駆け回って，しばしば吠え，糞と不快なにおいを供し，それによって居住者に負担をかける。」

　被告は，原告の請求の棄却（却下）を求めた。被告は，（なお有効な）建物規則は動物飼育を許しており，その一般的禁止はその規則の対象とはなり得ないことを拠り所とした。直接係わる人による負担の除去のみが，考えられるだろうと。第一被告は，犬が共同居住者の負担となっている関係を争った。原告には，それに加えて能動的当事者能力が欠けていた。というのは，対象となっている事件では，訴訟当事者としては全部の所有者団体のみが登場（行動）出来るはずだから。第二被告は，これ又同様に（それに反して），当事者の申立てによって建物規則の集会に，第二被告は全く参加しなかった。彼は，動物飼育禁止にも決して賛成してはいないだろう。何故なら，当時自ら動物の飼育者であったはずだから。

　第一審は，原告の主意的並びに予備的請求を棄却した。その際には，次のような確定から出発した。

　2000年12月4日に，L通108dの住居所有権者は，所有者団体（管理組合）会議（総会）を開いた。この建物の全ての住居所有権者が出席するか委任した。彼らは多数決決議をして，その中で建物規則を変更し，今後多家族住宅L通108dでは動物を飼育することは許されない，と決定した。但し，BrunoとNotburgaBのために，12歳の老いた猫が生きている限りで，飼ってもよいとの例外を設けた。

　第一被告は，続いて（その後で）彼の住居を第二被告に賃貸した。その賃貸借契約では，第二被告は一匹の犬を飼ってもよい，と合意された。

　第一被告の犬は，7歳の黒い長い毛むくじゃらの猟犬である。その犬の対

応は，静かで気が利くものである。見知らぬ人が近づくと，全く短く吠えるだけでなんら攻撃的兆候を示しはしない。その犬には，妨害を受けた場合の全身状態を示す何らの根拠も無い。その犬は，よく躾けられている。：特に獣皮は非常によく手入れされている。獣医の所見から見ても，他の住民に対し何らの許されない負担は無い。

　判決文の中で，第一審は，次のことを指摘していた。特に家禽飼育問題については何が判明されるかに付き，建物規則と団体の秩序（規則）の間は，厳格に区別されるべきだろう。マンションでの家禽飼育禁止は，§1Abs.1WEG1975（1975年住居所有権法1条＝規律の対象）によって保証された住居所有権者の排他的な利用権を顧慮するなら，それは根本的な制限となろう。家禽飼育は，全員一致で決議した団体規則においてのみ，拒絶され得よう。確かに夫々の家禽飼育は共有者に許されない負担とならないように柵で囲い込むように義務付けられているし，しかも第一被告の犬からは許されない負担が何ら出てきはしなかった。それはそうと，建物規則の変更ないし団体規則は，不動産全部の住居所有権者団体（管理組合）によってのみ決議され得たはずだ。

　この判決は，第一被告については既判力を拡大している。第二被告に係わる限りでは，次のようになろう。（しかしながら，）第二審によって原告の請求の許容は破棄され，新たな審理と決定の範囲内で第一審に差し戻された。それについては，次のような検討が続いた。：

　動物飼育が団体規則（不動産全部）か建物規則（当該建物のみ）の対象か否かについては，異なる理解がある。Meinhartに拠れば動物飼育の問題は団体規則に入れているが，Faistenberger/Barta/Callではそれに対して建物規則に入れている。Spruzina（in Schwimann2,Rz24zu§14WEG1975）は，識別している。：マンション内での家禽飼育の一般的許容性につき，その禁止は§1Abs1WEG1975に従っての排他的な利用権の根本的制限となるだろうから，団体規則の件となろう。家禽飼育の拒絶は，全員一致の結果でなければならず（§828ABGB＝民法828条。共同所有での持分権者の団体的権利），処分であって決議によるものではない。Prader説によれば動物飼育も又，建物規則の対象であり得る。：狩猟用の動物飼育の一般的な排除は，住居所有権の分野

ではしかし許されないだろう。それは，取消並びに破棄／変更に至るまでは有効ではあるけれども。

それと共に，L通108dの所有者団体によって2000年12月4日に多数決で決められた動物飼育の一般的禁止を伴う建物規則の変更は，有効であることを要するか否かが，審査される必要があろう。

§28Abs1WEG2002（2002年改正法）並びに§14WEG1975の全体の理解（解釈）及び全ての他の管理に係わるWEG（1975,2002）の諸規定は，管理の対象は不動産である点で，共通していよう。この不動産概念は，全部で登記の対象となる物の範囲では全体的には従物と解されよう。そうだから，次のように言うことが出来よう。空間的に区分され利益状況の点ではお互いに別々の家屋に住んでいる住居所有権者は，一つの管理共同体を形成している，と（学説）。一つの不動産上に多くの建物がある場合には，所有者からのみ一つの建物に帰属（配置）されるマンションとなるような管理団体の設置を認めることに対しては，しかし何ら語ってはいないだろう。これに関しては，しかし，全ての住居所有権者の賛成決議が必要となろう（判例が言う意味での団体規則）。この建物に係わる管理権限（管轄）は，それに関連した建物のための建物規則（§28Abs1Z7WEG2002;§14Abs1Z6WEG1975）の公布並びに変更をも含むだろう。特にその下では，家屋共用部分の利用規制は居住者によって，そして，居住者に単独の利用を委ねた家屋の部分（それによって，他の居住者は侵害を受けることとなる）での振る舞いそれ自体によって，理解される（判例）のだから。

間も無く（それに従って）第一審は，原告の陳述（主張）に取り組まなければならなかったろう。不動産全体のための住居所有権者団体と並んで，なお又，2000年12月4日に建物規則の争いある変更を法的に有効に決議した家屋ⅠとⅡのために，空間的に制限された権限（管轄）を伴った所有者団体も，あるはずだろう（全体の管理組合と当該建物だけの管理組合の二つを指摘している＝筆者（片桐）注）。元々の共有者全員で署名された建物規則では，家屋Ⅰ，Ⅱ，のための所有者団体の形成は，独自の（自主的な）管理機能を伴うように意図されているということが証明される（判明する）べきであったとすれば，2000年12月4日でのそれ以降は最早動物を飼育してはならないとの決

議での変更は，その破棄および変更までは，法的に有効だろう。確定（確認）の瑕疵の除去のためには，その手続きが補完されなければならないだろう。

控訴審判決は，判決対象の価値は4000€を超え，最高裁への非常上訴Rekursが許されるだろうとの言明を含んでいる。後者について言えば，一戸の所有住居内での狩猟用の動物飼育の禁止は，建物規則の対象であるのか，あるいは団体の規則であるのかどうかとの問題については，最高裁判決は無いということで，根拠付けられよう。更に最高裁の裁判は，次の問題に対して間違った。不動産全体に係わって，一致して確定し，全住居所有権者によって署名された建物規則では（の中には），個々の建物その他の管理のための所有者団体に，建物規則（全体の不動産に係わりつつ）を変更する権限を伴って作られることが，許されるか否か，についてである。

控訴審の棄却決定に対して，第二被告は不当な判決であるとして，期間内に上告（正しくは非常上訴）した。その請求は，取り消された決定を破棄し，控訴審に新たな（解明される如し：第一審判決の確認）判決を委ねるべき，と。

原告は，非常上訴の答弁で，控訴審判決の確認を求めた。

判決

非常上訴は許され，§519Abs2letzterSatz（最終文）ZPO（民事訴訟法）の意味での，一審判決に基づく直ちの原状回復もまた正当とすることができる，とされた。

上訴人は，多くの理由で控訴審判決を不当なものとする。まず第一に，固有の，多数の家屋からなる不動産の住居所有権者を包括する管理統一体の形成にとって，法的前提（要件）を欠いているだろう。例えそうした管理統一体が，一つの不動産の全共有者の一致した決議によって治められ得るとしても，そうした決議の瑕疵ある提起（議案）に応ずることはなかろう。しかしながら，決して家禽飼育の一般的禁止は，そうした管理統一体の権限内となることはなかったろう。そうした禁止は，一般に，不動産の全ての共有者及び住居所有権者の—団体規則の枠での—全員一致でのみ，決議できよう。更に原告には，積極的な当事者（事件）適格がないだろう。原告はその請求を，§364ABGB（＝所有権自体の制約）・従って第一被告の犬による許容できない侵害の除去を求める権利に基づかないで，建物規則の違反を根拠とした。

建物規則の実施は，しかし，所有者団体か又は管理者にのみ帰属するだろう。結局，建物規則の変更途上での許されない方法で家禽飼育の一般的禁止を言明するような決議が，何故その変更や廃棄まで法的に有効であるべきかは，明白ではなかろう。

　それに対して原告は，その非常上訴の答弁で次の法的立場を主張した。家禽飼育（その一般的禁止も）は，夙に建物規則の，それと共に通常の管理の事件である，と。団体規則の対象は，§26Abs1WEG2002により，それは§56Abs13WEG2002における経過規定に応じて対象となる事例にも又適用されるが，内部的には所有者団体並びに意思形成で，特定の機能の設定のテーマだけになり得よう。L通108dの住居所有権者だけを包括する特別な管理体の形成は，同様に§26Abs1WEG2002（＝非訟事件手続きでの決定）によって，いずれにせよ§829ABGB（＝持分に基づく持分権）によって満たされよう。

　それに対し，次のことが検討されよう。：

　既に控訴審では，第一審の訴え棄却判決に対して，原告は次のことをはっきりさせていた。原告は，第一被告の犬による悪臭の負担をまずは差止め請求の根拠とするのではなく，2000年12月4日に決議された建物規則の変更を根拠としたのであり，それに従ってL通108dの建物では最早家禽は飼うことが許されないのだ，と。事実上第二被告の違反行為は，原告の意見とは反対に，家禽飼育の法的に有効な禁止に従えば，なお検証に値する唯一の法的根拠である。手続きの結果によれば，犬の飼育それ自体は，所有権上の排除請求のための攻撃（侵害）点を何ら提供しないということから，立論されるべきだ。悪臭の負担は確定されることは出来ないだろう。：原告自身は，最早明らかにおろそかにする可能性がある騒音の負担に，立ち返ることはない。それによって，一般的な家禽飼育の禁止が，住居所有権者の多数の意思に従って設定された建物規則のテーマに一般になり得るか否かについての問題が提起され（そのことは，少なくとも建物規則の通例の内容とは合致してはいなかったし，それを立法者は§14Abs1Z6WEG1975並びに§28Abs1Z7WEG2002での規制に際し，周知のこととして前提とした如く），又，形式的且つ内容的に所有者団体の疑わしい決議，又は多数の家屋からなる一つの不動産の住宅の所有者だけが，その（当該建物規則）の破棄並びに変更までは法的に有効であるか否か，更に

は誰が建物規則の貫徹に固執できるのか，及びこれに対しいかなる手段を自由に使えるのかという問題が提起される。マンションでの家禽飼育禁止に際しては，これに対しいかなる手段を自由に使えるのか，という問題が提起される。マンションの家禽飼育禁止に際しては，これに反して通常の枠組みで住居所有権者の多数決で決議されるか変更されることができるとの，建物規則の件が問題であって，又，建物規則の保持に向けた法的に訴え得る請求が存在するとの，原告の法的見解が当たっているとすれば，その場合には，住居所有権者団体（今は所有者団体）の当事者適格（訴えの正当性）を，その団体のみに与えることだけに，一貫性があろう。というのは，団体の法人格は，管理の件で（§13c Abs1WEG1975＝住居所有権者団体，並びに§18 Abs1WEG2002＝所有者団体の権利能力と代理）この範囲でも又その排他的な事物管轄を条件とするからである（参照。判例・学説）。個々の住居所有権者の訴えは—ここでの如く—従って撥ね付けられるだろう。事実上は，建物規則の規定の直接強制は，決して予定されてはいない。建物規則の違反は，ただ間接的に規制されているだけで，とりわけ住居所有権の分野では§22WEG1975（＝共有者の排除）並びに§36WEG2002（同前）による排除の訴えの可能性，及び給付と差止めの訴えの可能性があるが，それらは所有者に§364,§523ABGB（＝523条：地役権を顧慮した訴権）によって帰属すると同様である（参照。判例・学説）。原告による物的な差止訴訟を伴った建物規則違反は，それ故に侵害の拒絶とかかわって彼らの所有者の権限において，具体的に言えば§364Abs2ABGBによる差止請求の論拠にとって，注目に値したであろう。そうした請求の根拠のためには，しかし，次のような根本的構成要件が欠けている。第一被告の犬から発して，その土地での普通の水準を超えた臭い・鳴き声・汚物（糞）の負担による，原告の利用権限の本質的な侵害という要件である。それとは別に，原告による§364Abs2ABGBに従った動物飼育の差止は，全く貫徹されなかったであろう。何故なら，責めを負わせるような障害の阻止のための手段の選択は，被告に与えられたままであるからだ。

　こうした理由から，既に事態は，第一審判決の原状回復の意味で，判断するに熱していると証明される。：その他なおまだ（特に，上告許可の請求の根拠において）提起されている法律問題は，最早取り上げられない。

訴訟費用の決定は、§41,§50Abs1ZPO による。

4 幾つかの論点
(1) 外国法小括

アメリカ法、ドイツ法、オーストリア法、の三つ（の一端だけ）を拙い訳を通して見た。そこから、いかなることが指摘できたろうか。第一に言えることは、共通したペット問題の存在である。動物との係わりの一例を挙げれば、ホテルやレストラン内への帯同が「外国では」認められているが、日本では駄目、との指摘である。歴史や文化の違いが問われたりもする。しかし、上で見た限りでは、（マンション、集合住宅、との限定はあるものの）ほぼ同様・類似のペット飼育問題があることが、確認できた。第二には、法的対応である。充分な対比やまとめをした総括が出来ていないままであるが、規約か使用細則か、その手続きと規制内容、複数の建物全体の管理組合か当該個別建物のそれか、当事者適格、等についての議論の紹介程度は提供できた。第三には、訴訟の現実的な実態面での把握とその後についてまで、能力は及ばなかったものの、例えば、アメリカでのコネティカット法曹協会によって提案されたモデルペットルールの例は、実務の立場からも参考に値しよう。

(2) 規約及び使用細則論

ペット飼育に対して何らかの拘束力を付与するためには、規約及び（又は）使用細則での明文化が必要不可欠なのであろうか。当該明文化規定が要件とならない限りは、ペット飼育に対しての何の法的対応も出来ないのであろうか。上の二つの存否、及びその規制と飼育の時間的前後関係、の問題がある。

規約について、「マンション標準管理規約（単棟型）」[53]をみれば、その18条では使用細則を指示するのみで、ペット飼育の明文化はされていないが、コメントの部分で具体的に明示されている（その内容は後述）。

---

[53] 規約については、区分所有法に基づいて備えることが必要な記載事項と任意の事項がある。稲本洋之助・鎌野邦樹『コンメンタール マンション区分所有法 第二版』（日本評論社 2004年）の30条によれば、絶対的規約事項と相対的規約事項に分類されており、ほぼ上に対応しよう。ペット飼育については、勿論後者の一例となる。

さて，ペット飼育については，全面禁止から全面容認まで，考えられる。まず全面禁止を規約でうたう例であるが，小動物の類まで飼育を禁止すると，その実効性への＝管理実務上の疑問のみならず，法理論上も問題があることを確認しておく必要はある。というのも，専有部分＝居室の内部空間においては，その用法を原則として制限できないしすべきでもないからである。それは専有部分の特質からだけではなく，更には憲法上の人権侵害になる虞があることからも，根拠付けられよう。この間の経験は，大勢から言えば全面禁止から部分容認へ変えざるを得なかった，と指摘出来るのではなかろうか。

　他方では全面容認がある。といっても，自ずとその限界はあろう。何よりも専有部分の物理的範囲は有限であるし，ペットマンションにおいても，ペットの範疇内との制限はあることは認めざるを得まい。従って，文言通りの全面的な〝動物〟飼育容認の例は，無いといってもよいのではなかろうか。現状では，ペット容認の例はあるけれども。そこでは，規約で一般的なペット飼育を容認しつつ，より詳細に使用細則での定めを置くこととなろう。争う余地があるとすれば，ペットの範疇をめぐる問題が残るにせよ。

　しかし，紛争の多くはこの中間で発生していると思われる。

　改めて整理しよう。ペット飼育について，そもそも規約及び使用細則に何らの規定も無い場合とある場合がある。まず，一切無い場合についてはどうか。何らの法的拘束力が発生しないのであろうか。そのような場合であったとしても，まずは一般法理が考えられる（不法行為や近隣妨害等）。区分所有法上のものとしては，「共同の利益に反する行為」（区分6条1項）規定を備えており，それに該当するか否かの基準が働こう。しかし，この要件を充たすのは容易くは無い。少なくとも，規約や使用細則に違反している場合に比して，より厳格に解されざるを得まい。何故なら，規定としての「共同の利益」は，必ずしも自明の概念（要件事実）ではないし，その効果も条文で用意されているように（区分57条以下の義務違反者に対する措置）権利関係の根幹に及ぶものであるからである。例示するにも躊躇するが，例えば大型の鰐やライオンのような動物をペットと称して専有部分で飼育し外へ散歩にも連れて行くような，他の区分所有者に多大な被害・損害をもたらす危険が大であ

るような例があろう（その危険が潜在的なものに留まるか顕在的で現実に発生したことまで要するかについては，共同の利益に反する『その行為をするおそれ』までを含む。区分57条1項）。

次いでは，規約の規定がある場合はそれによる。しかしここでも，規約本文には詳細な規定を設けないことが多いであろうから，抽象的規定の場合には争われることもあろう。例えば，動物一般の飼育禁止等の規定が考えられようか。マンション標準管理規約によれば，「別に使用細則を定めるものとする。」（18条）と規定されており，「定めることができる」との任意規定とはされていないこと（その意味は，使用細則を定めるか否かにつき当該管理組合の自主的判断に委ねるとの趣旨ではない）に注目しなければならない。そしてその18条関係のコメントを参照すれば，「動物の飼育」等の事項は，「専有部分の使用に関するものは，その基本的な事項は規約で定めるべき」と明言し（①），「犬，猫等のペット飼育に関しては，それを認める，認めない等の規定は規約で定めるべき」と明言している（②）。更には，ペット飼育禁止と容認の規約例も，挙げられている（③）。そもそも，この標準管理規約及びコメントそれ自体に法的拘束力は無いにせよ，一見すれば奇妙ともいえるこの標準管理規約とコメントの関係は，どう解すべきか。単純な答えは，全てのマンションで（ここでは）ペット飼育が問題となるわけではない，というものであろうか。ペット飼育に対して，禁止であれ容認であれ，規約に明記するか否かの対応は管理組合に委ねられていると読めなくもないであろう（例え，上のコメントで『〜べき』とされていても）。このコメントに従う限り，兎も角も，ペット飼育については，規約で定める「べき」ということになる。そして，18条が規定する如く，使用細則も備える。これが，上の二つの合体・調整した，望ましい規定の仕方となる。

では，標準管理規約での18条の規定はあるものの，ペット飼育についての明文を規約本体に記載しないまま，使用細則での文言の規定だけがある場合はどうか。最も法的拘束力が弱い，といわざるを得まい。規約（違反）の援用は，原則として許されないであろう。尤も，ここでも加害行為と被害との相関関係で把握するとの立場（受忍限度論も含めて）から言えば，重大な使用細則違反に対して，厳しいサンクションを与えるとの判断がされる場合も

あることは，否定できない。義務違反に対しては，標準管理規約第66条が用意されているし，理事長の勧告及び指示等についても67条で対応できるとされてはいるが，単なる使用細則だけに違反した場合（それも軽微に止まった場合）にまで，直ちに区分所有法57条から60条までの措置を全てとり得るとする立場には，消極的である[54]。

では，当初は何らの規定が無いまま後になって（恐らくは問題が生じたので）新たに改正手続きをとって，飼育禁止ないし制限の規定を設けた場合はどうか。判例に現れた規約改正の事例を見る限りでは，既に飼育している者に「特別の影響」は与えないとされて，当該飼育者の承諾は不要，とされてはいる（上述の東京高判平成6年8月4日，参照）。しかしこれを根拠に，判例による準則とすることには，疑問が残る。上の判決例は限定的で，個別的判断と解すべきではなかろうか。事案によっては，飼育者に「特別の影響」となり，その者の承諾を要件とすべきとする余地は残されるべきではないか。ペット容認の社会的変化とその要求を持った居住者の増大は，そうした立場を後押しするであろう。

更に付言すれば，この様な事後的な手続きが規約ではなく使用細則だけであった場合はどうか，との問題が無くはない。使用細則の設定・改正手続き，その変更，そして効力，違反に対する措置等の問題を含んでいる。

54　57条から60条までの適用順位につき，前注，稲本・鎌野 308頁参照。使用細則のみの規定に止まる場合には，規約からの（包括的）授権と構成し，規約違反による措置と同様の準用ないし類推適用する余地が考えられはするが。

　　なお，上述標準管理規約では，第8章雑則として66条及び67条（雑則は71条まで）が用意されている（コメントはない）。66条では，区分所有法6条1項を受けて，「共同の利益に反する行為」に対しては，区分所有法57条から60条に基づく措置をとり得る，とする。前者の行為と後者の措置が直結されていることが確認できる。あくまで後者の措置は「できる」とされていて，その措置以外の「措置」を全面的に排除してはいないのであろうが，判例法理に従ったのであろうか。

　　同67条では，より広く且つ具体的規定が挙げられている。第一項の特徴を指摘すれば，人的範囲の拡張，「法令，規約又は使用細則等に違反したとき」との明示，「又は対象物件内における共同生活の秩序を乱す行為を行ったとき」，請求主体（当事者適格）としての理事長（理事会の決議を要件として），「是正等のため必要な勧告又は指示若しくは警告」なる措置，が規定されている。

　　本稿が対象とするペット飼育については，まずは67条の適用となることが多いであろう（但し，第一に適用する優先順位として67条が義務づけられているわけではない）。とはいえ，その他の方途も含めてのこの66条及び67条の手続きは自明のものではないし，当事者適格，執行方法，等の課題も残っている。

(3) 私人の利益（権利）と団体の利益

憲法上の保護として，財産権の不可侵（憲29条1項）や幸福追求権（同13条）があろうが，他方では公共の福祉の制限が課せられる（同13条, 29条2項）

果たして，区分所有法上の「共同の利益」は，こうした憲法上の規定といかなる関係に立っているのだろうか。ここで詳論する能力を欠くが（具体的な局面毎の検討が必要となろうから），憲法上の公共の福祉が実体法（民事特別法）で具現化された一概念，と解することは出来ないであろうか。

規約・使用細則でも，まずはその解釈と適用で争われるが，それに基づく主張を憲法で裏づけ構成することは，勿論可能である。

又，私人からの請求と団体からのそれは，相互互換（移行）関係には立たないのか。通常はペット飼育を認めさせたい私人が幸福追求権等を主張するのに対して，団体が規制のために共同の利益等を援用する関係であろう。しかし当該団体側からも，例えば専有部分に止まらない侵害行為（汚物や鳴声等）に対して，自らの幸福追求権と構成することは可能である（実際に争うか否かは別にして，少なくとも論理的には）。不法行為による損害賠償についても，同様の議論は可能であるように思われる（飼育者側からの，団体による規制によって生じるペット廃棄による損害やその精神的損害を理由とした慰謝料は，充分考えられる）。差止であっても，同様ではなかろうか（ここでも通常は，飼育の差止で争われようが，規制をしないよう求める不作為の差止請求もあり得る）。

(4) 重層的規範論

憲法・民法・区分所有法なる法律があって（第一規範と呼ぼう），規約・細則等が続き（第二規範），更にはルールや道徳・エチケットと称される広い意味での規範（第三規範）のレベルがあり，それらの規範群が指摘出来よう。第二規範の規約・細則等は，マンション内での自治（自主）法規と呼ぶことが出来よう。現在の筆者には，これらの構造や相互の関係全般を論じる力量がないので，取敢えずいわば平面的に，上のような関係を重層的規範（群）と称しておく。

ここでの問題は，ペット飼育をめぐる実質的な法的拘束力である。あくまで一般論ではあるが，法律（第一規範）が最も拘束力に優れ（拘束力が強く），後ろに行くに従って弱くなっていくといえよう。ここでの前提としては，私法

の枠組みであるが、この第一規範から第三規範までが、相互にいわば〝入れ子〟状態となって、当該法律関係を成立させている、とみることが出来よう。

(5) 法的拘束力の実効性

上の判例の如く、ペット飼育の差止請求がなされその容認判決が出されたならば、飼育者に対して不作為義務の強制執行として、間接強制（民執172条1項）が可能となる[55]。

尤も、何らかの請求（の認容）とそれを受けた上での具体的な実効性を伴う措置として、いかなるものがあるかは、一律には決し得ないであろう。上の第一規範に基づけば、法定の手続きに従うことは勿論であるものの、第二規範では、更に第三規範ではどうなるかは、自明のものではない。そもそも第二規範では、ペット規制の有無それ自体が問われてくるし、例え具体的規定（取決め）があったとしても、それをそのまま裁判所が認容する保証は無いといわざるを得ない。それは更に第三規範となると、より不鮮明となろう。そもそも市民の常識に基づくと思われるルール等に、直ちに法的拘束力を認めることには、躊躇さえ生じる場合があろう。最もソフトの領域に属すると思われるこの第三規範での取り扱いは、少なくとも第一次規範としての法の位置はとり得ず、後景に退かざるを得ないのではなかろうか。管理組合（団体）そして住民の自治能力が試される場面である。

逆に第一規範に基づくことが出来る場合には、より拘束力の強い措置、集会決議を経た上での専有部分の使用禁止（区分58条）や区分所有権の競売請求（区分59条）も可能となる[56]。

原告適格として、常に管理組合＝団体だけとなる訳ではない。管理者・管理組合・区分所有者個人が、差止や損害賠償請求の資格を有すると考えられる。より正確に言えば、規約違反に基づく場合は、管理者のみならず管理組合も原告適格を有する。しかし、「共同の利益」違反で争う場合には、管理組合に適格は無く、管理者または特定の区分所有者に訴訟権限を委ねること

---

[55] 日本マンション学会法律実務研究委員会編『マンション紛争の上手な対処法』［第3版］305頁（民事法研究会　平成18年）参照。
[56] ちなみに、使用貸借人の野鳩への餌付けによる汚損・悪臭・騒音に対して、使用貸借契約解除・管理組合への建物引渡し・不法行為による損害賠償が認められた事例がある（東京地判平成7年11月21日判時1571号88頁）。

となる。

(6) **望ましい規制の仕方はあるのか**

標準管理規約での18条関係のコメント内で，禁止と容認の二つの規約例が挙げられている。

規約等の第二規範で，可能な限り具体的な規定を設けておくことが肝要である。この場合においても，ペット全面禁止から全面容認（俗に言うペットマンション）まであり，この様な多様性は承認されるべきであろう。

問題は全面禁止から，まずは（歴史的には）発生して来た。そこでは，ペットの種類の限定が必要となろう。文字通り全面禁止といっても，金魚・小鳥の類のようなものまで排除するのは行き過ぎとなる。これを部分容認とするか，原則禁止・例外容認とするかは，団体による自主的判断に委ねてもよいのではなかろうか。

ペットに付き何らの規定も有していない白地の規約・使用細則に，新たに規定を設ける場合もある。

上に見た標準管理規約やアメリカのモデルルールの例は，参照するに値する。

つまるところは，ペット飼育に代表される集合住宅での生活の質をいかにして確保し充実させていくか，それが住民に問われている。

第2章　専用使用権

第1節　専用使用権を巡る裁判例の検討

1　はじめに

　かつて建設総合研究（言うまでもないが，内山先生が理事長をお努めであった建設調査会機関誌）48巻4号に，「専用使用権・建替えを巡る裁判例の検討――マンション問題の到達点と現下の局面(1)」と題した拙稿を，内山先生がまだご健在であられた平成12年4月10日（発行）に登載させていただいた。その続稿をものし得ないままで推移してきた中に，何と内山先生を失うこととなってしまった。本稿は，その続稿の形で執筆される。追悼の形で先生の霊前に捧げるには余りにも拙いものでしかないが，今回の企画の趣旨を考えれば故内山先生からもお許しをいただけようと考えた。

　さて，専用使用権であるが，この権利は，例えば「建物の共用部分および敷地を特定の区分所有者または特定の第三者が排他的に使用する権利である」とされている。元来が区分所有者全員の共有である共用部分や敷地に，特定の区分所有者らのみの排他的利用を目的としている。設定の経緯を見れば，その多くは分譲者が当初から企画し設定してきた。有償の場合もあれば（その場合には，設定の対価，その帰属者等が問題となる）無償の場合もある。権利の取得者，すなわち専用使用権者は，分譲を受けた区分所有者のみならず，分譲者自身や第三者であることもある。分譲後の使用料が伴うとも限らない。その使用料の支払先は，分譲者であったり管理組合であったりする。そ

1　その後，専用使用権については原稿にできないままであった。建替えについては「マンション建替え小論――要件論を中心に」法学志林99巻1号（2001年）を執筆した。そこでは「建替えを巡る裁判例の検討」もしている。従って，当初(1)の標題から建替えの部分をはずし，本稿では専用使用権の部分だけを取り上げて検討することとした。ご了解を願いたい。
2　稲本洋之助・鎌野邦樹『コンメンタール　マンション区分所有法』83頁（日本評論社　1997年）。

のように多様な形態の専用使用権が，実務上登場し一般化してきたが，とりわけ駐車場の専用使用権を巡っては紛争が多発し，後述するように今日では最高裁判例としてほぼ裁判上の決着はつけられたといわざるを得ないであろう。大筋でいえば，従前の例を追認した，というべきか。学説は基本的には消極的・否定的と思われる。実務（標準管理規約）でも，一部認めざるを得ない扱いを受けている。

そこで本稿では，そうした従来からの推移や現状を前提にしつつ，今日の到達点を明らかにすることを第一の目標とする。そして，少なくとも社会的には（理論的には別であるが）この権利はそれなりに落ち着いてきたとはいえ，その定着の評価と，とりわけこの権利の将来には，依然として検討を要する点が残っていると思われるので，第二にはいわば今後の展望を出すことができれば，と考える。今日の時点で専用使用権を論ずる意味は，主として後者にあろう。

2　判例・学説の概要と実務での対応

では，専用使用権について従来の判例・学説及び実務は，どのようであったのだろうか。

(1)　判　例

判例であるが，まず以前の拙稿から引用する[3]。

専用使用権を巡って

小生も，今から見れば穴に入りたくなるような拙文でしかないが，この問題について何回か本誌に書かせて頂いたことがある[4]。既にその段階から専用使用権について紛争が発生していたわけである。それらが約20年を経て，一連の最高裁判決が出されるに至った。しかもそれらはほぼ一律に，結論的

---

[3]　「専用使用権・建替えを巡る裁判例の検討――マンション問題の到達点と現下の局面(1)――」建設総合研究48巻4号2～6頁。この機関誌からの再録にお許しを請う。手を加えたのは，注を割注とした点と句点を補充した点である。

[4]　「集合住宅における専用使用権」（1，2・完）建設総合研究31巻3・4号，32巻1号（1982，3年），「規約・専用使用権の一考察――事務管理法に即して」（1，2・完）同33巻3・4号，34巻1号（1985年）。前者は，附合契約・約款論に主要に依拠したもの，後者は事務管理法に依れないかとしたものである。更に後述する最高裁判決昭和56年1月30日の評釈を，同30巻2号（1981年）に登載させて頂いた。

にはこの奇妙な権利に適法性を承認してしまい，前記拙文でも拙い検討を加えそれなりに批判的論述を重ねたにも拘わらず，専用使用権にパスを与えてしまった。こうした「判例」の現状は極めて遺憾としか言い様がない。

裁判例の紹介に移る。

昭和56年（1981年）に出された最高裁判決から始めよう。

① 最（二小）判昭和56年1月30日（メガロコープ平野事件。判時999号56頁，判タ437号101頁，金商判616号16頁）。Xはマンション分譲業者からマンションを購入したが，その敷地の一部に設けられた駐車場の専用使用権分譲も希望したが，抽選に漏れて取得できなかった。そこでXは，専用使用権の抽選に当選したYに対し，Yはこの専用使用権を有しないことの確認を求めて提訴した（駐車場専用使用権不存在確認請求事件）。分譲業者は「共用部分の一部専用使用」の説明を含んだ重要事項説明書を配布していた。1台分40万円の分譲代金に加えて，月約500円の管理費支払い。Xは主要に，公序良俗違反を主張した。三審とも，Xの請求を棄却した。

判旨。専用使用権の設定は共有物の変更に当たるとしても，購入者は専用使用権を容認・承諾した契約を締結したから，全員が同意していた。重要事項の説明があった。マンション分譲と同敷地の専用使用権を分譲しているから，一見同一土地によって二重に利益を得たかのごとき疑いもあるが，それぞれ分譲価格は総合して収支計算し，分譲販売計画を立てることも考えられるから，同一土地から二重に利益を得たものと即断することは出来ない。分譲契約は直ちに附合契約ではない。駐車場を使用できない不利益は，一部の土地につき借地権等土地使用権の負担のある所有権を譲り受けた場合と大差がなく，これをもって専用使用権設定に関する約定は公序良俗に違反するとは到底いえない。専用使用権取得者は，その対価として40万円を支払ったほか，毎月非取得者より約500円ほど多いマンション管理費を納入しているから，それほど不平等はない。

さて，平成10年（1998年）に至り一連の最高裁判決が出され，しかもそのいずれもが専用使用権を容認するとの判断を示した。順を追ってみていこう。

② 最（一小）判平成10年10月22日（ミリオンコーポラス高峰館事件。民集52巻7号1555頁，判時1663号47頁，判タ991号296頁）。本件マンション管理組

合の管理者たるXは（任意的訴訟担当として），分譲業者のYに対し，専用使用権分譲対価を不当利得として返還請求し，予備的に委任契約上の受任者としてYに委任事務処理としての金員引渡請求をした。

一審福岡地裁小倉支判平成6年2月1日（民集52巻7号1577頁，判時1521号107頁，判タ876号186頁），原審福岡高判平成8年4月25日（民集52巻7号1593頁，判時1582号44頁，判タ928号150頁）では，Xの予備的請求を認容した（原審では，傍論ながら不当利得返還請求権も成立する旨も判示した）が，最高裁は，Yが区分所有者全員の委任に基づきその受任者として専用使用権の分譲を行った等と解することは出来ず，対価は専用使用権分譲契約における合意の内容に従ってYに帰属すべき，と判示した（補足意見がある）。

判決文に即してみる。専用使用権取得者も非取得者も，専用使用権を認識し理解していたことが明らかであり，Yが購入者の無思慮に乗じて専用使用権分譲代金の名の下に暴利を得たなど，専用使用権の分譲契約が公序良俗に反すると認めるべき事情も存しない。こうした取引形態は好ましいものとはいえないが，このことのゆえに右契約の私法上の効力を否定することはできない。売買契約書の記載によれば，Yは営利の目的に基づき，自己の利益のために専用使用権を分譲し，その対価を受領したものであって，専用使用権の分譲を受けた区分所有者もこれと同様の認識を有していたと解されるから，右対価は，売買契約書に基づく専用使用権分譲契約における合意の内容に従ってYに帰属するものというべきである。この点に関し，Yが，区分所有者全員の委任に基づき，その受任者として専用使用権の分譲を行ったと解することは，専用使用権分譲契約における当事者の意思に反するものであり，管理委託契約書の記載も右判断を左右しない。また，具体的な当事者の意思や契約書の文言に関係なく，およそマンションの分譲契約においては分譲業者が専用使用権の分譲を含めて包括的に管理組合ないし区分所有者全員の受任者的地位に立つと解することも，その根拠を欠くものといわなければならない。

③ 最（二小）判平成10年10月30日（シャルマンコーポ博多事件。民集52巻7号1604頁，判時1663号56頁，判タ991号288頁）。駐車場専用使用権の分譲を受けたXらは管理組合Yに対し，駐車場使用料の増額に関する規約の設定・

集会決議と「特別の影響」(区分所有法31条1項後段)を主要に争った(従って，分譲業者への分譲代金返還は問題とされていない)。争点とその訴訟上の結末はやや複雑であるが，元々は駐車場使用料の値上げに端を発しており，Xらが増額後の使用料の支払いを拒否したのでYは駐車場使用契約を解除した。そこでXらは次の請求をして争った。1，駐車場専用使用権を有することの確認 2，その専用使用権を区分所有権等と共に自由に譲渡・賃貸する権利を有することの確認 3，従来の使用料(月額500円又は700円)を越えて使用料を支払う義務のないことの確認 4，Xらの駐車場専用使用の妨害禁止。

第1審では 2，の請求棄却，その他は認容(前掲民集1629頁)。原審では駐車場使用契約の解除によりXらの駐車場専用使用権は消滅したとして，その解除後の部分のみ 3，の支払い義務はないとした。その余の請求はすべて棄却(前掲民集1678頁)。

最判の判旨は以下の如し。区分所有法31条1項後段にいう「特別の影響を及ぼすべきとき」とは，規約の設定，変更等の必要性及び合理性とこれによって一部の区分所有者が受ける不利益とを比較衡量し，当該区分所有関係の実態に照らして，その不利益が区分所有者の受忍すべき限度を越えると認められる場合をいうものと解される。増額された使用料が社会通念上相当なものか否かは，種々の諸事情を総合的に考慮して判断すべきものである。規約に基づき集会決議により管理費等に関する細則の制定をもって使用料が増額された場合も，区分所有法31条1項後段の規定を類推適用する。使用料の増額が社会通念上相当なものか否か，相当でなければ幾らへの増額であれば相当といえるかにつき，審理判断を尽くしていない。なお，この点に関し，原審は，分譲業者は区分所有者全員ないし管理組合の受任者としての地位において専用使用権を分譲すべきものであるとの前提に立ち，Xらが分譲を受けた専用使用権の性質等が不明確であり，譲渡の効力自体にも疑義があるなどというが，これは増額を正当化する理由となるものではない(以上，上告認容)。専用使用権者が訴訟において使用料増額の効力を争っているような場合には，裁判所の判断を待つことなく，専用使用権者が増額された使用料の支払いに応じないことを理由に駐車場使用契約を解除し，その専用使用権を失わせることは，契約の解除を相当とするに足りる特段の事情がない限

り，許されないものと解するのが相当である（この部分，破棄し使用料の相当性につき差戻）。そして，Xらの専用使用権確認請求と駐車場専用使用の妨害禁止請求を，認容。

　④　最（二小）判平成 10 年 10 月 30 日（シャルム田町事件。判時 1663 号 90 頁）。本件は前掲②最判平成 10 年 10 月 22 日（ミリオンコーポラス高峰館事件）と類似している。マンション管理組合の管理者及びその区分所有者Xらが，分譲業者Yに対し，主位的に不当利得返還請求権に基づき，予備的に委任契約における受任者に対する委任事務処理上の金員引渡請求権に基づき，駐車場専用使用権の対価の返還又は引渡を請求した。一審福岡地小倉支判平成 6 年 2 月 1 日（判タ 876 号 192 頁），原審福岡高判平成 8 年 4 月 25 日（判時 1582 号 44 頁）とも，結論としては予備的請求を認容した。

　しかし，最高裁は次のように判示し，破棄し予備的請求を棄却した。専用使用権分譲の対価は，分譲契約における合意の内容に従ってYに帰属するものというべきである。Yが区分所有者全員の委任に基づき，その受任者として専用使用権の分譲を行ったと解することは，右分譲契約における当事者の意思に反するものである。また，ある者が自己のためにする意思の下にした行為が，他の者からの受任によってする行為と外形的に同一であったとしても，そのことだけで，関係者の具体的意思に反して，両者の間に委任契約が成立していたということはできないし，具体的な当事者の意思や契約書の文言に関係なく，およそマンションの分譲契約においては分譲業者が専用使用権の分譲を含めて包括的に管理組合ないし区分所有者全員の受任者的地位に立つと解することも，その根拠を欠くものである。

　⑤　最（二小）判平成 10 年 11 月 20 日（高島平マンション事件。判時 1663 号 102 頁）。本件専用使用権はいわゆる留保方式（後述する検討の部分参照）で，Yは自己の土地上にマンションを建築し区分所有権と敷地共有持分を分譲したが，自らも 1 階店舗部分の区分所有権等を取得した。その際の規約では，Yは外壁，屋上，敷地（駐車場を含む）等に無償の専用使用権を有すると規定されていた。その後区分所有者はX管理組合を結成し，新規約を設定し，その集会決議で管理費・修繕積立金の値上げ，（2ヶ所のうち 1 ヶ所の）駐車場の専用使用権消滅（＝消滅決議），その他の専用使用権有償化（＝有償化決議）等を

決定した。そしてXはYに対し、値上げ後の管理費・修繕積立金の支払い、有償化決議に基づく使用料の支払い、北側土地上のY所有物件の撤去、消滅決議に基づく駐車場専用使用権不存在確認と使用差止、を請求した。一審東京地判平成6年3月24日（判時1522号85頁）は請求認容、原審東京高判平成8年2月20日（判タ909号176頁）は管理費・修繕積立金値上げ部分のみ認容。

最高裁は、消滅決議につき、Yに「特別の影響」を及ぼすものであるのにYの承認を得ていないので決議は無効とし、有償化決議については、「特別の影響」の原審判断を破棄し差戻した（前述最判③シャルマンコーポ博多事件判旨、参照）（なお、X管理組合設立以前にも訴訟がされており、Yの管理費支払い義務が確定していた。東京地判昭和58年8月24日判時1109号99頁、東京高判昭和59年11月29日判時1139号44頁、参照）。

それ以降の裁判例で注目すべき事例があるので、見ておこう。

⑥　東京高判平成11年5月31日（ライオンズマンション中野東事件。判時1684号64頁、上告）。Xはライオンズマンション中野東管理組合、Y_1は1階の103、104、106号室の区分所有者で、106号室を住居兼店舗として自ら使用、104号室をY_2に店舗として賃貸、103号室を第三者に事務所として賃貸している。管理規約では、1階にある各区分所有者は、敷地のうち右の事務所、各店舗が直接する北側現況道路までの部分について無償で通常の店舗、事務所出入口、営業用看板等設置場所としての用法で使用できる、と定められていた。その後、Xの総会で、右の部分につき一区画を月額1万円で駐車場として利用できる、と通常決議で決められた。この決議に基づき、XはY_1及びY_2と当該部分の駐車場使用料として支払う旨の契約を締結した。Yらは暫く使用料を支払っていたが、その後支払わなくなったので、その支払を求めたのが本件である（駐車場使用料請求事件）。Yらは、次のように主張した。総会での決議は「規約の変更」に該当するから特別決議が必要であり、「一部の組合員の権利に特別の影響を及ぼす」のでYらの同意が必要である。そして、「共用部分等の変更」にも該当し、「専用使用部分の使用に特別の影響を及ぼす」ものであるから、Yらの同意が必要である。ところが、いずれも欠いているから、決議は無効で、また、右の契約も無効である。右の契約によってYらの専用使用権を剥奪するので、違法である。右の契約はYらの

錯誤に基づくから，無効である。

　第一審では，Yらの主張を容れて右の決議も契約も無効とされた（判時1684号66頁参照）。本件控訴審では，原審判決を取り消し，反対にXの請求を全部認容した。

　判旨。本件決議は，従来1階の事務所，店舗の利用のためその前面に位置する敷地部分が実際の必要から駐車目的で使用されることが多かった現実と，駐車場としての使用を認めることへの強い要望とを背景とし，一方で，他の場所で有料の駐車場を借りている1階以外の区分所有者の負担との均衡を考慮し，1階の区分所有者（又は使用者）に従来無償とされていた用法に加えて，駐車場としての使用を認めるとともに，それを有料とすることによって右の点の調和を図ったものと認めるのが相当である。そして，1階の区分所有者又は店舗使用者以外の者との間での使用契約の締結は予定されていなかったとみられる。したがって，本件決議によりY₁の専用使用権が剥奪されたり，有償とされたとみることはできない。

　⑦　東京高判平成11年7月27日（グラスコート板橋事件。判タ1037号168頁，上告）。Xは管理組合，Yは分譲業者でかつ区分所有者でもある。管理規約によれば，Yは専用使用権者であり，その代金1000万円を修繕積立金として，Xに納入すると定められていた。ところがYは3年経ってもその専用使用権代金を支払わなかった。そこでXは総会において，管理規約を変更する決議をして，Yの専用使用権を消滅させた。そして，XがYに対し，駐車場の明渡しと使用損害金の支払を求めて提訴した。第一審は，Xの請求認容。

　判旨。本件規約変更は，Yの専用使用権を消滅させる趣旨であると認められる。そして「Yの専用使用権は，当初の管理規約においても，代金1000万円を支払うことと対価関係を有するものとして設定されたものであり，対価である1000万円を支払わずに，本件駐車場を専用的に使用する権利まで認められていたわけではない。したがって，Yが代金1000万円を支払わない以上，Yが専用使用権を取得できないのは，当初の管理規約においてすでに定められていたものといえるのであって，Yの専用使用権を消滅させる旨の本件規約変更は，Yの権利に特別の影響を及ぼすものではない。したがって，Yの承諾がなくとも，本件規約変更は有効である」（原審判決）。なお，

規約の変更にYの承諾を要するとしても，Yは，当初の管理規約で定められた専用使用権の代金を支払わないのであるから，本件規約変更を承諾しないことについて正当な理由があるとは認められない。

⑧　東京高判平成13年1月30日（判時1810号61頁，上告受理申立て〈不受理〉）。前述した⑤高島平マンション事件の差戻控訴審判決で，これで確定した。

判旨。差戻控訴審の審判の対象は，XがYに対して本件マンションの南側駐車場，塔屋外壁，屋上，2階屋上及び非常階段踊り場の専用使用料として平成4年12月から毎月25日限り18万5000円宛及びこれに対する各月26日から支払済みまで年5分の割合による金員の支払いを求める請求に関する部分である。

本件上告審判決は，従来無償とされてきた専用使用を有償化することは一般的に専用使用権者に不利益を及ぼすものであるが，有償化の必要性及び合理性が認められ，かつ，設定された使用料が当該区分所有関係において社会通念上相当な額であると認められる場合には，専用使用権者は専用使用権の有償化を受忍すべきであり，そのような有償化決議は専用使用権者の権利に区分所有法31条1項の「特別の影響」を及ぼすものではないというべきである。また，設定された使用料がそのままでは社会通念上相当な額とは認められない場合であっても，その範囲内の一定額をもって社会通念上相当な額と認めることができるときは，特段の事情がない限り，その限度で，有償化決議は，専用使用権者の権利に「特別の影響」を及ぼすものではないと解するのが相当であるとした上，差戻し前の控訴審判決が，Yにおいて管理費等をもって相応の経済的な負担をしてきた権利を更に有償化して使用料を徴収することはYに不利益を与えるものであるというだけで，有償化決議により設定された使用料の額が社会通念上相当なものか否か等について検討することなく，有償化決議をYの承諾がない以上，無効であるとした判断を違法とした。

そして，本件上告審判決は，有償化決議により設定された使用料の額が社会通念上相当なものか否かは，本件区分所有関係における諸事情を総合的に考慮して判断すべきものであるところ，有償化決議により設定された本件マ

ンションの南側駐車場，塔屋外壁，屋上，2階屋上及び非常階段踊り場の専用使用料の額が社会通念上相当なものか否か，仮に相当な額と認められない場合には幾らであれば相当といえるかについて，所要の審理を尽す必要があるとして，当裁判所に右部分を差し戻した。

したがって，Yの，特定の専用使用権者に対する専用使用料がその使用面積の割合と比較して多額の負担となる場合は，そのことをもって区分所有法31条1項の「特別の影響」を及ぼすものとなるからその専用使用権者の承諾を要する旨の主張は，本件上告審判決の右の判断に抵触するもので採用できない。

（専用使用料の相当性について）右認定の事実関係によれば，Yは，その営業のため，長年にわたって共有部分となっている南側駐車場，塔屋外壁，屋上，2階屋上及び非常階段踊り場につき，これを無償で使用してきており，他の区分所有者との関係で公正さを欠く結果となっているということができるから，有償化する必要性と合理性が認められる。

そこで，本件定期総会における有償化決議によって定められた各専用使用料の額が社会通念上相当なものか否かについて検討する。

Xは，有償化決議の対象となった各設備について，他の同種の賃貸事例を引き合いに出すなどして，有償化決議で定められた各専用使用料は社会通念上相当な額である旨主張する。しかし，前記認定のとおり，本件マンションは住民及び店舗併用型のマンションであって，Yによる専用使用権の取得を考慮して分譲価格が設定され，本件マンションの区分所有者らは，本件マンションの一階部分において，Yがサウナ，理髪店等を営業すること及びその営業に必要な駐車場等の設備をYが自ら費用を負担して設置し，その敷地及び床部分を無償で使用することを承知の上，各区分所有建物を購入し，現に，Yはこれまで無償で右設備を使用してきたのである。これらの事情を考慮すると，本件定期総会における有償化決議によって，前記認定したような本件区分所有関係の経過を前提としていない純粋の経済活動としての賃貸借における通常の賃料相場等を参考にして，多額の使用料をYに一挙に課するのは過大な要求というべきである。これによるYの負担増は大きく，そのため事実上営業を断念せざるを得ないような事態を招来するに至っているもの

である。したがって，有償化決議によって定められた各専用使用料の額は，社会通念上相当な額とは認め難い。

本件では，右に上げた事情に加えて，問題とされている各設備が，駐車場を含めていずれもYの営業上必要なものと認められること，その管理はYにおいて行っていて，当該各共用部分の専用使用によって住居部分の区分所有者らの本件マンションの利用に特に支障があるとは認められないことなども，本件区分所有関係における事情として考慮する必要がある。そこで，以上を前提に，住居及び店舗併用型マンションである本件マンションにつき，住居部分の区分所有者と店舗部分の区分所有者の利害をどのように調整すべきかという観点から，どの程度の額であれば専用使用料として社会通念上相当であるかを検討する。

そして，以下，南側駐車場等につき，諸事情を総合考慮しつつ，有償化決議による使用料の1割から2割の額をもって，社会通念上相当とした。

(2) **学　説**

次いで学説の概要であるが，田中教授のまとめを参照する[5]。

筆者はかつて，委任（代理）構成で議論したことがある[6]。

(3) **実務での対応**

実務として参照するのは，今次改訂された（国土交通省住宅局，平成16年1月

【まとめ】

分譲業者の法的立場	専用使用権の法的性質	専用使用権の譲渡可能性	管理組合は専用使用権を廃止・変更できるか	分譲代金の帰属先
留保説	物権的利用権	○	×	分譲会社
受任者説	物権的利用権	○	×	管理組合
	債権的利用権	×	×	管理組合
借主説	債権的利用権	×	○	管理組合
貸主説	債権的利用権	×	○	管理組合
共有物管理構成説	共有物の管理に関する合意	×	○	分譲会社 管理組合※

※　共有物の管理に関する合意の内容により異なるものと思われる。

5　田中嗣久「分譲マンションにおける駐車場専用使用権の『分譲』をめぐる諸問題」法学論集（大阪経済法科大学）45号209頁（1999年）。

23日）マンション標準管理規約（単棟型）である。その内，第14条と第15条及びそれらのコメントを見てみよう。

注目すべきは，既に改訂前の標準管理規約（平成9年2月7日）から，専用使用権はバルコニー等の14条にしか規定されておらず，駐車場については専用使用権なる文言も使用権なる概念も採用されていない（15条），点である。適切かつ妥当な対応である。

○マンション標準管理規約（単棟型）
（バルコニー等の専用使用権）
第14条　区分所有者は，別表第4に掲げるバルコニー，玄関扉，窓枠，窓ガラス，1階に面する庭及び屋上テラス（以下この条，第21条第一項及び別表第4において「バルコニー等」という。）について，同表に掲げるとおり，専用使用権を有することを承認する。
2　1階に面する庭について専用使用権を有している者は，別に定めるところにより管理組合に専用使用料を納入しなければならない。
3　区分所有者から専有部分の貸与を受けた者は，その区分所有者が専用使用権を有しているバルコニー等を使用することができる。

（駐車場の使用）
第15条　管理組合は，別添の図に示す駐車場について，特定の区分所有者に駐車場使用契約により使用させることができる。
2　前項により駐車場を使用している者は，別に定めるところにより，管理組合に駐車場使用料を納入しなければならない。
3　区分所有者がその所有する専有部分を，他の区分所有者又は第三者に譲渡又は貸与したときは，その区分所有者の駐車場使用契約は効力を失う。

6　拙稿「駐車場の専用使用権」日本不動産学会誌1巻4号13頁（昭和61年）。その他の業績に，花房博文「駐車場専用使用権についての検討」杏林社会科学研究12巻2号84頁（平成8年（1996年））、同「駐車場専用使用権の対価の帰属に関する考察」（慶応大学）法学研究72巻12号369頁（平成11年）。舘幸嗣「専用使用権に関する一考察」中央学院大学総合科学研究所紀要15巻1号83頁（2000年），丸山英氣「駐車場専用使用権論」（内田・浦川・鎌田編『現代の都市と土地私法』（有斐閣，2001年）所収，214頁）がある。

同コメント
第14条関係
① バルコニー等については，専有部分と一体として取り扱うのが妥当であるため，専用使用権について定めたものである。
② 専用使用権は，その対象が敷地又は共用部分等の一部であることから，それぞれの通常の用法に従って使用すべきこと，管理のために必要がある範囲内において，他の者の立ち入りを受けることがある等の制限を伴うものである。また，工作物設置の禁止，外観変更の禁止等は使用細則で物件ごとに言及するものとする。
③ バルコニー及び屋上テラスがすべての住戸に附属しているのではない場合には，別途専用使用料の徴収について規定することもできる。

第15条関係
① 本条は，マンションの住戸の数に比べて駐車場の収容台数が不足しており，駐車場の利用希望者（空き待ち）が多いという一般的状況を前提としている。
② ここで駐車場と同様に扱うべきものとしては，倉庫等がある。
③ 本条の規定のほか，使用者の選定方法をはじめとした具体的な手続き，使用者の遵守すべき事項等駐車場の使用に関する事項の詳細については，「駐車場使用細則」を別途定めるものとする。また，駐車場使用契約の内容（契約書の様式）についても駐車場使用細則に位置づけ，あらかじめ総会で合意を得ておくことが望ましい。
④ 駐車場使用契約は，次のひな形を参考とする（次頁参照）。
⑤ 車両の保管責任については，管理組合が負わない旨を駐車場使用契約又は駐車場使用細則に規定することが望ましい。
⑥ 駐車場使用細則，駐車場使用契約等に，管理費，修繕積立金の滞納等の規約違反の場合は，契約を解除できるか又は次回の選定時の参加資格をはく奪することができる旨の規定を定めることもできる。
⑦ 駐車場使用者の選定は，最初に使用者を選定する場合には抽選，二回目以降の場合には抽選又は申込順にする等，公平な方法により行うものとする。

```
┌─────────────────────────────────────────────────────────┐
│                    駐車場使用契約書                        │
│  ○○マンション管理組合（以下「甲」という。）は，○○マンションの区分所有者 │
│ である○○（以下「乙」という。）と，○○マンションの駐車場のうち別添の図に示 │
│ す○○の部分につき駐車場使用契約を締結する。当該部分の使用に当たっては，乙 │
│ は下記の事項を遵守するものとし，これに違反した場合には，甲はこの契約を解除 │
│ することができる。                                          │
│                         記                                │
│ 1  契約期間は，平成　年　月　日から平成　年　月　日までとする。ただし，乙  │
│   がその所有する専有部分を他の区分所有者又は第三者に譲渡又は貸与したとき  │
│   は，本契約は効力を失う。                                   │
│ 2  月額○○円の駐車場使用料を前月の○日までに甲に納入しなければならない。    │
│ 3  別に定める駐車場使用細則を遵守しなければならない。              │
│ 4  当該駐車場に常時駐車する車両の所有者，車両番号及び車種をあらかじめ甲に │
│   届け出るものとする。                                      │
└─────────────────────────────────────────────────────────┘
```

バルコニー等の専用使用権

区分	専用使用部分	バルコニー	玄関扉 窓枠 窓ガラス	1階に面する庭	屋上テラス
1	位置	各住戸に接するバルコニー	各住戸に附属する玄関扉，窓枠，窓ガラス	別添図のとおり	別添図のとおり
2	専用使用権者	当該専有部分の区分所有者	同　左	○○号室住戸の区分所有者	○○号室住戸の区分所有者

　また，マンションの状況等によっては，契約期間終了時に入れ替えるという方法又は契約の更新を認めるという方法等について定めることも可能である。

⑧　駐車場が全戸分ない場合等には，駐車場使用料を近傍の同種の駐車場料金と均衡を失しないよう設定すること等により，区分所有者間の公平を確保することが必要である。

3　論　点

上に見てきた判例・学説及び実務での対応から，次の点が指摘できよう。

社会的な紛争としては一段落し，それなりに落ち着いており，ある意味定着した。しかし，この専用使用権自体は，決して望ましいものではない（差し当たり単なる事実上の専用使用としての位置に置くべきであり，その関係に権利性を付与すべきではない）。態様が区々多様であり，有償性や譲渡性を持つ場合には慎重に対応すべきであるが，区分所有者間で充分な合意を得た適切妥当な専用使用の関係に限っては，敢えて排除するまでも無かろう。

まず既存の専用使用権であるが，後述するようにその変更（廃止も含めて）は不可能ではないので，最低紛争を拡大しないような方向＝適正化・縮小化の方途を探ることが重要であろう。今後の現実的な焦点となると予想されるのは，既存の問題を含んだままの専用使用権を，如何にしてその変更・消滅・剥奪・損害賠償（補償）をしていくのかであろう。そしてこれからの例であるが，勿論専用使用権自体を設定しない（しかし，場合によっては限定的な専用使用の関係は認めなくてはならない）ことが肝要である。その関係のモデル，基準となり得るのが，標準管理規約の水準であり，その範囲内でのものにとどめるべきであろう。

それらの論点とは相対的に別途のものとして，この関係の理論的分析と把握の課題が残っている。

そこで，まずは上で取り上げた裁判例の中から，判例の到達点に注目したい。次いで，その持つ問題性を明らかにしよう。

(1) 判例の到達点

まず第1に，既存の専用使用権がそのまま裁判所でも全面的に承認を受けていないことを確認しておこう。否それどころか，流れの大勢は消極論，縮小論であろう。しかし，廃止論ではないのも事実である。

では第2に，個別論点を見ると，現在での到達点はほぼ次のようであろうか。分譲者への設定対価の帰属＝肯定（分譲者），廃止（消滅）＝消極？，使用料の変更＝やや積極，「特別の影響」（区法31条1項）＝個別的（受忍限度論），となろうか。

元々判決は，個別的紛争に対する一回的解決の一つである。それ故にいかなる事実関係の下での紛争であるかによってその解決は異なるから，一般化するには自ずと限界があり，上のようなまとめはあくまで全体的傾向を示す

に留まる。

　例えば，次のような点に，当然留意しなければならない。当事者は誰か（分譲者対区分所有者か，区分所有者間か，第三者は登場するのか），専用使用権の設定過程が販売型か留保型か（鎌野教授によれば，前者は『売り逃げ』，後者は『売り渡し（又は売り盗り）』『に映る』），規約と集会如何，等において差異が出て来ることとなる。

(2) 検　討

　個別論点につき幾つか検討を加える。

　(a) **設定対価の帰属**　　一連の最高裁判決によって，分譲者への帰属が追認されてしまっている。法理論上は，公序良俗違反となるか（①），委任構成の否定如何（②，④），が主要な問題点であるが，関連して「特別の影響」の解釈（③，⑤）もまた検討される必要があろう。裁判例①は，今日から見れば当初の判決であることを物語っている。公序良俗論では，この関門を突破するには困難が伴おう。しかし，判決自体も認めざるを得なかったように，分譲者の二重利得の可能性に付言していることは注目すべきである。ここでの疑問はいくつかあって，その1は価格論である。価格の妥当性・正当性，更には信憑性は如何にして担保されるのか，これは筆者の年来の疑問である。ここでの価格は，分譲に際しての専用使用権及び居室等のそれのみならず，本件では使用料もまた問題となる。後者の例とはいえ，裁判例⑧が率直に認めるように「専用使用料をいか程に定めるべきであるかは困難な問題」である。価格の正当性・妥当性（特に専用使用権分譲とその使用料によって，区分所有権が安くなっていると主張する場合等）は，極めて疑問ではなかろうか。まずは分譲者側に主張・立証責任を尽させるとともに，鑑定の助力を求めざるを得ない場合も多いであろう。「総合考慮する」といっても，どの要素がいか様にしていか程価格に反映しているかは，詳らかではない。むしろ端的に，専用使用権設定の分だけ価格が安くなっているとの議論は，虚像（立証困難）であるとみるべきではなかろうか。市場が決定するといわれようが，価格論は迷路（又は隘路）への入口であり，極論すれば，その出口はブラッ

7　鎌野邦樹教授による本稿③と⑤の評釈，判時1682号207頁（判例評論488号45頁）。

クボックスである。それ故に，信憑性が担保されることは無いであろう。その２は，対価の帰属者である。こうした価格に対する疑問に説得的な解答が示されないだけではなく，分譲代金を分譲者が取得するとはいかなる理由に基づくのであろうか，根本的な疑問がある。筆者の立場は委任（代理）論であるから，一連の最高裁判決には反対である。専用使用権も含めたマンション分譲契約に附合契約性を承認しないのは，全く不可解である（附合契約であるからといって，直ちに分譲対価が分譲者に帰属しないとの結論となる訳ではないのは勿論である。しかし，判決では余りにも「合意」に――分譲契約の一環として専用使用権設定にも「同意」した――重きを置き過ぎである。では契約書の文言＝形式的合意から離れて，どのような「合意」の解釈ができるか，どのようにすべきか，は別途検討されなければならない)。

(b) 変更・消滅（廃止）　判例上は，従来の専用使用権の変更や消滅（廃止）が全面的に否定されてはいない，否むしろ承認されてきている，といえよう。

このためには集会での規約改定が必要である（区法31条１項）が，その手続きを争う事例は主要な争点としては見当たらないようである。しかし，規約改定が「一部の区分所有者の権利に特別の影響を及ぼすべきときは，その承諾を得なければならない」（同，後段）ので，特別の影響の有無と（その影響を与えるとされた場合には）承諾の有無が問題となってくる。

恐らく最も深刻で困難な例は，分譲段階で分譲業者が販売しながら自らも権利者となり，有償（設定と使用料）で，存続期間が不明か無制限，譲渡や転貸可能，の内容となっているものではなかろうか。専用使用権者が第三者である場合には，管理組合での専用使用権変更の決議と新規約の効力が，直ちに第三者をも拘束するとは考えがたい。第三者から取り戻すにあたっては，何らかの補償が問題となってこよう。既存の専用使用権が絶大であればある

8　補充的解釈と規範的解釈につき，裁判例⑥の批判，潮見佳男，判時1703号22頁（評論495号22頁）参照。

9　補償論を展開する能力は無いが，次のような点が問題となってこよう。分譲代金を取得した分譲者が被告になるのか（管理組合か），補償対象は専用使用の対価か（分譲代金相当額の評価は含めるのか，使用料の算定もか），使用期間の考慮はするのか（時効は問題とならないのか，いわゆる元は取ったとは言えないのか），等々。損害賠償の場合でも，これらは問題となってくる。

ほど，その変更や消滅の必要が大きくなるが，同時に補償の問題が浮上してこよう。

　留意したいのは，次の点である。分譲当初では当事者間の，つまり分譲業者の意思と購入者としての区分所有者の意思（合意）が重視されるが，年月を経れば，区分所有者間での意思決定が重要となってくることが，明示的ではないにせよ（黙示的に）承認されているのではないか，と。一般的な表現をすれば，契約法理から団体・共有法理に移っている，というべきではないであろうか。その論拠として，当初の合意は背後に退き，管理組合内での決議・規約が前面に出て来ている点を多くの紛争例で指摘できよう（勿論，訴訟当事者の主張に影響されてはいるのだが）。今後はどの段階で，いかなる基準で，この質的変化を承認していくかが問われることとなる。この基準例として，例えば，販売型での専用使用権については，分譲終了後は販売者としての分譲業者は登場しなくなるので，区分所有者相互の関係としてだけ問題にすれば足りるといえよう。つまりは分譲終了をもって，質的に変化したとみる事が許されるのではなかろうか。しかし留保型においては，別途一定の年月の経過をもって基準とする以外にはないのかもしれない。

　(c)　**使用料**　　では，その変更の一態様としての使用料についてはどうか。確定した判決⑧では，有償化決議を受けた上での使用料として，「社会通念上相当なもの」につき判示している。それは，管理組合からの請求権を大幅に減額した点に問題は残るものの，裁判上で使用料が具体的に判断された例としては，大きな意義を持つというべきである。結論的には，これからの蓄積を待つしかないのかもしれない。

　(d)　**特別の影響**　　従来の専用使用権が，何らかの変更（消滅も含めて）を受ける場合には，即「特別の影響」とするかのような判断が以前は見られた（③，⑤）。しかし，未だ確定してはいない控訴審判決ではあるが，⑥ではその影響があることに消極的な判断がされている（一つの駐車場専用使用権だけが争われていない，との事情もあろうが）。少なくとも「特別の」の意義に叶う程度の影響が無ければ，安易に影響ありと判断されるべきではなかろう。

　そして，たとえ影響ありとされても，今度は「承諾」につき積極的に解釈されるべきではなかろうか。現在の実務を前提とすれば，受忍限度論はやむ

を得ない立場ではある。この見地に立つ限り，専用使用権を縮小・廃止する規約改定の「必要性及び合理性」を重視していく（反面，専用使用権者の『不利益』を重視しない）方向こそ，支持されるであろう。

ではその「必要性及び合理性」は，いかに判断されるべきか。一般的・基本的な基準として，標準管理規約が参照されるべきであろう。現実には様々な経緯や態様があるから，一律にこの基準に該当しないこともあろうが，この基準に向けそれに沿った改正の場合には「必要性及び合理性」があるとして，「特別の影響」は無い，それ故に「承諾」も不要，と解されるべきではなかろうか。但し，第三者が専用使用権者であってその者からの剥奪となる場合には，「必要性及び合理性」の認定に慎重さが要請されざるを得ないであろうし，少なくとも一定の補償が必要となってこよう。例えば，近隣の駐車料金よりも廉価での提供を受けていたような場合（第三者の専用使用権）には，安くなっていた積算部分（合計額）は補償額から減額するように考慮してもよかろう。

4　まとめに代えて

まずは簡単なまとめをしておこう。マンション形式が登場し数十年，その間の変化・発展の過程の中で提起されてきた問題の一つとして専用使用権は存在した。そして今では，標準管理規約という形で，その着地点を見つけたといえよう。こうした「権利」が紛糾をもたらす原因として登場し一定の機能を果たしてきたことをどう総括するかは，今後を見渡す立場からは深刻に考えなければならない。従って，現実的な課題としては，まずは過去の遺産の清算が必要である。より望ましい住環境の確保に向けた条件整備が，これからもなされなければならない。本稿で検討した変更・消滅（廃止）はその一環である。幸い実務も，この方向を承認しているといってよかろう。金銭的処理で解決されればその手法をとることは可能であろうが，それにも拘らず克服出来ない問題が残った場合の対処方法は，建替えに委ねることであろう。筆者は建替えファッシズムに警鐘を鳴らしているが，獅子身中の虫としてのおぞましき専用使用権を根本的に退治する方法としての建替えの意義は認めざるを得ない。法改正によって，建替えのシステムは相当拡充されたの

も事実であり，売渡請求権の行使，従来の管理組合から建替え組合への質的転換等を通じて，適切・妥当な専用使用権に転換することが出来よう。

以上，建設調査会機関誌からの宿題を，こういう形で果たさせて頂くこととした。改めて本稿を閉じるにあたり心に浮かぶのは，未だ内山先生からのご恩に応え切れてはいないことである。様々の想い―率直にいってそれは多くが悔いである―が去来するが，今後とも拙い歩みの中で先生からの学恩に応え続けなければならない，とは確実にいえる。その作業の一つとしては，余りにも本稿は拙いものでしかないこと，改めて思い知らされつつ筆を擱く。

第2節　専用使用権論
――総括と課題――

1　はじめに

専用使用権はほぼ1970，80年代から登場したが，多くの紛争の種の1つであった。その裁判における歴史を振り返れば，後述する1981年（昭和56年）に出された最高裁判決とそれ以降の諸判決例に注目すべきであろう。あわせて学説と実務での対応についても，みておかなければなるまい。

本稿は，専用使用権をめぐる現在の到達点をまずは明らかにする。そして，そこでの課題をいくつか挙げた上で，特に初期の深刻な紛争となった例の解決に向けた議論を中心に論じたい。[10]

2　現在の到達点
(1)　判決（裁判）例

まず判決例であるが，拙稿では下記の事案を取り上げた。

①　最判昭和56年1月30日判時996号56頁，判タ437号101頁，金商判616号16頁（メガロコープ平野事件）

②　最判平成10年10月22日民集52巻7号1555頁，判時1663号47

---

[10]　筆者は既にこの問題につき，論じたことがある。「マンション・専用使用権を巡る裁判例の検討」内山尚三先生追悼記念『現代民事法学の構想』89頁（信山社，2004）。以下，「拙稿」という。必ずしも多くの方の目に触れるわけではなかろうが，ご参照願えれば幸いである。本稿に必要と思われる部分はこの拙稿と重なるかもしれないが，お許し願いたい。

頁，判タ991号296頁（ミリオンコーポラス高峰館事件）

③　最判平成10年10月30日民集52巻7号1604頁，判時1663号56頁，判タ991号288頁（シャルマンコーポ博多事件）

④　最判平成10年10月30日判時1663号90頁（シャルム田町事件）

⑤　最判平成10年11月20日判時1663号102頁（高島平マンション事件）

⑥　東京高判平成11年5月31日判時1684号64頁（ライオンズマンション中野東事件。上告）

⑦　東京高判平成11年7月27日判タ1037号168頁（グラスコート板橋事件。上告）

⑧　東京高判平成13年1月30日判時1810号61頁（上告受理申立て（不受理））。前述した⑤高島平マンション事件の差戻控訴審判決

以上の判決例につき，概括的ではあるが，次の特徴を指摘できるように思われる。

全体的に指摘できるのは，専用使用権自体の違法性・否認にまでは至ってはいない点であろう。しかし，まず第一に歴史を画した①の事案をみれば，結論は容認であるが，必ずしも全面的に専用使用権をそのまま認めていたわけではない。結論はその後の⑤までの最高裁判決と同様ではあるが，一定の留保をし重要な指摘をなしていた点には注目してもよいであろう。それは「一見同一土地によって二重に利益を得たかのごとき疑いもあるが，それぞれ分譲価格は総合して収支計算し，分譲販売計画を立てることも考えられるから，同一土地から二重に利益を得たものと即断することは出来ない」と述べた点である（尤も，この読み方には争いが残るであろう。又，②の判決ではあくまで補足意見ではあるものの遠藤光男裁判官はより立ち入った重要な指摘をしたが，割愛する）。

第二には，一部の下級審では委任構成（分譲業者は被分譲者より委任を受けて専用使用権を設定した，との法律構成。本学会所属の弁護士の尽力によるところが大であった）が採用された（しかし，最高裁判所はすべて退けた。上記②，④参照）。

第三には，この間の変化として次の点が指摘できよう。初（前）期は1981（昭和56年）の①判決に至るまでで，紛争多発期である。専用使用権に対抗する理論として公序良俗違反などに依拠せざるを得なかったが，最高裁判所によって退けられた。

中期は②から⑤の判決が出された1998年（平成10年）までで，依然として

紛争が続いたが，争い方はより個別具体的になり，区分所有法に即したものに変化していく移行期・過渡期である。例えば，特別の影響や規約変更に伴う処理，有償化決議に基づく使用料などである。それらの個別論点への判断は，勿論一律ではないものの（裁判である以上当然ではある），必ずしも一旦設定された専用使用権に対してそれがそのまま全面的に容認されてはいないことに留意するべきであろう。但し最高裁判所は，実態からは遠い建前（形式）論によって判断したといわざるを得ない。

後期はそれ以降で，現在までの時期となろう。⑥判決以降では最高裁判例は見当たらないが，明らかな変化がみてとれるように思われる。有償化容認（⑥），専用使用権消滅容認（⑦），有償化の必要性と合理性を承認した上で使用料の具体的算定（⑧）などが指摘できる。後期は今までの始末をつけるべき時期，周りの事情の変化もあわさって，紛争が徐々に収束に向かって行く時期，といえるのではなかろうか。

(2) 学説

学説においては，その多数が専用使用権に消極的であり疑問を呈していたと評しても差し支えなかろう。多くの業績があるが，拙稿ではわずかの論及にとどめている。

筆者の立場は基本的には委任（代理）構成説であるが，拙稿で掲載させていただいた田中嗣久教授による一覧表によるまとめ（田中嗣久「分譲マンションにおける駐車場専用使用権の『分譲』をめぐる諸問題」法学論集（大阪経済法科大学）45号209頁（1999））に全面的に賛同しているわけではない。田中教授によれば，「管理組合は専用使用権を廃止・変更できるか」との欄で受任説ではできないとされている点には，いささかの疑問がなくはない。何故なら（確かに，一旦は分譲業者に委任したのではあるが）その委任の範囲を争う余地があろうし，その義務違反さえ問題となし得るであろうから，である。更には，分譲後においては確定的に当該部分（専用使用権設定対象，例えば共有土地）は区分所有者に帰属するのであるから，その後の集会決議や規約変更での対応を認めるべきであろう（上記の判決例でも，後期になればその種の争いとなっている）。

(3) マンション標準管理規約

この標準管理規約（単棟型）をみれば，これまでの実務的対応がみてとれ

る。本稿にかかわるのは、その14条と15条およびそれぞれへのコメントである。拙稿でも指摘したごとく、既に平成9年2月7日の日付で出されていた標準管理規約において、専用使用権はバルコニー等に限定されており（同規約14条）、主要な紛争となった駐車場に対しては単なる「使用」とされている（同15条。因みにいえば、同条2項では有償とされ、同条3項では区分所有権にあくまで従たる関係としてしか位置づけられていない）。平成16年1月23日の改定でも、それがそのまま維持されている。

この標準管理規約につき、いくつかの点を確認しておこう。

① 専用使用権なる権利を認めているのは、極めて限定的な例にとどまる。

② その例として挙られているのは、「バルコニー、玄関扉、窓枠、窓ガラス、1階に面する庭及び屋上テラス」である（同規約14条1項）。

③ 何故専用使用権の存続を認めたのか、との疑念（懸念）に対する回答と目されるのが、同条へのコメント①であり、「専有部分と一体として取り扱うのが妥当であるため」と説明されている。

④ ②の例が完全な限定列挙であるかは、安易な断定は避けるべきであろうが、具体例を挙げて規定した趣旨は尊重されなければならない。そして、②以外の例が生じたとしても、それらは「専有部分と一体として取り扱うのが妥当である」か否かによって判断されよう。

⑤ 駐車場への専用使用権は否定されたことは明らかである。従来主要に問題とされてきたこの例に対して権利性が退けられて、単なる事実の平面での使用に限定したことは極めて適切といえよう。

⑥ 無償での設定に対しては、否定的・消極的である（同規約15条2項・14条コメント③）。

⑦ 存続期間も定めるとしており、期限のない例を想定していない（駐車場使用契約書ひな形・記・1での契約期間）。

⑧ 専用使用権だけの、他の区分所有者・第三者への譲渡・転貸等は想定していない＝否定している、とみるべきであろう。

⑨ 駐車場の使用関係も、あくまで専有部分に従たる位置しか与えられていないし、その専有部分の譲渡・貸与の場合には、従前の「駐車場使用契約は効力を失う」とされた（同規約15条3項）。たとえ存続期間内であったとし

ても，その使用関係は失効する，とされた。専有部分への従たる使用関係とみてもそれが継承されない理由付けの問題が残るであろうから，一種の解除条件付とみるべきであろうか。

⑩　使用料については，有償を前提にしているし，その額の多寡についても区分所有者間の公平を確保するように配慮している（同規約15条コメント⑧）。

⑪　問題は，一旦設定されてしまった不当な専用使用権の善後策である。改めて後述するが，この困難な問題を未だ抱えたままの例が残っているように思われる。一度契約で成立した諸関係を，その後の事態を受けて区分所有者・管理組合の判断だけで変更・修正・剥奪などが出来るのかとの困難な課題があろう。この標準管理規約では，駐車場の使用についてであるが，「管理費，修繕積立金の滞納等の規約違反の場合は，契約を解除できるか又は次回の選定時の参加資格をはく奪することができる旨の規定を定めることもできる」とするのにとどまっている（同規約15条コメント⑥）。忌まわしき遺物として残存しているかつての専用使用権は分譲段階で設定されてしまっており，駐車場使用細則，駐車場使用契約等で，そもそも定めを欠くか，たとえあったとしても分譲者に都合のよいような設定がされてしまっていたのではなかろうか。

いずれにせよ，今日の段階では，現行標準管理規約のレベルに従った実務が展開されるべきことは言うまでもない。

3　課題および論点
(1)　専用使用権の態様・内実の転換

上記のように，判例の大勢は積極的容認ではないものの，否定・廃止論でもない。かつて拙稿では，判例での個別論点につき次のように述べた。「現在での到達点はほぼ次のようであろうか。分譲者への設定対価の帰属＝肯定（分譲者），廃止（消滅）＝消極？，使用料の変更＝やや積極，「特別の影響」（区分法31条1項）＝個別的（受忍限度論），となろうか」[11]。

大局的にみれば，現在の判例に対して次のようにいえるであろう。かつて

11　本書112頁。個別論点について，その後で検討しているので参照されたい。なお本稿の，3(3)，3(5)，4の論点は新たにここで論じている。

の忌まわしき遺物が裁判の場に持ち込まれて，全体が直ちに標準管理規約のレベルに達するわけにはいかないので，その途上で呻吟している段階であり，別の表現をすれば，紛争の現実がある以上それに拘束されているが，現在は軌道修正の途中にあると。

もしこうした見方が正しいとすれば，その問題は一種の既得権にある。その際の最大の懸案は，上述のごとく実際の経過の方が先行しているので，かつての専用使用権を今日の段階でいかにしてふさわしい態様・内実に転換していくかであろう。

では，そのための理屈をいくつか試みてみよう。第一は個別論点ごとのアプローチ，第二は契約論，第三は補償論，第四は一般条項の援用論である。その対象となる忌まわしき遺物としては，①分譲当初から無償，②第三者が（も）有償で取得，③存続期間の定めを欠くか長期，の特徴のすべてかそのいくつかを備えた専用使用権である。

(2) **個別論点を通した転換**

既に判決例の流れでみたごとく，後期では個別具体的な争い方に変容してきている。それは無償であったものを新たに有償化したり，権利性を場合によっては否定したり，使用料や特別の影響の判断を求めてきた。それらの結論は，全てが標準管理規約のレベルに即したものでは必ずしもないが，より望ましい態様・内実に転換されていく過渡期とみることができよう。今日ではこの流れに沿って実績を積み上げていくという路が，最も現実的であるように思われる。

(3) **契約論**

一般論ではあるが，一度契約において取得した権利等は，例外的な場合でない限り失うことはない。一般に，取消し・解除・無効の原因が，かつての専用使用権設定にあったとも直ちに断言できないように思われる。契約は守られなければならない，との法原則を正面から否定できない以上，いわば例外を想定する以外にはないであろうか（たやすく例外を見つけ出すことは出来ない）。

そこで，「契約法理から団体・共有法理に移っている」と，拙稿では指摘した。しかしこの提起とて，確たる理論的な裏づけがあるわけではない。何より，牢固とした契約＝合意に基づく拘束力との論理が存在するからであ

る。しかし，専用使用権の形成過程をみれば，契約（だけ）ではなく合同行為であるとの立論は不可能ではないと思われる。分譲業者があらかじめ用意した契約文書に署名・捺印するだけの実態があり（附合契約という契約であるが），マンションを取得するとともに，且つ，管理組合結成も含めての区分所有者相互の関係を形成するのは，正に合同行為ではなかろうか（この後者の面では，当初より団体・共有法理が働いているといえよう）。

更なる追加的論点として，契約締結上の過失や契約の余後効の議論があるが，果してどの程度の実効性があるだろうか（特に効果の面で疑問が残る）。端的に瑕疵と認定できれば（難問であろうが），その担保責任として修補という形での矯正が可能ではある。そして，消費者としての区分所有者との立場を直截的にみるべきであろう。

分譲後の長年月の経過の場合には，時効消滅として当初の権利を否定できる余地もあろうが，いわゆる物権的な利用権と目されてしまう場合には無力であろう。

(4) **補償論**

そこで矯正されるべき既得権は，それなりの（正当な？）補償をすることによって，望ましい関係へと変更していく方法も考えざるを得なくなる。補償とするための要件は二つある。一つは従来の専用使用権者の損害であり，他の一つは専用使用をなくするには適法行為でなければならない。後者は，適法な集会決議や規約改正で足り，矯正の基準としては，既にみた標準管理規約を考えればよかろう。いわばこのギャップを埋めるために，補償するわけである。とりわけ第三者が有償で取得していた場合が，この典型である。しかし，当初の設定対価とその後の利用の期間は，総合的に考慮してもよかろう（いわゆる元をとった，といえる場合もあろう）。

反論の一つとして，その対価の評価のためには補償時点のそれとすべき，との論も考えられなくもない。一般にはそのとおりであろうが，駐車場については最早かつての取扱いはされていないので，少なくとも減価は可能であろう。補償の責めは誰が負うのか。第一次的には設定対価の取得者である（分譲業者との三者の関係となったとき，その諸関係を規律する法理の展開をここでする余力はない。しばしば現実的には，既に分譲者はいない例があろう。その場合には，補償

による矯正を請求する現区分所有者とならざるを得まい)。専用使用権を失う者に生じる損害とは，一体いかなる損害かとともにその額も問題とされるべきであろう。

(5) 一般条項の援用

援用（適用）できそうな法理としては，事情変更の原則，行為基礎論，信義則・権利濫用，公序良俗があろうか。そしてこれらの法理の援用が承認されれば，上記の契約論も補償論も不可欠なものではなくなるであろう。筆者としてはこれらの援用を主張したいのだが，長短相半ばするというのが率直な立場である。

分譲が完了し，業者が既にいない，設定後の期間が長いだけでなく，集会や規約で適正な専用使用権（専用使用関係）に変更されている，使用細則等で定めをおくようになった等の事情（行為基礎）の変化があればあるほど，前二者の法理を活用する可能性が大きくなりそうである。

信義則・権利濫用と公序良俗は，そのままでは援用に困難を伴う。むしろ変更にあたっての交渉過程で，法外な既得権を主張する側に対する規制のための法理と考えることもできる。

更に，これらの法理を援用した場合，その効果をいかに考えるか，直ちに無効となるのか，単なる損害賠償で足りるのか等の問題も残る。

4 建替え

2002年（平成14年）の区分所有法改正で，建替え規定が拡充された。安易な建替え推進は慎むべきであるが，本問題を考えた場合には参考に値する。

裁判での個別的対応では，当然限界がある。又上記のいくつかの法理を活用しても，直ちに標準管理規約の水準を確保できるかは，まだ検討の必要を残していよう。

そこで既存の専用使用権も含めたドラスティックな変更として，建替えが注目される。新たに，標準管理規約のレベルに応じた内容の専用使用の関係とする建替え計画を立てるのである。売渡しまたは買取請求権の対象に，この権利（関係）が含まれるかは自明ではないが，その対象と考えざるを得ないであろう。否むしろ，建替えを契機として，忌まわしき遺産が払拭されれ

ば，建替えの功の数少ない（？）一つとすることには，筆者もやぶさかではない。その適用としては，従来の管理組合がそのまま継続するのではなく，新たに建替えを目的とした団体が法定された，つまりそこに質的な転換が可能とされた，この点に求めることが出来る。

建替えは究極の管理であるから，従来の遺産をそのまま継承しない全く新しい（その内容は，さしあたり標準管理規約に従った）専用使用の関係を，管理の一環として形成できる道が開けることとなろう。

5　小　括

何よりも専用使用権は過去のものになりつつあり，現在では標準管理規約にその扱われるべき姿を確認できる。少なくとも今後の実務においては，その内容と水準が確保されるように努めなければならない。従って今後は，改めて専用使用「権」なる用語・概念で，この関係が語られることは無くなっていくはずであろう。一刻も早く，過去の遺物が無くなることこそを望む。[12]

---

[12] 因みに別の場面ではあるが，新たな専用使用権の提起が登場している。玉田弘毅「建物区分所有法上の団地と団地関係に関する一考察」ＮＢＬ770号59・60頁参照。
補注：鎌野邦樹　判批　最（一小）判平成10年10月22日別冊ジュリスト No. 192（不動産取引判例百選［第3版］）192頁，花房博文　判批　最（二小）判平成10年10月30日同194頁，がある。

第3章 マンション建替えの検討

第1節 マンション建替え小論
——要件論を中心に——

1 はじめに

　昭和30年代から本格化したマンション形式の集合住宅は，建替え問題を正面から問われる時期がやがて到来すると予想されていた。ところが，その到来以前に阪神・淡路大震災が襲来した。この大震災を直接ないし間接的な原因として発生した紛争につき，学説でも議論が活発になされるようになり，下級審裁判例が登場しつつある。本稿では，現在までのところ出された三つの裁判例を取り上げることから，この建替えを検討する。

　本テーマについては，既に鎌野教授の手になる詳細かつ先進的な研究がされている。本稿はそれに依拠しており，果してどれほどそれに比して独自の意義があるのか疑問も残りはするが，筆者なりに論点を絞り，且つ敢えて論争的に検討してみたい。もし，何らかの新しい別の意義があるとすれば，建替えにつき一定の——未だ中間的総括にとどまるが——類型を使用することによる整理を試みた点であろうか。又，思わぬ大震災が阪神・淡路地方を襲ったことから，先見的な立法を有しながら必ずしも従来十分な検討がなされてこなかった建替え問題につき，いわば緊急に現実的対応を迫られることとなった経過・経験がある。そのことは，次のような課題を提起することとなろ

1　但し，大震災に直接起因する訴訟は後述する第三事件のみである。そして，第一事件のみが，今日までのところ確定している。他の第二，三事件はいずれも控訴中であるが，この種（マンション建替え）の紛争で初めて判決が出された点に注目し，未だ不確定ではあるが検討する価値があると判断した。

2　筆者が本稿で主要に検討対象としたのは，鎌野邦樹「マンション建替え論序説(1)」千葉大学法学論集13巻2号23頁，1998年，である。それ以外にも，「同（2・完）」同論集14巻4号215頁，2000年，後述する比較法研究ノート（共著），「区分所有法61条7項の買取請求権の『時価』について」同論集14巻1号43頁，1999年，そして稲本洋之助氏との共著『コンメンタール　マンション区分所有法』1997年，日本評論社（以下，『コンメン』と略す）等がある。

う。本稿の採る類型に拠れば被災型になるこの経験から、いかにして老朽化型への理論化を図るか、架橋出来るのか、その関連と差異は一体どの点に見出すべきなのか、との点である（本稿は未だその道の途上でしかない）。

なお、大震災の経験・反省も加わって、区分所有法の改正論議が開始されその成り行きにも注目しなければならないが、本稿はあくまで現行法を前提にして立法論は取り上げない。又、議論の対象としては居住目的のマンションを主要に想定し、営業用や事務所用の区分所有建物は付随的に扱う程度にとどめる。更に、「被災区分所有建物の再建等に関する特別措置法」（平成7年法律第43号、1995年3月24日公布・施行）も検討の対象としない。独自の議論が必要と思われるからである。

以下、最初に建替え手続き等の概要につき、図を用いることで明らかにしておいた方がよかろう（次頁フロチャート参照）。次いで比較法、裁判例の紹介とその検討を、要件論を中心としつつ進めていく。

2 比較法

主要にドイツ法とアメリカ法での取り扱いを、簡潔に見る[3]。

(1) ドイツ法

管理の基本として、住居（＝区分）所有権者は「（単純）多数決により、共同財産の性質に適合した秩序ある管理について決議をすることができる」（住居所有権法21条3項。但し、規約による特則が設けられている場合がある）。しかしながら、「共同財産の秩序ある維持又は修繕の範囲を越える建築上の変更及び出費については」単純多数決で決することも、その請求もできない（同法22条1項）。つまり、全員の同意を要する。又、建物滅失についての規定があり、まず第一に、建物価格の2分の1を越えない（以下の）場合について。単純多数決で原状回復＝修繕・復旧をすることができる（こととなる）。次いで第二に、建物価格の2分の1を越える場合について。条文の体裁とし

---

[3] この分野でも既に鎌野教授の手になる紹介がある。鎌野邦樹・竹田智志「研究ノート・区分所有建物の修繕・再建（復旧・建替え）及び終了をめぐる比較法研究覚え書き」千葉大学法学論集15巻3号165頁、2001年。今日での該当分野では、最も詳しい紹介と分析である。なお、筆者も、不十分なものではあるが、オーストリアとドイツそして日本との比較をしたことがある。「資料・区分所有関係の消滅と再生—基礎作業の一つとして」亜細亜法学32巻2号249頁、1998年。

128　第3章　マンション建替えの検討

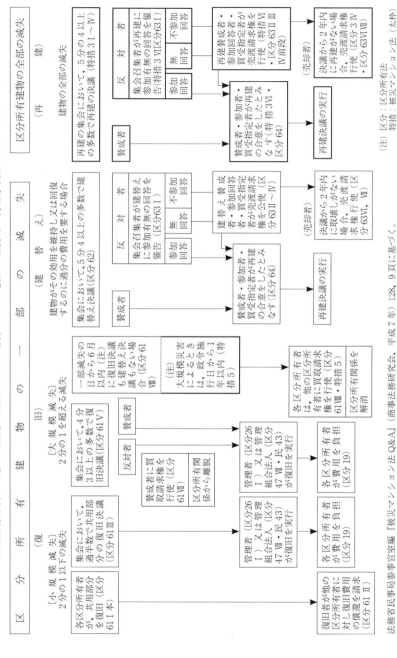

て,「かつ,その損害が保険その他の方法により塡補されないときは」単純多数決では決することができず,その請求権もない,と規定されている(同法22条2項)。つまり,建物再建のためには全員の同意が必要となる。留意しなければならないのは,損害塡補に係わってである。明示されている保険以外にも,加害者への損害賠償やいわゆる修繕積立金も含まれる。こうした損害塡補の手段が在る以上は,常に再建義務が発生することとなる。同時にその再建義務は,22条1項の範囲を越えない場合及び第一の場合(2分の1以下)であって,損害塡補がなくとも発生するとされている。この再建義務を「無条件に発生する」とするのは観念的過ぎようから,普通決議=単純多数決の手続きはとる必要があるであろう。又,ドイツ法では,日本法でいうところの復旧と建替えの相対的で緻密な区分は採用されているとは考えがたく,再建概念で一括されていると思われる。

では,終了(消滅)についてはどうか。右に述べたとき以外の場合(例えば損害塡補がないとか決議が過半数に満たない場合)に加えて一般的な区分所有関係の解消の場合,がある。

(2) アメリカ法

統一コンドミニアム法がモデル法として存在し,それに従った州も多数(12州といわれている)あるが,独自の法規定を有する州もある。[4]

---

[4] 1981年の段階で,コンドミニアム法の拙い紹介をしたことがある。「アメリカにおける集合住宅法(Condominium Act)」建設総合研究30巻1号15頁。基本的に当時のPowell on Real Propertyに拠ったものであって資料的に古いのは否めない(そして,過ちがあるかも知れない)が,関係する部分を若干紹介しておく。

Condominiumの場合は,殆ど制定法によって規定が与えられており,それには次の三類型がある。その一つは,毀損・滅失が建物の3/4か2/3以上である場合には,再建義務はないcompulsoryとする。その二は,Codominiumの消滅(解消)に反対するunit所有者全員の合意がない他は,保険金と土地の売却金につき規約の規定に従うか,又はそれがない場合には所有者の3/4の決定に従って,権原のあるunit所有者に比例的に分配する。しかし再建されることになれば,規約に従うか,又はそれに代わるunit所有者の合議による決定が優先的となる。その三は,連邦住宅局のモデル法に則った方法である。財産の全部又は一部の毀損又は滅失の日より一定期間内(州によって30日から3年)に,所有者団体で修繕,改築,再建を決めなければ,財産は所有者全員の共有に属する,とする。その持分比は,従来の共用部分に対して有していた不分割権の比率による。住居に関するmortgage,信託証書,先取特権は,法律の規定によってunit所有者の持つ不分割権上の持分権に優先して処理される。加えて,財産は所有者による分割訴訟の対象になり得るが,その際の実質的な売却金(更に,もしあれば実質的な保険金も)は一の基金となり,従来の不分割権の持分比でもって,各所有者に分割される。但し,その分割金の分配は,各所有者による不分割権に付していた全ての担保権を消滅させた後になされる。

アメリカ法の特徴は，他国の法制度と異なって区分（= Unit）所有者の意思だけで一括売却なる方法を認め（但し，キャリフォーニア州法を除くと，鎌野・

Condominium の毀損や減失，更には再建の問題をめぐっては，まだ動きが定まっていない。相対的にいえば，三番目のモデル法が比較的に優れているように思われるが，制定法がない場合には，類似の規定を宣言や規約に置くべきである。

尤も三の様式を採用したとしても，全く問題がないというわけではない。というのは，建物が毀損・減失しても再建しないと決定した場合には，従来の所有者に未履行の権利 executory interest を設定したことになり（= contingency?） Common Law 上の永久拘束に該当するのではなかろうか，との疑問が生ずるからである。もしそうであるならば，右の決定は無効 void になってしまうが，そもそも Condominium のような集合住宅に伝統的法理を適用するのは正しいことであろうか。準則の例外，適用外のものとして扱う方が適切であろうし，その旨を明文で規定する立法さえ存在する。

毀損・減失の処理につき法規定を欠く場合に考えられる解決策の一は，各 unit により占有されている空間に復帰条件付不動産 determinable fee を創設することである。その創設方法は，㈠まず開発者（不動産業者）が，Condominium 全体をダミー strawman に譲渡する deed。㈡今度はダミーが，開発者に全ての unit に関する復帰条件付不動産権と，その unit を除いた Condominium の全体の所有権を譲渡する。㈢そこで開発者は，個々の買い手に復帰不動産権 reverter の付いた unit と，それに加えて全ての必要な地役権及び各 unit の従物と共同空間内の共同借地人としての不分割権を譲渡する。㈣最後にダミーが，同じ買い手に㈢と同様にして，全ての unit に適用となる復帰不動産権付の不分割権を譲渡する，というものである。

右の手続を経て取得された復帰条件付不動産権によれば，建物が毀損・減失した後に再建の決定がされない場合には，所有者（買い手）を全体の共同借地人として留保させつつ，復帰条件付所有権は消滅する。その後，財産は分割手続によって処理されることになる。

尤も，この手続きによると同一人（買い手）が復帰条件付不動産の所有権者であると同時に，復帰不動産の権利者（復帰可能性のある不分割の共有者）でもあるから，いわゆる混同 merger の問題が生ずる余地がある。しかし Condominium の場合には，その企画が存続する以上，同一人が同じ権利，権原上にそれぞれ双方共に利益を有すると考えられるので，混同とはならず，ある裁判例によっても「正義の目的に最も役に立つから，equity は混同を生ぜしめないか，許すことになろう」と述べられている。

多くの州では，こうした復帰権付不動産権の存続期間として 20 年から 50 年が定められているが，所定の期間が経過した後には，再登録することにより延長させることが出来る。

この権利は，金融関係では好まれていずに，抵当会社はこの権利を利用した集合住宅を対象とすることが少ないという。それは付保の目的物としての安全性に欠ける，との理由によるようだ。

毀損・減失により権利関係が消滅するに際し，譲渡抵当権者 mortgagee は設定者 mortgagor の持つ不分割権を実行し得るが，それ以外は通常の場合と同一であって，保険金に対する設定者の持分を取得，すなわち物上代位し，必要ならば財産の司法上の分割も可能である。

更に毀損・減失を扱う理論として，地役権，アパート論について最後に触れておこう。地役権論またはアパート（メント）理論によると，共有の絶対単純封土権は，土地と共用部分のみならず空間をも譲渡の目的物とされる。又この所有権は物理的なアパートとしての不動産の一部を構成する壁・床・天井に対しても権原の拡張がなされる。というのは，アパートや unit に付属してその境界内に含まれる空間の使用と占有について，排他的な地役権が譲渡される，と解釈されるからである。とはいえ，（詳細の論述はここではなし得ないが）建物が毀損・減失し再建の決定がなされない場合には，空間に対する地役権は消滅し，居室保有者は土地と処分財産と共有するものとしての居室の空間を保持する，との結果になる。

竹田右記研究ノートは指摘する），区分所有関係を終了する道を有することである。要件としては，特別多数決なる主観的要件＝多くは議決権の80％以上だけを要求している。勿論のこと，一括売却の後は，その代金を区分所有者に分配する。コンドミニアムが何らかの機能不全に陥った原因，例えば滅失等，を顧慮することなく，しかも一括売却なる方法を採用しているのは，いかにもアメリカ的な制度であるといえようか。一括売却に至らない場合には，各区分所有者は分割の請求ができ，その結果他の区分所有者が当該Unitを共有する。又，コンドミニアム法では，部分的な（大規模であれ）滅失・毀損に際して，管理組合（団体）に修繕・復旧義務を課してはいる（但し，特別多数＝80％以上で修復を認めない場合には，その義務は発生しない）。なお，その他参考に値すると思われる点として，老朽化の基準として50年の経年（変化）を規定する例がキャリフォーニア州法にある。[5]

(3) その他

鎌野・竹田右記研究ノートによれば，大規模損傷・滅失等と老朽化の場合を区分する立法例があるという。ブラジル，アルゼンチン，ウルグアイ，グアテマラであって，「ブラジルでは，滅失等の場合には過半数での再建又は売却の決議を認めるのに対し，老朽化の場合には3分の2以上での売却決議しか認めず，また，グアテマラでは，滅失等の場合には再建決議が可能であるのに対し，老朽によりその程度が生命・健康を危うくする場合には即時に区分所有関係の消滅を認める」と指摘している。[6] 日本法にとって，参考に値しよう。

又，同研究ノートでは，日本法の「比較法的に見て極めてユニーク」な制度として，終了を認めず再建のみを認める点，老朽を理由とする建替えを認める点，の二つを指摘している。

3 裁判例

マンション建替えをめぐって争われた三つの裁判例を取り上げる。以下，第一事件＝「カーサ西新宿事件」，第二事件＝「新千里桜ヶ丘住宅事件」，第

---

5 鎌野・竹田研究ノート，前掲注3，183頁。
6 同右，205頁。

三事件＝「グランドパレス高羽事件」であり，それぞれ第一，二，三事件と呼ぶ。

最初に，再開発による建替えが争われた例（第一事件）をみる。この判決では区分所有法62条による建替えの決議は無効と判示された（確定）が，既にこうした例が出てきており，この種の手法による建替えを巡る訴訟も今後出ることが予想される。次に，千里ニュータウンで1967（昭和42）年に分譲された集合住宅で建替えが争われた例（第二事件）を取り上げる。そして最後に，今次の震災後の建替えが争われた例（第三事件）をみる。

(1) 第一事件

東京地判平成9年12月11日（カーサ西新宿事件。判タ970号280頁）。カーサ西新宿は，1979（昭和54）年に竣工された区分所有者54名の旧耐震基準で建てられたマンションである。その後周辺土地一体の再開発事業が計画され，管理組合はこの再開発事業に参加するべく1995（平成7）年に臨時総会を開き建替え決議をした。その計画（決議内容）によれば，別の新たな土地・建物との等価交換で区分所有者の負担はなく，専有面積は1.3倍になる。ところがこの建替えは再開発事業の一環としてなされ，従前の敷地から少し離れた別の場所に新たに建築するとなっていたので，併せて総会では敷地変更の決議もした（建替え決議に伴う手続きとして，別途の決議も必要と判断したのであろう。筆者＝片桐注）。両決議は5分の4以上の賛成で可決された。そこで，決議賛成者Xは，建替えに参加しない旨を回答したYらに対して売渡し請求権を行使し所有権移転と明渡しを求め，Yらは決議の無効を主張した。

判決。「区分所有法21条の敷地の『変更』とは，敷地の物質的変更，たとえば，庭をアスファルトで舗装して駐車場とすることを意味し，譲渡等の処分を含まないから，敷地の譲渡等の処分をするには共有者全員の同意を要する。本件建替え決議の内容がカーサ西新宿の区分所有者が有する区分所有権及び敷地権の譲渡を包含することは，右事実から明らかであり，これを敷地の『変更』として区分所有法21条の多数決により律することはできない。したがって，本件建替え決議と同時に行われた敷地変更の決議は無効というほかなく，これによりYらの敷地権は何等の影響を受けない」「再建建物の敷地がカーサ西新宿の敷地上にないことは明らかである。本件建替え決議

は，いわば旧建物の敷地を等価交換により処分して新たな土地を取得し，その土地の上に再建建物を建築する形の建替えであり，旧建物の敷地を処分するには共有者全員の同意を要することとあいまち，区分所有法62条が予定する建替えの範疇を逸脱しているものと言わざるをえない。よって，客観的要件の存否について判断するまでもなく，Xの請求は理由がない」。

(2) 第二事件

大阪地判平成11年3月23日（新千里桜ヶ丘住宅事件。判時1677号91頁，判タ1038号275頁。控訴）。いわゆる建替え非参加者が参加者に対し（及び買受指定者と間で），建替え決議の無効確認を争った事件である。結論は決議の有効と売渡請求の認容であるが，将来のリーディングケースとなり兼ねないので，少し詳しくみてみよう。

1967（昭和42）年大阪府住宅供給公社による分譲，全棟4階建ての12棟，272戸，住宅管理自治会による自主管理，一戸あたり面積約56〜57平方メートル，エレベーター・ベランダの防水施工・洗濯機置場無し，建坪率17.9％，容積率68.2％，が住宅の概要である。なお，本件住宅の管理費は近隣同種の住宅に比較し甚だしく低額であるとの特徴がある。1987（昭和62）年に建替え検討委員会発足，1996（平成8）年に至り建替え決議（区分所有法62条）に向けた動きが具体化し，その計画は，事業者を加え等価交換方式で最高24階建ての区分所有建物7棟，戸数約500戸，権利床平均75〜80平方メートル，である（都市計画法上の用途地域は第一種高層住宅専用地域＝建坪率60％，容積率200％，で第二種高度地区）。同1996年4月各棟毎の区分所有者集会で建替え計画に基づく建替え決議が可決され，同年8月には建替え参加者代表者から建替え非参加者に対し売渡し請求権が行使された。そこで，同年12月，非参加者より建替え決議の無効確認を求めて提訴されたのが本件である。

判決は，各棟建物の状況をるる詳細に述べたてた後で（筆者からみると，ことさらあげつらっているように感じる），次のように述べる。建替え決議の要件として「建物の効用維持回復費用を要する原因が物理的な事由によることを要するというべきであり，損傷，一部滅失と異なり，老朽については物理的事由に限定されず社会経済的な事由をも包含するとの主張はにわかに採用しが

たい」「建替えの相当性といった問題は，建物の価値その他の事情として費用の過分性判断に際して考慮されるべき事情と言うべきである」。老朽とは，「建替え制度の設けられた趣旨に従って解釈されるべきであり，年月の経過によって建物としての物理的効用の減退はあるが，いまだ建物としての社会的効用を維持している状態をいう」，本件では「建物軀体の老朽化は否定できない」「少なくとも大規模修繕が不可欠な時期が到来している」「鉄筋の住宅施設の標準的な経済耐用年数は35年ないし40年，設備のそれは15年とされている」。

効用の維持回復費用につき，「一戸あたり500万円強の費用を要する補修工事が必要となっている」「法62条が『建物』の効用維持回復費用を念頭に置き，共用部分のそれに限定していないことは法文上も明らかであ」る。「仮に，管理費やそれまでに投じた補修費用が低額にすぎて管理に不十分さがあったとしても，それ自体が本件決議の効力を左右するものとはいい難い」。

費用の過分性につき，それは，「当該建物価額その他の事情に照らし，建物の効用維持回復費用が合理的な範囲にとどまるか否かの相対的な判断であ」る。建物価額は，「補修にかかる費用対効果を考えるうえで大きな要素を占めるものというべきであり，同時に，その他の事情を考えるにあたり，建物の社会的陳腐化をはじめとする社会情勢，生活情勢の変遷への対応の程度を考慮することも許される」「ここにいう効用維持管理費用は改良費用を含まないものであるから，補修時において算定される必要費用を投下しても，所詮は建築時における当該建物の住宅機能しか維持回復できないのであって，この点を捨象して相当性を論ずることはできない」「一戸あたりの建物価額が300万円であり，当面必要な補修費用でも，控えめにみて一戸あたり500万円強の費用を要」（するが）「回復される建物としての機能は建築時である昭和42年の建物としての機能水準にとどまり，占有部分の狭隘さを初めとして，エレベーターや洗濯機置場がないなどの生活上の不便さは解消できないのであって，これらを総合勘案すれば…各棟建物は，建物価額その他の事情に照らして，効用維持回復に過分の費用を要するに至ったというべきである」。

建替え手続きにつき，団地管理規約では「法62条の建替え決議には管理自治会の総会の決議を経なければならないと規定されていることが認められる。しかし，法66条は団地における建物区分所有に関する規定の準用規定において法62条の場合を準用していないのであって，本件のような建替え決議は各棟建物ごとの区分所有者の集会で決議されるべきことは当然といわねばならない」「右規定は法66条に抵触するものとして無効と解すべきである」。

売渡し請求につき，「本件における買受指定者は，建替え決議と同時に付帯決議により指定されており，この点において明らかな手続き違背が存在するものといわねばならない。しかし，本件決議は（当該棟における）集会では，非参加者らだけが棄権し，その余の区分所有者全員が賛成したのであるから，結局は，右決議に加わった区分所有者と建替え参加者が一致しているのであるから，右のような手続き的瑕疵は治癒されるものと解するのが相当である」。

(3) 第三事件

神戸地判平成11年6月21日（グランドパレス高羽事件。判時1705号112頁，判タ1035号254頁。控訴）。グランドパレス高羽は，1980（昭和55）年に建築された12階建てのマンションである（住戸177，店舗1）。1995（平成7）年1月17日に被災したところ，種々復旧・復興に向けた活動がなされた後の1997（平成9）年1月12日に開催された（再度の）臨時総会で，建替え決議が投票者数175名のうち148名の賛成で可決された。そこで建替え賛成者から賛成しなかった者に対し売渡し請求権が行使されたので，建替え非参加者Xからは建替え決議の無効確認が，参加者Yからは売渡し請求に基づく手続きが，それぞれ提訴された。

判決。費用の過分性につき，「区分所有建物が，物理的な効用の減退により建物の使用目的に応じた社会的経済的効用を果たすために社会通念上必要とされる性能を損ない，その効用を維持，回復するために必要な費用が相当な範囲を越えるに至ったことをいう」「効用の維持，回復に必要な費用が相当な範囲を越えるに至ったか否かは，建替え決議当時における当該建物の時価と建物の維持，回復費用との比較のみによって判断するのではなく，建物

の利用の不具合その他建物の現状，土地の利用に関する四囲の状況等，建替えの要否の判断に際して社会通念上検討されるべき諸般の事情を総合考慮し，区分所有者が当該建物を維持することが合理的といえるかどうかによって判断すべきものと解される。そして，建物の効用の維持，回復に必要な費用は，建物の使用目的や効用の要求水準という区分所有者の主観的な価値判断に左右されるものであるから，右費用の認定に当たって，建物がその効用を果たすべき性能水準についての多数の区分所有者らの主観的判断は可及的に尊重されるべきである」。

費用の過分性は，「建替え費用」と「建物の効用を維持，回復するための必要な補修費用」とを比較して，後者が前者の50％を超えるかどうかで判断すべきとのアメリカ流のいわゆる50％ルールの主張は，しりぞける。

「本件マンションの住戸部分は3つの棟，5つのブロックに分かれているものの，建物下部の基礎は各棟ごとに共通であり，各棟は廊下によって中央のエレベーターホールに接合し，外壁もほぼ連続していて，いずれかの棟のみを取壊して再築することは極めて困難と考えられる。そうすると，本件マンション全体を物理的に一体不可分の建物とみるべきであり，建替え決議の要件は，その全体について判断するのが相当である」。

売渡し請求での時価とは，「売渡し請求権行使の当時における区分所有権及び敷地利用権の客観的取引価額をいうものと解される。そして，客観的取引価額は，建替え決議にかかる建替えを前提とした場合と，これを前提としない場合では大きく異なると考えられるところ，売渡し請求権行使の時点では，建替え決議がなされているのであるから，右『時価』は，建替えを前提とした取引価額によって算定されるのが相当である。ところで，建替えを前提とする区分所有権及び敷地利用権の客観的取引価額をどのように算定するかは問題であるが，通常，建替え決議が行われるのは，区分所有建物の経済的価値が失われるか，又は，著しく低下し，建物の維持，存続が却って敷地の有効利用を阻害している場合であると考えられる。このような場合，建替えを前提とする区分所有権及び敷地利用権の客観的取引価額は，建物を取壊し，更地として有効利用が可能な状態となった敷地の価額から建物の除去費用を控除した金額に近似すると考えられるから，同項にいう『時価』は，更

地となった建物の敷地の価格から建物除去費用を控除した金額によって算定することが相当である」。こうした「時価の算定にあたって現在の建物の損傷程度を考慮することは適切ではない」。

「売渡請求における代金額（『時価』）は，具体的代金額の有無や提示された金額にかかわらず客観的に定まるものであるから，売渡し請求権行使の際に具体的な代金額を提示しなくても，当該売渡し請求は有効であると解すべきである。また，売渡し請求権は形成権であり，売渡し請求の意思表示の到達と同時に売買契約が成立すると解され，代金の提供がないことによって売買契約が無効となるものではない」。

再売渡し請求（区分所有法63条6項）は，「建物の取壊し工事に着手しなかったことにつき正当な理由があるときは認められないものであるところ，本件マンションの取壊し工事に着手できないのは，売渡し請求被告らが本件建替え決議の有効性を争い，任意に建物（占有部分）を明渡さないことが原因となっているのであるから，工事に着手しなかったことにつき正当な理由があると解すべきである」。

4 裁判例の検討

右に紹介した三事件を，順次検討したい。

第一事件は（再）開発型建替え，第二事件は（一応ここでは）老朽化型建替え，第三事件は被災（災害）型建替え，と特徴づけ分類できよう。

(1) 第一事件

本件は（再）開発型建替えの事例であるが，いわば訴訟上のミスマッチであって，当事者（建替え推進者）は別の方法で恐らくは引き続き建替えを推進しているであろう。社会的には，こうした乱開発ともいうべき再開発においても区分所有法が利用・「活用」されんとする事態を，どう見ればよいのであろうか。判決は常識・良識的判断をした，と評価できよう。（再）開発型では，区分所有関係が（再）開発という大目的の手段としてのみ利用されているだけであり，この第一事件では，推進側がその方法を取り違えただけである。法の技術性自体を全面否定できない以上，再開発の場面で区分所有法上での建替えが使われることもあることは認めざるを得ないが，果してそれ

は本来的・本格的な区分所有法の想定していたものであるのか，との問題がある[7]。事実，本件では，第一審での棄却判決で確定しており，再開発推進者（必ずしも判決文からは明らかではないが）は，他の方法を使って進めていることを予想するに難くない。恐らくは都市再開発法に基づく市街地再開発事業として展開されるのが，素直であろう（あるいは地方公共団体が主体となっての事業としても，展開される可能性もあるが）。本件に（だけ）について言えば，正に一種の勇み足，「逸脱」の一例であった。判決自体の評価は，妥当であり，当該判決文で語られていることで十分であろう。

　一私法の中の特別法たる区分所有法が，開発法制の侍女たる位置に貶められている，といえようか。開発法制，ないしは都市法の中で，区分所有法の占めるしかるべき位置が明らかにされなければならない。

(2) **第二事件**

　本件は類型化のために老朽化型建替えと特徴付けたが，本件の実態を見れば様々な問題を含んでいることに気づかなければならない。それは一言でいえば，管理放棄による建替え誘導と見るべきではないか，との疑問が払拭できないからである。それ故に，本件の一般化にはおのずと慎重になることが要求される。本件と第三事件は，いずれも控訴されており，未だ訴訟としては確定していないのであるが，そこでの判旨は建替えを論ずる際に十分な素材を提供してくれていると思われる[8]。

　まず，訴訟で直接争われた論点から見ていく。

(a) 建替えのためにはその決議が出発点であり，その要件としては，次の二つを必要とする（区分所有法62条1項）。第一は形式的・主観的要件であっ

---

[7] このように言うと，居住目的だけが区分所有ではない，との反論があろう。事実，区分所有法は「住居，店舗，事務所又は倉庫その他建物としての用途」と規定している（1条）。従って，その点では批判は正しく，居住用だけが正当であるとの断定は軽々にはするべきではなかろう。ところが本件では，地区，区画又は地域全体を含めた再開発がされているようで，その中に本マンションも含まれており，このマンションは居住用であると思われる。開発型の一つの問題はここにあるのではなかろうか。店舗や事務所という営業目的での区分所有ならば，自ずと居住とは異なる所有・利用関係があってもよい。しかし居住の場合は，最低当該地区内でのある種の居住ゾーンの確保が必須と考えるべきではないだろうか。

[8] 少なくとも今日の段階では，老朽化型と被災型の区別はさほど自覚的にもなされておらず，判旨としても共通する部分があることは否定できず，まずこの第二事件で検討を加える。この項の最後の個所で，二つの類型につき少々の言及をしたい。

て、「区分所有者及び議決権の各5分の4以上の多数」である特別多数決、第二に実質的・客観的要件として「老朽、損傷、一部の滅失その他の事由」なる物理的な効用の減退を原因としつつ、「建物の価額その他の事情に照らし、建物がその効用を維持し、又は回復するのに過分の費用を要するに至った」と規定するいわゆる費用の過分性、である。

　この二つの要件はそれぞれ独立して判断されるべきで、後者は文字通り客観的な判断であって、区分所有者の主観が排除される。その意味は、勿論例えば（現行制度では第三者的な独自の判定機関は設けられていないから）裁判所が先見的・専権的になすということではなく、区分所有者がまずこの判断をなすわけであるが、（通常の争いと全く同様にして）それにはこの客観的要件を備えていなければならないということである。それ故に、この客観的要件を有しないままの特別多数決は、その効力を否定され無効とされるべきである。尤も、当然にしてここで想定しているのは全員一致の例ではない。全員が建替えで合意する場合には、この客観的要件は要求されない（合意をめぐる一般的な問題はあろうが）。それとの対比でもここでの建替えは、5分の1に満たない区分所有者の意思に反し、多数者からの売渡請求によって強制的に彼ら少数者に財産の移転をさせることまで容認する趣旨から考えて、客観的要件を欠く決議は無効と解されよう。

　形式的・主観的要件については、格別に論及する必要はさほどないであろう。区分所有権の共有の場合には、頭（員）数は一である。等価交換方式等において、議決権が特定の区分所有者に多く与えられている場合には、その区分所有者の頭（員）数は一であるにもかかわらず議決権の点で大きな影響力を与えることがある。

　この要件の緩和又は厳格化は、どうであろうか。普通決議でもなく、4分の3でもなく、建替えについては特別に5分の4と定めている法の趣旨から考えれば（立法上の議論を置いて）、緩和は許されないこととなる。では厳格化についてはどうであろうか。規約の一般規定たる31条を両面的強行規定としつつ、その他の特別多数決規定を（62条も）片面的強行規定とする解釈がある。厳格化については、許容してもよかろう。

　(b)　物理的な効用の減退として、法は「老朽、損傷、一部の滅失その他の

事由」と規定する。建替え決議に至る原因を定めたものである。建物の「老朽，損傷，一部の滅失」は例示であり，「その他の事由」とは構造上の基本的欠陥とか建築後の敷地内での活断層の発見などが挙げられている[9]。

　論点が二つある。一つは建物全体の朽廃・滅失は「その他の事由」となるのか。二つは効用の減退は物理面に限定されるのか，社会的なそれは考慮してもよいのか。その一。確かに朽廃と老朽，全部滅失と一部滅失は相対的な面があり，それ故に建替えの類推適用を論ずる余地が出てくる[11]。前者では「復旧」の余地は何らないし（後者では区分所有者の主体的判断で，復旧決議をすることもできる），建替えは取り壊すとはいえ現に建物は存在している，との点では質的には異なるといえる。少なくとも「その他の事由」に正面から含ましめるのは行き過ぎだろう。しかしそれは理論面での区別にとどまる，との理解もまた可能ではなかろうか。常にこの截然たる区別が可能とは考えがたい。現に被災特別措置法は全部滅失の場合，再建決議で全員一致を要求せずに「敷地共有者等の議決権の5分の4」を要件としている（同法3条）。類推適用の余地は，認めてもよいのではなかろうか。その二。社会的陳腐化は社会的な効用減退と同義であろうか。この要件の効用減退なる基準は，建物の利用価値の面で捉えられる。そうすればその利用の判断において，単に物理的側面のみならず社会的な要素も入り込まざるを得ない，とも考えられる。第二事件において建替えが主張された論拠・背景には，この点の存在が無視できない。具体的にはエレベーターや洗濯機置き場が無い，等である。しかし，この要素を客観的要件の中に含める（「その他の事由」）には，疑問が残り消極的に解すべきである（老朽一般については，後述する）。判旨は正当である。

　次なる客観的要件は，費用の過分性と称されている，「建物の価額その他の事情に照らし，建物がその効用を維持し，又は回復するのに過分の費用を要するに至った」ことである。過分という以上は，通常の費用で効用を維持するか回復することができる場合には，建替えとはならずに修繕・復旧の方法をとることとなる。

9　『コンメン』328頁。
10　同前，324頁。
11　『コンメン』は類推適用にも反対。同前，325頁。

この要件は次の第三事件においてより深刻に争われているが、老朽化型においても当然必要とされる要件であるからここで見ておく。

現行（執筆当時）62条の立法過程での議論では、特にいわゆる「効用増」目的の建替えが排除された点に注目されるべきである。その最大の眼目は私的財産権の保護、及び開発慎重論の採用（建物利用を通して土地利用についても、間接的ではあるが一定の制約を課した（と見ることが出来るのではないか））であって、正当で良識ある判断であった。

その現行法との対比で指摘できるのは、既述のごとく客観的要件としての位置づけであるから、区分所有者の主観は問われていないし（例えば効用増を望んで建替え賛成の立場をとる権利者はいよう）、建替えの結果が効用増となることもまた論理的には別問題である。

法文上は次の二つを比較することとなっている。つまり「建物の価額その他の事情」（以下、『建物価額』とする）と「建物がその効用を維持し、又は回復する」費用（以下、『費用』とする）である。「費用」が「建物価額」を上回った場合に、過分と判断され建替えの要件を充足することとなる。改めて整理すれば、老朽等を原因として、建物の効用維持回復（＝限定された―この意味は後述―目的達成）費用が、建物価額その他の事情（＝比較の対象）に照らし、過分となるのかどうかによって定まる。

まず「費用」について。この「費用」は現存建物を前提として、その効用を維持するか回復するためとの限定がされているから、改良を含まないことは文理上から明らかである。判旨も、この点は明言してはいる。そして老朽化型においては、被災型のような被災後の大幅な費用支出が無いから、一時的な支出額（費用）に加えて、事後も基本的には従前と同様の費用をも勘案することになるのだろうか。いわゆる月々の管理費相当額ではないとすれば（定期的な修繕費（修繕積立金）を加えても）、この費用計算期間は必ずしも明らかだとはいえない。始点（始期）は決議の時点か、そして建替え（となった場合を想定し、その）完了時が終期なのか、何をもって完了というのか、等の疑問が出てこよう。

次いで「建物価額」について。「建物価額」とは当該建物の取引時価を指す、と解されている。ここでは個別専有部分（の合算）ではなく、あくまで

建物全体でみることとなろう。建物についてであるから，敷地利用権の価額は含まれない（借地における借地権価格の問題はあろうが）。老朽化型では，当該時点における当該建物それ自体の市場での取引価格となろう。

　明らかにされなければならないのは，「その他の事情」である。立法関与者の解説に拠れば，「建物の利用上の不具合その他の建物の現状，土地の利用に関する四囲の状況等を指す」と述べられている。建物についての事情を総合的に判断すべき，との趣旨である。結論的には総合的判断とならざるを得ないとしても，そこにはあらゆる諸事情が含まれてしまうのであろうか。又，（少なくとも筆者にとっては決して自明とはいい得ない）市場での取引価格なる基準でどこまで明らかになり得るかは，甚だ心許ない内容といえないであろうか。

　（とはいえ）いくつかの論点を検討してみよう。第一は，まず考慮される対象として当該建物の当該時点での利用価値（利益）である。鎌野説がいくつか具体例を挙げているごとく，取引価格（市場価値）が常に利用価値をそのまま反映したものとはいえない，というのは真実であろう。確かに取引時価だけで判断してしまえば，その限りで簡明であるけれども，不都合も認めざるを得ないこととなり，それは是としがたい。風評被害で市場価値は低いが利用価値は高い，とか，利用上では不便をかこつのにもかかわらず市場での評価は飛びぬけて高い（例えばビル街の一等地），等の二つの価値（利益，価格）の不整合の場合を否定はできない。とすれば，結論的には利用価値をも考慮して市場価値（建物時価）を決めるとならざるを得ないように思われる。利用価値をどのように，どこまで考慮するべきかは，鑑定に委ねざるを得ない。老朽化型では一定のそれなりに安定した市場価値が形成されていることが多いであろうが，被災型では必ずしも自明のものとはならず深刻な問題となって登場しよう。第二に，建替え費用を「その他の事情」としてここで考慮するか否かの問題がある。現場では建替え費用と補修・復旧費用を比較した上での選択がなされたこともあったようである。しかし，現行法の解釈としてはあくまで現存する当該建物のみを対象として，その物理的効用の減退

12　濱崎恭生『建物区分所有法の改正』385頁，法曹会，1989年。
13　鎌野・序説(1)前掲注2又は，47頁。

を基準としつつ、「過分の費用」となるか否かを判断する、との結論しか導き出せないであろう。[14]

(c) 過分性判断と建替え決議との関係をめぐって、対立がある。鎌野教授の整理に拠れば、独立判断説、相関判断説、総合判断説、との三区分としている。[15] しかし丸山教授の整理に拠るように、後二者はつまるところは（そして、この点では最終結論として鎌野説でも同様となる訳だが）総合的な・総体としての判断となるから、大きく厳格説（独立判断説のこと）と相対説（後二者）と分けた方がよいのではなかろうか。[16] 何故なら、後二者は質的に独立判断説と異なるからである。

筆者は独立判断説を採用したい。基本的に要件は二つある訳で、その二つの要件はそれぞれ独立して充足されなければならない、と考える（当初の段階では鎌野説も異ならない）。相対説（後二者）に拠っても、恐らく5分の4なる主観的・形式的要件を甚だしい又は明らかな費用の過分性があれば緩和する、とまでは考えていないであろうから、問題は過分性判断を決議で補強・補足することによって、過分性アリとの最終段階における結論を導き出すことを認めるか否かではなかろうか。つまり、客観的・実質的要件それ自体が不十分、又は不明確であっても（端的に言えば、費用が過分とまではいえない、又は過分ではなくとも）、決議があれば「相対的」に「相関」「総合」して判断されるべきか否かである。相対（相関判断、総合判断）説は、そのように判断されるべしと解することとなるように思われ、（極論の謗りを免れないが）結局のところは区分所有者に白紙委任することになりかねない側面は否定し切れないのではなかろうか。区分所有者の多数が（勿論、頭数及び議決権の5分の4以上）建替えに賛成したのだから、建替えの要件は備わった、と。多くの論者は、立法論は別としつつ解釈論として要件の一元化（主観的・形式的要件＝特別多数決）までは考えていないようではあるが、要件の二元化を承認する以上は、なるたけそれに素直に従うべきである。それ故に、この二つの要件はあ

---

[14] 鎌野、同前、50頁で言う「ひとつは」についてのコメントをしておく。判断する時間・時期の提起なら解らないでもないが、『過分な費用』負担となる状況が生ずれば」は、説明とはいえないのではなかろうか。
[15] 鎌野・序説(1)前掲注2又は、54頁。
[16] 同前、参照。

くまでそれぞれ別個独立したものとして判断されるべきである。
　確かに，過分性なる概念を用いたこの基準は，どこまでも曖昧さを伴い（この要件の表現・文言に反して）客観化されかつ数値化された具体的に自明のものとはなり切れない。
　敢えて限界事例を挙げよう。費用が過分となるかどうかが，微妙な場合，どっちともいい得る（又は，得ない）場合，過分である（又は，ない）と断定できない場合，ないしは建物価額と比較して物理的効用の維持回復費用がほぼ同額となった場合，等をどう考えるのか。論理としても理論的にも，あくまで「過分」と規定されているのだから，これら全ての場合につき要件を満たしたとはいえない，との結論を引き出さざるを得ないであろう。不等号を使えば，費用の方に開いている（費用が大になる）場合のみである，と。かかる場合に初めてこの要件は備わり，これとは別途の要件として特別多数決がされることにより，二つの要件が出揃うことになる。これが独立判断説である。
　問題は，このように一旦は独立させつつ，鎌野説は最終的には総合判断の立場を採用している（教授は相対的『独立判断説』と自らを称している）。そこで，この立場を見てみるに，第一に行為規範と裁判規範，第二に「特段の事情」の点[17]，の議論に懸念が残る。
　鎌野説は，過分性要件を裁判規範のレベルだけで（？）独自の要件として取り上げているように見える。行為規範（裁判規範以外の規範を通常は対比的にこのように称しているので，一応はその用語を使っておく）レベルでは截然と別途の要件とされなくとも差支えない，と解しているのだろうか。我々は，何よりも実体的な要件として，これら二つの要件を考えているのではないのか（裁判規範への限定は，別の議論ではないか）。第二の「特段の事情」についても，一部共通する次のような疑問が出てくる。実際の訴訟では，多くの場合において，建替えに賛同しない者から提訴される（原告となる）かもしれない。その場合には，鎌野説のごとく「特段の事情が無い限り」二つの要件は満たされ，それを争そう者の方から「特段の事情」を立証する，との指摘は間違ってはいないであろう。しかし，まず，常にそうなるのであろうか，次いで，

17　同前，60頁。

それは手続きについての議論に過ぎないのではないか，との疑問が拭い切れない。そもそも建替えの要件は備わっているのかとの出発点の議論は，どう変化したのであろうか。

　勿論以上の私見のごとく，法にあくまで忠実に独立判断説に従うべしとの立場をとったとしても，区分所有者の意識や動機付けまで法が関与するはずもないし（だから主観的要件と位置づけているのであって，明確に二つの要件を必要とする以上はもう一つの要件をその＝主観的要件とは別個のものとして，客観的な存在と観念していたはずであろう），最終的に建替えの当否・適法性の有無については，二つの要件を統合する過程・後段階があることまで否定できるはずも無い。最終的には，この二つの要件の単純な合算をする，と理解すべきであろう。

　以上のように解すれば，少なくとも今までの経験から言うと，建替えに消極的な対応になろう。ということは，少なくとも老朽化型において，その老朽が相当程度に進行しない限り建替えとはならず，もはや居住の用には適さない文字通りスクラップ化しスラム・クリアランスの対象となりかねないとの批判が出てこよう。しかし，その程度まで使用出来たということはそれだけの管理を積み重ねてきた，ともいえよう。管理の行き着く先（の一つ）が建替えであると位置づければ，何ら奇異でもない。100年マンションが議論されているが，もともと未来永劫にわたってマンションがそのまま維持されなければならない，とは筆者も考えてはいない。

　又，こうした態度は，次のような補強的な根拠付けにも適合的である。それというのも，例えば「哲学」などと揶揄されている議論であって，資源保護，環境への配慮からの立論である。更に言えば，第一事件での議論がここにおいてもかぶさってこよう。つまり開発志向への否定的評価である。少数意見の尊重も重要な点であるが，これは常に民主主義一般に要請されることであって，共同生活体であるマンションにおいてもその例外ではないことを確認しておこう。

　他の一つの問題提起は，建替えによって劣悪な居住条件が改善される場合もあるのではないかとの指摘である。効用増とはならない諸条件の改善はあり得ようし，この疑問を無碍に斥ける積極的理由もなかろう。現行法及び現在の建替え問題が抱える，一つの矛盾である。

(d) 以上の議論を前提にしながら、本件（第二事件）判決を見てみる。正当な部分もあるが、承服しかねる部分もある判決理由である。建替え決議の要件につき述べる部分は概して正当であると思われるが、一つの疑問は耐用年数である。「経済耐用年数」という「経済」とはいかなる意味を持つのであろうか。どうも物理的基準だけでは計れない、という趣旨のように思えるのであるが。住宅も一つの社会的存在である以上、経済的要素を一切捨象することは出来ないとは思われるが、一般に耐用年数を「35年ないし40年、設備のそれは15年」とするのは、あまりにも短すぎる（かつての法改正時の議論としては、堅固建物につき60年なる基準が出されていたことがある。法務省民事局参事官室『区分所有法改正要綱試案』（第八・一・一））。経済というならば、バブル崩壊後の今日のような経済状況なら大幅に耐用年数は──判決とは反対に──延長されるのだろうか。既に見てきたごとく、一律の文字通り客観的ないし絶対的基準で（例えば年月の経過で）建替えの是非・当否を決めることとはしなかった訳だが、耐用年数はきわめて重要な一つの指標・判断材料であることまで否定はされない。同時に、しかし、日常的な管理如何によってこの耐用年数は大きく影響を受けるのも、又真実であろう。

次いで、効用の維持回復費用についての部分では、「一戸あたり500万円強の費用を要する補修工事」と述べるが、この認定は裁判所が独自に算定したのであろうか、そうではなく当事者の主張を採用したと思われる（但し一般に、裁判所の手になる費用算定──鑑定の採用──が常に必要とまで主張しているわけではないが）。次が最大の疑問であるが、「仮に、管理費や、それまでに投じた補修費用が低額にすぎて管理に不十分さがあったとしても、それ自体が本件決議の効力を左右するものとはいい難い」とする解釈について。こうした見方に、批判的意味で筆者は最も注目したい。というのも、本件では余りにも低額の管理費及び補修費用の支出しかなされてこなかったからである。[19] ある局

---

18 鎌田薫・山田伸直「区分所有建物の老朽化と建替え」ジュリ927号41頁、参照。この論文の指摘と提起は、今日でもあてはまろう。外在的側面からの指摘にとどまるが、二点述べておく。第一は、もともと劣悪な条件下で建てられたことをどうみるのか、との問題があろう。その矛盾の一例として、困難な問題を抱え込んでしまった既存不適格への（被災型への現実的対応を除外した上での）解答は、簡単には見出せそうもない。第二は、被災後の「解決策」として、総合設計制度の活用とか保留床・残存容積率の利用がされたが、それらを一般化することには疑問がある。何故なら、又新しい場面での矛盾の再生産にならない保証は、何もないからである。

面だけ＝建替え決議，を切り取って，結果的に老朽化したとの認定をすることへの疑問である。プロセスとしての管理，日常的管理の一終着点としての建替え，究極の管理としての建替え，なる考え方を採ることはできないのであろうか。確かに法は，管理自体は区分所有者の自治に委ねている訳で，具体的で良好な管理なる法的義務があらかじめ設定されている訳でもなく，又，その義務があったとしてもそれに違反している場合には建替え決議不可ともしている訳ではない。しかし，前述のような管理と建替えの連続的な捉え方をした場合には，建替えに至る経緯をも当然考慮の対象に入れる必要が出てくる。そうした場合には，結果として老朽したとの認定で，果して正当な判断といえるのであろうか。[20]

　更に判決では，その後の論述で，本件決議の効力につき述べる（左右しない，と）。この論理展開は，相対的・総合的判断説を採っている，と見ることが可能であって，そうだとすれば既述のごとく独立判断説の立場からは承認することが出来ないこととなる。つまり，客観的・実質的要件の検討部分に，決議の要素を取り込んで補強していることを意味する。筆者の結論をこの部分について言えば，老朽化（＝客観的・実質的）要件を満たしていない，と認定すべきであった。

　費用の過分性を分析した個所について。問題点は三つある。その一は「その他の事情」であり，その二は「改良費用」であり，その三は結論である。その一につき，いわゆる社会的陳腐化を含めるべきか否か。判決は積極説を明示する。それによって建物価額（比較する対象）は高くなるはずであるにもかかわらず，その後で効用維持管理費用には（その二で挙げた）改良費用は含まれないとして，厳格な原状回復しかないとし，「この点を捨象して相当性を論ずることはできない」と述べていく。そして（恐らくはその『相当性』を根拠として），一旦は建替え決議の要件部分で述べた「社会経済的な事由をも包

---

[19] 本判決により認定されている「昭和44年から平成7年まで管理自治会が支出した過去の補修費用」を見てみると（年額），最低が7万957円，最高が3951万889円（外壁塗装）となっている。この26年間の年平均を─あまり意味がないかもしれないが─概数（万以上）で出してみると，約535万円となる。
[20] 尤も，老朽化認定に慎重たれとはいい得ても，裁判所が管理を尽くせとの命令を出すことは，現行制度では考えられない。せいぜい訴訟の中で訓辞をする程度であろうか。実際の判決では，安易な老朽化をそもそも認定せず，それ故に建替えに消極的な対応を採ることとなろう。

含するとの主張はにわかに採用しがたい」として斥けたはずの考慮を、「にわか」ではない（？）費用の過分性の個所で実質的に取り入れるという態度の変更をしている（この前後の論理展開は筆者の理解を超えており、誤解があるかもしれないが）。判決では社会的陳腐化を回避するため考慮することも「事情」に含め、且つ、そのための（この部分を『相当性』なる概念でつなげているのだろうか）効用維持回復費用は（も）高くなる（比較する二つの対象とも、高くなるはず）にもかかわらず、「総合勘案」すると費用は過分となる、と判示する。まるで当初より、建替えの結論が出されていたのではないか、との疑念さえ抱くのは筆者だけであろうか。その二に係わって補足的な問題を出せば、改良の範囲・内容如何、である。効用の維持回復といっても、寸分たがわぬ厳格な原状回復ではなかろう。従来の水準どおりの管理をするためにも、一定の改良をその中に含めることは不可避であろう（建築技術の進歩等）。むしろエレベーターや洗濯機置き場の設置は、改良の範囲を越えた変更というべきであろう（このことは同時に又、立法過程で否定された「効用増」の問題に連なっていく）。費用の過分性の個所では、以上のような疑問・問題がある。

　その後の、建替え手続きと売渡し請求の個所の判旨は、判示としては正当であろう。

　(e)　老朽化型について、一般論にとどまるが、いくつか補足的に述べておく。多くは今後の課題となろうが、基礎的な視点だけでも提起できれば幸いである。コンクリート造りの建造物にあっても、老朽化は避けられない。しかし、その意義・意味内容を明確にしておく必要があろう。建替えが必要とか不可避といわれることは、一体何を指すのであろうか。思うに、マンションの軀体部分の老朽化では建替えとならざるを得まい。しかし、それ以外の部分の老朽化でもって、建替えと結びつけていることはないであろうか。施設・設備の老朽化は、マンション全体の建替えと必然的に結びつくのであろうか。そうではあるまい。更なる問題は、既述したごとく、管理との連続として捉える必要性である。日常的管理、定期的な（小、中、大規模の）修繕によって、マンションの建物としての効用（いわゆる寿命）は大きく影響を受けるのは明らかである。結果だけではなく過程（プロセス）をも射程に入れた要件論は、荒唐無稽なのだろうか。

次いで，次の第三事件への接続を図る意味でも，老朽化型と被災型の一般的な特徴を挙げておこう。前者には継続・蓄積・漸次・通常・平時・財産権保護・個別・分散・時間的余裕，後者には突発・緊急（避難）・戦時・生命身体保護・集中・全体・統合，等が考えられる。これらから自ずとそれぞれの対応が異なり，解釈もまたそうなるであろう（ここでは以上の指摘に終らざるを得ない。本稿がこの趣旨を体現しているかは心許ない限りである）。

(3) 第三事件

本件は被災型である。類型の分類上は，第一及び第二とは別であるが，それらの蓄積が未だ十分ではないこともあり，内容面では特に第二事件ときわめて近接し類似する部分が多くなっている（実践的な言い方をすれば，今次の震災から（今後本格化するであろう建替えにつき）何を学ぶか，である）。筆者の基本的立場をあらかじめ述べておけば，それはまず何よりも（一般的な意味での）復旧である，と。いわゆる復興の掛け声の中で展開される建替えには，慎重でなければならないであろう。又，被災の場合は（理念的，ないし理論的には）私法領域だけではなく，公法等他の法領域を含む全体的な取り組み（一般的には災害法と総称すべきか）が要請され，複合的な法律関係とならざるを得ない。区分所有法からの議論としては，そうした必ずしも区分所有法独自の法理だけで首尾一貫できない，他の領域からの様々な要素を，（ここでは）建替え法理の中で如何に扱うべきかとの困難な課題が提起されよう。

(a) 第二事件での論述を踏まえながら，判決の評価を試みる。費用の過分性を検討している中で，「建替え決議当時における当該建物の時価と建物の維持，回復費用との比較のみによって判断するのではなく，建物の利用上の不具合その他建物の現状，土地の利用に関する四囲の状況等，建替えの要否の判断に際して社会通念上検討されるべき諸般の事情を総合考慮し，区分所有者が当該建物を維持することが合理的といえるかどうかによって判断すべき」とする。殆どあらゆる要素を取り入れることを容認し，そしてこの解釈に続けて，建物の効用維持回復費用の認定にあたって「多数の区分所有者らの主観的判断は可及的に尊重されるべきである」と結論付ける。

費用の過分性をもって建替えの要件とした法の趣旨は，ほぼ完全に無視されている。あるいは，要件の判断基準をそれ自体無内容な合理性の有無に置

き換えた，というべきか。より大胆に言えば，判決ではいわゆる法定建替えをそもそも実質的には考えていないのであろう。そして，第二事件で述べた独立判断説からみてもとても承認できない解釈で，殆ど暴論に近いものではなかろうか。判旨の解釈では，多数の区分所有者が建替えとしたのだから建替えとすべき，といっていることと内容的には同旨である。

(b) 尤もこのように判決を批判しつつも，法自体の問題が無くはないことも自覚しなければならない。比較法の個所で見たごとく，日本法では「終了（消滅）」を想定していない点である。アメリカ法のごとく一括売却方式を導入すべしとの意見もあるが，日本では難しいであろうし更なる混迷を導き入れてしまう恐れ（＝乱開発の法的承認）が大である。筆者はこうした立法時の選択は正しかったと考える。しかし，終了（消滅）制度を排除した結果，本来の流れからいえば終了（消滅）と位置づけるべき問題が，建替えの中で取り上げられなければならない，との矛盾を抱え込んでしまった訳である。本件では，果たして多数の区分所有者が真実に終了（消滅）を望んでいたのか（錯綜する問題として，更に土地への執着とでもいうべき意識が背景にあるから）は疑問も残るが，法制度としてはこうした点の自覚はあってもよかろう。

では，こうした右の区分所有法に内在する限界・制約をも考慮した上で，判旨のような理解を解釈の名で展開することは出来るのだろうか。率直に言えば，一種の立法論であって，解釈の域を越えているといわざるを得ない。

もう一つの問題があり，それは災害法の法理として，右の解釈が許されるのかどうかである。ここでは検討する能力も無いので，軽々に結論付けることは出来ないが，少なくとも現状の下では災害対策に名を借りた旧来の開発が横行しかねないので，否定的に対応せざるを得ない。そして，一私法の解釈の中で―もし災害法の趣旨を判決が込めているとしても―判旨のような判断をするのはきわめて疑問である。

以上によって，筆者は判決に反対する。その法的表現としては，実質的・客観的要件を満たしていないから，建替え決議は無効である，となろう。この決議が無効である以上，以下の連担棟の問題，売渡し請求とその時価，再売渡し請求等の論点は，建替えとの絡みでは検討の対象から外れる[21]。改めて最初から，復旧・補修の道を探っていくこととなろう。

5　おわりに

　以上で，ここでの拙い検討を終える。議論の貴重な素材を豊富に提供してくれている鎌野教授には感謝しつつ，敢えて疑問や批判的立場を述べた（その当否は筆者に定かではないし，果たして論争的となったかも同様に疑問を残したままであるが）。いわゆるスクラップアンドビルドの一翼を担うものとして展開されてきた区分所有に対し，その論理に対抗できる私法理論の構築，更にいえば市民的土地・都市法の形成が，筆者の（最終）目標であるが，蛇足ながら最後に筆者の基本的視点をまとめておく。第一に住民（区分所有者）自治の尊重，第二に居住・生活世界の確保が最優先の価値であり，資本や行政主導ではない居住確保，第三に社会的ないし公的介入はあくまで副次的・後見的に，第四に私的財産としての区分所有を確保しつつ共同の場へ，ということになろうか。

第2節　マンションの明日に向けて

　1962（昭和37）年に区分所有法が誕生してから半世紀が過ぎた。何度かの改正（改定）を経てきたが，この章からみた場合には2002（平成14）年改定が画期となろう。建替えの要件として，多数決（議決権及び区分所有者数の5分の4以上）に一元化されたからである。こうした改定がされた大きな契機（必ずしも主要な要因とまではいえない）として，阪神淡路大震災での経験があった。その改定から約20年がたった2011年3月11日には，東日本大震災が発生した。その3.11を受けてなされた法的対応の一つが，被災マンション法の改

21　時価について，建替えではなく復旧—61条5，7項—の事例であり，未だ確定判決にはなっていないが，大阪地判平成10年8月25日金商判1058号34頁がある。買取請求の時価の算定基準時は買取請求権行使時とし，又時価とは一部滅失の状態での価格であり，買取請求時において被災しなかったものとした場合の価格から復旧工事費の被災による減価を控除して算定される，とした。この論点についても鎌野教授の先行業績が既に在る（「区分所有法61条7項の買取請求権の『時価』について」千葉大学法学論集14巻1号43頁）。最終的には裁判所による鑑定に委ねざるを得ないであろうが，実際の現場ではしばしば数値等の異なる鑑定が出てくることを考えると基本線の確定は必要であろう。売渡し請求にかかわる本件（第三事件）は，「更地となった建物の敷地の価格から建物除去費用を控除した金額によって算定することが相当である」としたが，この判旨は単純すぎるであろう。この最大の難点は，売渡し請求権の行使によって被行使者は（当該財産だけではなく）そこでの生活自体をも失うのであるから，その要素をも含める必要性への無思慮である。

定である（下記，注25での共法論②参照）。マンションが逢着する一つとして，平常の対極に位置する災害の局面があろう，いわば矛盾の顕現・集中点である。災害時の異常事態から見つめなおすことによって，日常への取り組みを引き出してくることが，災害からの教訓ともなる。

　ここで本章を閉じるに当たり，建替えについての既存の流れへ対抗するための素描と提案をしてみたい。そこで，売渡しをめぐる議論から始めて，マンションの将来像の一つを見出す試みをするため，次の論点を挙げておくこととしよう。1形成権，2売渡請求権，3売渡しの対象・目的，4全体的観点から（共法へ）。

1　形成権論

　売渡請求権が形成権と解されていることから，検討を始めよう。それに対して通常の請求権，つまりは交渉を通じての最終的には合意を要件と位置づける可能性を探れないであろうか。形成権といってみても，売渡しの請求をすれば（相手に到達次第）直ちにその効果が生じるとするのはあくまで法的

22　この建替え規定の改定をめぐっては，まず次の二つの論文に注目したい。山野目章夫「マンションの建替えをめぐる法律改正の評価」，千葉恵美子「検証・新マンション建替え決議制度―理論的視点から」ジュリスト1249号44頁以下，51頁以下（2003年）。両者ともに二つの最判（最大判昭和62年4月22日民集41巻3号408頁＝森林法事件判決，最（一小）判平成8年10月31日民集50巻9号2563頁）に言及している。そうした憲法規範との関係においては，検討の余地があるとし，いずれも慎重な立場が述べられている。次いで近時のものとして，直接にこの点を取り上げてはいないものの，団地一括建替えに対する最判平成21年4月23日判時2045号116頁にも言及している。水津太郎「憲法上の財産権保障と民法」法時87・1・97参照。又，その最判平成21年4月23日を批判的に検討するものとして，原田純孝「マンション建替え制度における居住の権利と土地所有権」広渡清吾・朝倉むつ子・今村与一編『日本社会と市民法学』（日本評論社　2013年）297頁も参照。なおその最判平成21年4月23日は，先例として森林法事件判決に何ら言及することもなく，証券取引法事件判決（最大判平成14年2月13日民集56巻2号331頁）に従っている。こうした憲法と民法の今日における議論状況から，筆者（＝片ході）が軽々にそれにコミットすることは出来ないが，改めて民法の次の条文は議論の素材として参考に値するのではないか。それは，256条1項但書，同条2項，254条である（257条は注意規定と解する）。つまり，母法としての民法自身の中において，共有の解体（分割を経ての個人的＝近代的？所有権へ）を志向していると思われる規定と，それと反する規定が同居していると解することが出来るのである（前述，水津論文参照）。但し，ここで付言すべきなのは，建替えが共有の解体であるというのではなく（新たな共有の創設，共有の再編成である），現に存する共有に対して肯定的に容認している側面に注目しているからである。暴論の謗りを恐れずに言えば，売渡請求を通しての現存する共有の解体への消極的態度を，少なくとも民法上は積極的態度と同一平面で，捉えているのではないだろうか。そして，全面的価格賠償についても，（更に憲法上の規範・問題が提起されて）安易なバーターによる結末に対して熟慮を要請しているように思われる。

構成であって，現実の場面は異なることがあることまで否定出来る訳でもなかろう。言うまでもなくその典型は訴訟である。その意味で形成権は，売渡しの権利行使の論理的前提でしかないとの指摘（売渡しに即したものではないが，典型としての川島説[23]）は正当であろう。確かに形成権とすることによって，売渡請求権を行使さえすれば直ちにその効果が生じる，つまりは執行に移行できるとの（建替え側からの）権利実現に寄与出来るように規定されているのであるが。しかし，建替え参加者と非参加者の間での協議・交渉は続くことが予想されるし，何よりも訴訟提起がされる可能性は否定しようもない（争いとしては，まずは執行停止となろうし，その後の本案訴訟の道も保障されている）。そして，区分所有法によって法定の請求権が与えられてしまっている以上，建替え参加者には明渡しを請求する立場が予め与えられていることまでは否定できないものの，そうした請求自体の無効を争うことができるのは当然である。勿論この議論は，立法によって売渡請求権が与えられてしまっている以上，その形成権性を全面否定するものではない。

2　売渡請求権

売渡請求権に類似するものを，見てみることとする。それは借地借家法に取り入れられてしまった，立退き請求に伴う移転料・立退き料である（『財産上の給付』借地借家法6，28条）。ここで詳論はできないが，判例で容認され，その後に条文の改定にまで至ったこと，そして，ここでの財産上の給付はあくまで正当事由の補強（補完）材料との位置づけであったこと，そして言うまでもなく利用権（に対して本稿は区分所有権）であること，そうした差異は勿論ある。売渡請求権の法定は，そうした〝経験〟に基づいてより純化されて登場して来たと思われる。領域を別にし制度としても異なる訳であるが，共通するものを背景に含んでいるように思われる。それは不動産の流動化とでも称し得るような要請・流れ（規制『改革』といってもよかろう）ではなかろうか。いずれもそれらの実体は，金銭的給付と現利用・居住の剥奪（喪失）とのバーターである。

23　川島武宜『民法総則』（有斐閣　昭和40年）441頁以下参照。但し，時効での議論。又，『民事法学辞典　上巻』（有斐閣　再版昭和49年）436頁「形成権」の項（於保不二雄）も参照。

3　売渡しの対象・目的

　更に，売渡請求の対象（目的）は何であるのか。単なる財産的利益での基準とそれに基づく算定とされるべきではなく，少なくとも住居である限りは，同時に生活利益への考慮が加えられなければなるまい。勿論，そこで形成されてきた諸々の社会諸関係も，考慮の対象に入れられるべきではなかろうか。所有権が社会的機能をも果たす面への考慮である。所有権が私的財産権として成立し展開してきたとの歴史的意義は言うまでもない。しかしその後の社会的変遷の中では，この性質・側面だけで所有権を位置づけるには，おのずと限界があることが明らかになってきたのではないだろうか。それは，同時に社会的にも位置づけることが要請されてくるのである。この点では，最も対抗軸を明確に示し得るのは，生存権ではないか。つまり所有権は，財産権を基礎にしながらも，同時に所有権者の生存権をも基礎づけるとの視点である。そのいわば二対（極）の権利に基礎づけられつつ，社会的諸要素を含む全体としての区分所有権が構築・構成されていると。それは，明渡しに際しての評価に関わってくることになる。つまり，所有権像の変遷，現代的私的所有権の担うべき意義に，まずは注目する必要がある。そして，且つ，その当該所有権を，建替えの場面でいかに位置づけていくのかとの問題意識を持つ必要性があるのではないか。建替えは，土地および建物に対する全面的改変として登場する。（少なくとも建物については全面的に）旧所有権を廃棄し，新たな所有権を誕生させるものである。生存権に裏付けられた所有権論（一般的に表現すれば社会的所有権）は，別途の手当てで対応されるべきであり，ここでの建替えに持ち込むのは筋違いであるとの反論があろう。基本的には，反論のそうした立場は私法・公法分別論に立つものとみてよかろう。しかし，そうした反論は，売渡しの対象そのものが，最早私的なものに留まっていないとの，対象自体の変化を恣意的に無視し，判断の圏外に放擲する態度決定に裏付けられた結論ではなかろうか。確かに現行区分所有法でも，建替え等に対して社会的側面を取り入れる態度をとっているとはいえないであろう（但し，建替え円滑化法での代替住居等の手当てはある。マンションの建替え等の円滑化に関する法　90条）。私法特別法たる法制度としては，私的な世界の中で貫徹すると構想されているとみる方が現行法の体系的？理解としては

正確だろうと，筆者（＝片桐）も考えている。しかし，問題の対象が，もし所有権の社会的側面をも含めているとすれば（筆者（＝片桐）はそう考える），建替えを私的法理で終始・一貫させることは，誤りではないかと思われる。

4 共法へ

こうした社会的側面にも注目するとの視角・立場をとることとなれば，次の点に留意することに繋がっていこう。第一は，売渡しの局面で，第二は，マンション全体から建替えを考えるとの位置づけ，であろう。この第一の点には，問題の矮小化の問題が潜んでいることに注意しておかなければならない。つまりは，ここで提起している社会的所有権からの一帰結して現れるのだが――売渡しの評価として――，財産権に基づく価格評価だけではなく，併せて生存権からの評価まで必要であると。多数決との主観的要件への一元化によって住処を奪われる建替え非賛成者に対しては，明渡し後の生存まで射程に入れた上での価格評価にまで至らなければならないとすることは，論理的帰結のみならず実態面をも考慮した上での，あるべき結末であると思われる。ところが，この評価だけで終止符が打たれる危険性を内包している。それをここでは，上に述べたように，矮小化（＝金銭的給付と現利用・居住の剥奪（喪失）とのバーター）への危惧と指摘しているのである。併せて，それ自体が「改正」による矮小化の一つなのであるが，過分性要件の削除といわば代替する形・結果で，説明会を代表とするいくつかの手続きが用意されるようになった（区分所有法35条1項5項，62条5項6項）。客観的に及び結果から見れば（機能面に注目すれば，といってもよいだろう），削除する実体的要件を手続的要件で代替するとの立場を選択したことになる。尤も，手続きで応えるとしながら，その手続きの齟齬や瑕疵に対する手当てを欠いていることは，正に手続きとして完結していない。例えば，説明会そのものあるいはその資料自体への争い等々は，果たしてどうなるのだろうか（一般法理に委ねているのであろうが，説明会足り得ない等という場合には，実体の面なのか手続の面なのかどちらになるのだろうか，判然としない）。この説明会は，建替え決議の「会日より少なくとも1月前までに」（同62条6項）開かれることとなっているから，単に説明会は建替え決議の事前準備の一環としての位置づけしか与えられていない。果た

して，実体的要件削除の代替策としての手続きに備えられなければならない実質とは何か，それの解明は十分とはいえないであろう。説明を受けて，その後一か月以上の考慮期間内で，決議への態度決定を迫られている訳である。通常の建替えで使われているであろう手続保障で足るのか，ここで確保される必要がある実質とは，一体何であろうか。正当性なる概念を用いるならば，内容的＝実体的正当性と手続的正当性，この二つが確保される必要があると思われる。説明会を経て，再び集会決議なる手続で建替えとの結論を引き出そうとする現在の法システムは，手続的正当性を確保するために完結していないのみならず，果たして内容的正当性に適っているのだろうか，疑問なしとしないのは筆者（＝片桐）だけなのだろうか。

そしてこうした危惧を無きものとする保障として，次に上記第二点を確保しておく必要があると思われる。当該建替え対象のマンションを全体として捉える視点である。筆者（＝片桐）はそのために，取り敢えずの提起として，共（とも）法論を持ち込みたいのである[24]。その共法論は未だ不完全極まる議論内容に止まっているが，既に活字として提起したものがある[25]。

その二つの拙稿から，いくつかを取り上げてここでの議論の素材とし，些かでも深化の試みとしたい。共法論①では，「その内容は，都市法では都市計画であり，場は団地であり，その法理は（新たに再構成されるべき）環境権であり，その担い手はNPOと，差し当たり措定しておく」とした（413頁）。

---

24 ここで「取り敢えず」とした点につき。建替え問題を，私法だけの閉塞した枠組みに閉じ込め，正当な所有権評価を回避することへの批判は，本文でしておいた。しかし，この批判さえ，当建替え問題を正面から把握し，それへの法的対応を進める目論見からは，決して十分とはいえない。せいぜい共法論は，私法・公法分別論を越えた新たな根本的組換えへの転換にまで至っているものではなく，その延長線上の部分的改良・修正論でしかない，との自覚はある。
25 共法論については，次の二つの拙い試みをしてきた。以下，共法論①と略す。「都市法の場としての団地試論」『マンション学の構築と都市法の新展開―丸山英氣先生古稀記念論文集』株式会社プログレス407頁（2009年）。以下，共法論②と略す。「被災マンション法からまちづくり＝共（とも）法へ」名城法学64巻1・2合併号117頁（2014年）。この三領域（圏）を図示したものを，参考のために登載しておく。

〈相関図〉

共法論②では，共法の中身として次の点を検討した。主体，確保されるべき利益，具体例（建物建築行為と建築基準法や都市計画法の関係），共法で篩いにかける振り分け基準，マンション建替え円滑化法と耐震改修促進法，私から共が訴えられること，の諸点である（126頁以下）。

　ここでの問題関心は建替えにあり，その潮流に対抗するための議論を如何に構築するかを筆者（＝片桐）の課題としている。基本的立場を提示しておくこととする。建替えには消極的ではあるが，建替え全面反対・拒絶ではなく，共法内での練り直しを経ての方向付けと結論が必要不可欠である，とする立場である。そのためにも，いくつかを補強のために検討しておく。建替えに対置されるのは端的に解消（消滅）であり，代替しうる選択肢として考えるべきなのは再生（修繕や改修）となろう。解消は，東日本大震災で現実的課題として浮上してきたが，今後の中・長期的見通しを立てる際に避けて通ることが出来ない問題ではある。マンションが抱え込んでしまった難問を，最も根底から無くす方途ではあるものの，その結論に至る道は平坦ではない。そもそも解消を是とする事由は何か（象徴としての老朽?!），そのための手続き（ここでも主観的要件へ一元化するのか），人的（住処がなくなる）・物的手当て，売却後の善後策，等々が待ち構えている。共法論②で指摘しておいたように，既に耐震改修促進法からは，マンションの「除却」が迫られている（マンションの建替え等の円滑化に関する法律102条以下）。蛇足すれば，その局面においても又構想されているのは建替えであって（ご丁寧にも容積率の緩和も組み込まれており，共法からは否定的とならざるを得ない。環境秩序の悪化をもたらすからである），問題の拡大再生産というべきではなかろうか[26]。因みに言えば，超高層マンションを目にしたとき，それがバベルの塔とならない保証はどこにあるのだろうか。以上に対し，共法で肯定され存続が容認される例に対しては，再生を基本にして臨むこととなる。

　又，公共性が語られることがある。しかし，本稿の見地から図式的に整理すれば，そこでも公的・共的・私的な領域（圏）が観念できよう。しばしば文字通り公共性は，前（二）者だけで捉えられ（殆どの場合には共は添え物でしかなく，端的に国家性とか国家的公共性とでも称すべきか），私的領域とは対置されることが多い。そしてその方向は，公共性に私は従うべきであると。しかし，

私圏も公共性に連なり、それを主体的積極的に担うとの面があることを（意図的恣意的に）無視してはいないだろうか。あたかも耐震性欠落は、私圏へ介入する錦の御旗のごとくではないか。私圏で耐震性を確保する必要があるとした上で、共圏の領域へ持ち込んで外部の地域と相互に調整して（正に災害に強いまちづくりとして）、それを公圏が支えるとの相互協力関係こそが望ましい。建替えか改修かそれとも他の方法かは、そうした三段階（三つの圏、三領域）でのチェックを受けての過程を経た上でもたらされる結論と考えるべき

26　なお、国交省の「耐震性不足のマンションに係るマンション敷地売却ガイドライン」（平成26年12月）が提示されている。次の点を付け加えておこう。それに依れば、第一に、確かに「修繕・改修か建替えか売却かの総合的な検討」とされているが、果たして全く中立的な検討が三つの選択肢の中でなされるのだろうか、第二に、売却制度導入により「建替え等」の中に敷地売却による建替えが入り込み、それとは別に（ルート２）売却決議がされる場合が認められた、第三は、耐震性問題をここでどう考えるべきなのか、特定行政庁と事前相談をし、（耐震性不足と認定され、除却となった場合には）ディベロッパー等が買受計画を都道府県知事等に申請するとの、この過程をどうみるべきか、そして第四には、売却決議後の土地建物に対してはもはや管理組合の手を離れてしまうことをどうみるのか、等の検討である。
　　第一につき。本ガイドラインは正に「敷地売却」のためであって、従来の修繕・改修及び建替えについてはわざわざ繰り返す必要はないと考えたのであろうが、売却推進決議なる全く新たな決議が設定されており（法定の決議ではなく、正に普通決議で足りるのであろう）、その決議に至るまでにルート１（建替え等についての検討）とルート２（売却に向けた検討）が示されている。このガイドラインでは、「双方のルートを基本プロセス」とされている。これを読めば、あたかもこの二つのルートに進んでいくのが当然であるかのように理解してしまうのは、筆者（＝片桐）だけであろうか。付言すれば、このガイドラインに限ったことではないのではあるが、ディベロッパーが必要不可欠のごとく登場して来るし、その位置づけは必ずしも＜Ⅲ：計画段階＞で初めてというのでもなく、それ以前から事実上は関与する道が否定されている訳ではないことにも、留意しておくべきではなかろうか。
　　第二につき。売却につき二つのルートが示されており、ルート１では既存の建替え制度が補強されたこととなる（但し、売却決議が必要となるが、要件は五分の四以上で、いわば決議の名目だけの差異）。
　　第三につき。これは筆者（＝片桐）には難問である。いわば耐震性なる切り口で、私的領域にずかずかと踏み込んでくるとの印象から解き放たれることがない関係である。巧妙なことには？「容積率の緩和特例」が用意されていて、（耐震性不足と認定されたならば）建物を除却せよ、ついては容積率のサービスを提供しますよと誘い掛けているとしか思えない。公が私の領域に介入するのみならず、（敷地売却後も含めての）建替えに公が誘導しているのではなかろうか。一体ここでの公なる存在は、マンションを含めての地域環境への配慮・考慮を、度外視してしまっているのではないか。旧円滑化法で導入されていた「危険・有害マンション」なる文言を引っ込めた実質的意義はなく、表現上の改変だけではないのだろうか（耐震改修促進法が支えているのであろう）。
　　第四につき。これ又既に取られていた従来の建替え制度（マンション建替え組合）を、敷地売却に即して活用したものである。既存の管理組合が関与するのはマンション敷地売却決議までであって、それ以降はマンション敷地売却組合等が担うこととなり、質的に異なる主体と位置づけられている。

であろう。又，都市計画法・建築基準法に基づく制度として，ここで補足的に触れておきたいのは，（再開発ではなく）「地区計画」である（都市計画法12条の5・建築基準法68条の2ほか）。自治体の条例によるものであって純然たる私圏からの発意ではないけれども，地域づくりに資す可能性を有していると思われる。地域を対象とすること，公圏ではあるものの最も私圏に近くて共圏と重なる市町村が主体であること，建築協定や（景観法による）景観協定との関連，これらは公・共・私の連携によるまちづくりのシステム足り得るものを含んでいよう。そうした中でこそ，マンションの明日への展望を切り開くことが出来るのではなかろうか。

第4章　階層所有権論

第1節　階層所有権の歴史的展開
　　——オーストリア法に即して——

1　はじめに（概要）

　今日では世界の多くの国に於いて，いわゆるマンション，つまり区分所有形式の住居が供給されている。[1]こうした居住態様が本格化したのは，勿論戦後のことであるが，決してそれだけに限定されることなく，かなり古くから存在したとされている。それは一般に階層所有と呼ばれている。本稿はその法律関係を中心的論点として，且つその場を欧州のオーストリアに注目して，歴史的展開過程を跡づけてみようとするものである。オーストリアは階層所有なる居住形式が古くから存在し続けてきた国の一つである。

　オーストリアは比較的早い時期に近代民法典（以下, ABGBと記す）を編慕したが，そこでの階層所有権の取り扱いはどうであったのか。その後一八七九年に至り，特別立法によって階層所有権は否定されてしまうが，その間の経緯・やり取り（対抗）はどうであったのか，を中心としてここでは検討する。

　ABGBでは，階層所有に対し何等の明文規定をおかなかった。その後，オーストリアにおいても歴史法学派の影響が大きくなり，それに沿った法解釈が支配的になった結果，階層所有を禁ずる特別立法化へ道を歩む。しかし，各地方で古くから存在し続けた（法）慣習を一切考慮しない訳にはいかなかったし，適用時期にはズレが生じた。

　この階層所有への分割禁止立法を中心に，以下みていきたい。そのために，次の順序で考察を進める。第一に，オーストリア民法典の編慕とその後の主要学説で本問題がいかに扱われていたのか，第二に，これが本稿の中心論点になるが，一八七九年分割禁止法の展開，そして第三には，その後の推

1　例えばJohannes Bärmann, Wohnungseigentumsgesetz, 1958, ff.12, 3. Aufl.1975, ff.5 で各国の例が挙げられている。

移と戦後の対応，である。

2 ABGB編纂と学説の諸相

言うまでもなくABGBは近代民法典の一つであるが，主要な法典としてはフランス民法典の1804年に次いで，立法化された。当然，全体的な基調は近代自然法の流れを強く持つ法典であるといえよう[2]。

さて問題は，ここでの階層所有権の取扱いである。結論は，何等の明文規定を持たないまま立法されたことである。私見によれば，これはある意味では当然のことであるかも知れない。何故なら，ABGBが他の，特にドイツや日本の民法典と比較して相当に基調やスタンスを異にしているからである[3]。つまり，少なくとも立法担当者にとっては，封建的諸関係の中で形成され，地方の慣習レベルで地位を保ってきた階層所有権は，近代法典とは相入れないものと映っても何等不思議ではないからである。

では，具体的な検討に入ろう。ABGB編纂以前の一つの実務の例がある。この例は，建物の実体的分割とその法的可能性を容認したもの，といえよう。それは，1790年12月14日王宮布告Hofdecretである[4]。この布告（指令，通達）は，ガリチィーンGalizienの控訴院Appellazionsgerichtへ向けたものである。それは次のように言う。

「一戸の家屋に多くの所有者が入っている場合には，彼ら全員が登記簿に登記され，分割されない財産には平等の権利を有する。しかし分割された家屋の場合には，いかにして分割がなされるかによる。即ち，全体の持分の性質なのか，それとも特殊な家屋に特別に割り当てられた部分が個々の所有権に帰属する性質なのか，に注意して（決められる）。」

---

2 AGBGの簡単なスケッチとして，オグリス教授の講演を紹介した拙稿「翻訳　ヴエルナー・オグリス教授講演『オーストリー民法典』」亜細亜法学32巻1号57頁，1997年を参照されたい。
3 いわゆる近代民法典全体の比較はここでは断念して，ドイツ民法典は本文に階層所有権の規定を持たないものの施行法182条では容認したし（但し，ラントLand法で），日本民法典については旧208条の存在を指摘できよう。
4 Leopolds des Zweiten Römischen Kaisers Gesetze und Verfassungen im Justitzsache, Nr.96 (1791). なお，本布告に言及するものとして以下のものがある。Stanislaus Pineles, Die communio pro diviso, Zeitschrift für das Privat-und öffentliche Recht der Gegenwart (Hg. Grünhut), Bd.29, 1902, S.727 及び Peter Putzer, Zur Rechtsgeschichte des Stockwerkseigentums, in Festschrift für Ernst Carl Hellbling, 1971, S.592（以下，プッツアーと略す）

この布告の時代的背景とか当時における相続との関連等の全体的評価は今ここでできないが，この文言を素直に読む限りは，階層所有の存在を前提として，それを法的にも承認していると読む以外になかろう。

次いで，ABGB編纂時はどうであったのか。編纂に重大な影響を与えたツァイラー Zeiller は言う[5]。

「一個の物が多数の者に特定の（物理的，実体的）部分に割り当てられる場合，例えば各人に土地の特定の半分，又は各人に家屋の階層がそうなる場合，各人は分割された所有権を有する。」

そして，ニッペル Nippel もそれを継承する[6]。彼らの見解をみてみると，建物の実体的分割を素直に承認し，決して共有の一形態とは理解していないことがわかろう。階層的所有権は，むしろ共有とは対立的に「分離・独立した所有権」と位置づけられている。従って，階層所有権は ABGB 内に明文規定こそ持ちはしなかったが，共有規定の対象外に位置するものと観念されていたといえるのではなかろうか。尤も，その共有規定が自明のものであり，その規定と解釈は必ずしも簡明ではなかったようである。

編纂段階の諸資料を集めたオフナー Ofner のコメントをみてみよう[7]。共有に関する草案に対して（79条）。

「未だ分割されていない物が，二人もしくはそれ以上の者に等しく帰属している場合には，彼らは単独の者（一人）とみなされる。しかし，各人は実体的権利も物の利用権も有しており，それ故に関与する部分への完全な所有権を有する。」

簡単には理解できそうもない記述ではあるが，階層所有権を排除しているとは読めないであろう。しかし同時に，共有に包摂すると考えていたともいい切れない。結局立法者は，階層所有権の条文上の取扱いにつき迷った挙げ句，何等の明文規定をおかないまま立法上は沈黙する態度をとったこととなる。

---

5 Franz von Zeiller, Commentar über das allgemeine bürgerliche Gesetzbuch für die gesammten Deutschen Erbländer der Österreichischen Monarchie. II. Bd.1812, S.121.
6 Franz Nippel, Erläuterungen des allgemeinen bürgerlichen Gesetzbuches für die gesammten deutschen Länder der österreichischen Monarchie III, 1831, S.196 u.V, 1832, S.277.
7 Jurius Ofner, Der Urentwurf und die Berathungsprotokolle des Österr. Allgem. bürgerl. Gesetzbuches, 1889, I. Bd., pag. XXXVII.

そして，法典化された中から階層所有権に関連しそうな条文を探すとすれば，それは ABGB 361 条であった。念のために試訳しておく。

「一個の分割されてない物が複数人に属する場合，共同の所有権が生ずる。全体との関連では，共有者は個々人と見做される。：分離されない部分は割り当てられるけれども，しかし，確実である限り，各共有者は彼に属する部分の完全な所有権を有する。」

こうしてみると，果たして ABGB の階層所有権に対する態度はどうであったのだろうか，との疑問に改めて突き当たる。立法当初の段階では，未だ充分な検討がこの問題にまで及んでいなかった，とみるべきかも知れない。

では，その後の議論の展開をみることとしよう。ここで注目されなければならないのは，何といっても歴史法学派の影響である。その偉大なる代表者サヴィニー Savigny によって，階層所有権の法的存在は否定されるに至ったからである。

その骨子だけを示しておくと，「地上物は土地に属す」superficies solo cedit，添付原則が階層所有にも適用になるから，階層は土地に吸収されその独自の存在は認められる余地はない，というのにあろう。サヴィニーの理論的方法の特徴の一つはローマ法源の重視にあろうが，サヴィニーのいうローマ法理論（ロマニステンの議論？）が，ABGB 立法後に階層所有権の理論的理解にも及んだ訳である。ABGB 編纂時点では，この論点は十分解明されないままであった，と総括することも許されよう。

筆者はその理論的当否については疑問を持つが（拙い検討をしたことがあるの

---

8 以下の条文も全て試訳であり，また典拠は現行民法典である。関連参照条文，843条「共有物は，その価値の相当な減少が一切無いか，もしくはさほど無いわけではなくとも，分割できる。：たとえ一人だけが，競売で売却したり売却代金を持分所持者で分け合うように請求したとしても，分割できる。」

9 Friedrich Carl von Savigny, Das Recht des Besitzes, 1. Aufl. 1803. 但し，階層所有権については3版（1818年）以降に登場し，その否定の立場は最終版まで一貫する。これについては少々の検討を加えたので，拙稿「区分所有権の淵源を求めて―サヴィニー Friedrich Carl von Savigny の所説とその批判―」（『続現代民法学の基本問題』第一法規，1993年，123頁所収）も参照されたい。本稿では，この『占有論』が版を重ねる時期と，1879年法が登場していく時期が重なり合うことにも注目したい。尤も，だからといってサヴィニーが（本稿で検討対象としている）オーストリアの階層所有権を主要に念頭に置いていたから，とまでいう積もりはない。それは余りにも牽強付会の態度でしかなかろう。しかし，オーストリアは当然念頭にあったろうし，階層所有権もいわば慣習法を論じる際の対象・一素材と考えていた，といえるのではなかろうか。

で，注9の拙稿をご参照願おう），オーストリアにおいてもその影響は大きかったといわざるを得ない。ここは一般に広くその影響につき解明する場ではないので，ABGB立法後の何人かの学説を本稿の論点に絡んで参照してみることとする。[10]

ウンガー Unger [11] もエックスナー Exner [12] も，独立した階層所有権を認めず，添付原則により実体的な建物分割を否定している。エックスナーにみるごとく，明らかな歴史法学派の影響が指摘されよう。

こうした歴史法学派の理解がオーストリアにも浸透し，ついに特別法立法化の動因にまで発展していく。それが結実したのが，1879年特別法の制定である。[13] この特別法の制定と展開については，項を改めて検討する。

3　階層所有権禁止の立法と展開
(1)　1879年法の制定

前項の最後でみたように，歴史法学派の立場が本問題の領域で（も？）席巻し，それは解釈だけにはとどまらず，ついには立法にまで及んでいく。

1879年法に至るまでの，少々の前史をみておく。それは，階層所有権の禁止を目的とした行政命令 Verordnung である。それは，ザルツブルグ Salzburg，ハライン Hallein の両市，そして君主領ボーメン Böhmen に対して連続して出された。[14] 但しその内容は，一次にみる1879年法がそうであるように—階層所有の新たな設置のみを禁ずるものであって，既存のそれには手をつけないままであった。

その経験を経てであろう，ついに君主国全体を対象にした法の制定へと歩は進められた。

10　なお，オーストリアでの歴史法学につき論じたものに次の論文がある。Werner Ogris, Die historische Schule der österreichischen Zivilstik, in Festschrift Hans Lentze, S.449 (1969)
11　Josepf Unger, System des österreichischen allgemeinen Privatrechts, Bd.1. 4 Aufl. S.413 (1876)
12　Adolf Exner, Die Lehre vom Rechtserwerb durch Tradition nach österreichischem und gemeinem Recht, 1867, S.28. 注13ではサヴィニーまで引用している。
13　Das Gesetz v.30 März 1879 Betreffend die Theilung von Gebäuden nach materiellen Antheilen（以下，1879年法と略す）
14　VO. vom 8.2.1853, R. G. Bl. Nr. 25; VO. vom 25.1.1855, R. G. Bl. Nr.18; VO. vom 27.12.1856, R. G. Bl. Nr.1 von1857. プッツアー　595頁，注56による。

まず，1879年法それ自体を明らかにしておく。

　　実体的持分に応じた建物部分に関する1879年3月30日法
（1871年7月25日一般登記法が有効である範囲に対し効力を有する）

余は（オーストリア・ハンガリー）帝国議会の両院の賛同を得て，以下のように定める：

　1条

建物の実体的部分が独立した物理的な物，例えば個々の階層又は建物の空間とみなされ得るような状態でない部分には，所有権そのものは取得され得ず，又，そのための登記簿への登記もなされ得ない。

そうした建物部分又は空間に，排他的で更なる移転に適した利用権が何処まで根拠づけられ，又登記簿へ登記され得るかは，民法と登記法の規定に従って判断される。

　2条

本法の効力発生以前に分割に基づいた法律関係であり，それが1条1項の規定と一致しないものは，本規定とは係わらず，又，その法律関係がそれ以前からの個々の地域で発布された分割禁止に該当しない限りは，今後は登記簿への登記の対象並びに更なる登記簿上の転記をなし得る。

そうした状態にある部分の更なる分割は，しかし，将来行われない。

　3条

2条で示された部分の登記 Vereinigung がなされたならば，分割又はそれに配分された負担は最早実施され得ない。

強制執行は，登記以前に取得された権利が問題になる場合にあっても，登記された持分にのみ執行できる。

しかしながら，売買価格の割り当ての目的に必要な限りで，それは個々の持分に分割されて評価されなければならない。

　　4条

司法大臣は，この法律の実施を委任されている。

　　　　　　ウィーン Wien　1879年3月30日

　　　　フランツ　ヨーゼフ Franz Joseph m.p.

　　シュツレマイヤー Stremayr m.p.　　　グラーサー Glaser m.p.

1879年の立法については，カゼレール Kaserer の豊富な資料がある[15]。その全部の紹介はさほど意味もないであろうから，参考となると思われる部分をみる。

前書きによれば，1879年1月1日以降，まず貴族院で同年2月21日委員会で最初の読会が開かれる。そこでの草案は，貴族院でさしたる議論もないまま決定され，下院に回付され，同年10月22日最初の読会が開かれる。司法委員会で審議されるが，下院は翌1879年3月18日委員会で貴族院の決定を変更することなく承認する。この後同年同月30日に，フランツ・ヨーゼフ名で公布される。

そこで注目すべきなのは，第一は立法草案への解説的注記（8頁以下），もう一つ第二は下院での審理（24頁以下），である。

では，第一の解説的注記につき要点を摘示してみよう。言うまでもなく，立法者側が用意した貴族院向けの主旨説明からのものである。

「所有権を特徴づける一個の物の支配独占に関する我々の民法の規定によれば，そして，それと関連した従物や共有等の規定によれば，所有権の目的物としてそうした対象だけが独立し自ら存在する物，他の物から分けられた全体を構成できるし，又，そうした対象を割り切った aliquot 部分と考えられる。所有権法のローマ法的把握に基礎を有するこの規定と一致して，登記法に規範化されており，その目的を鑑みて所有権の登記ができる。

（前述した一片桐注）既に出されていた行政命令への言及。

（実体的分割の容認は）法的な誤解であり，取引の重要な分野で事実上の（実体的分割を認めてしまう）事態が生じていた。それは，我々の民法により指示される法律関係の形成から免れることとなる。

一般に適用されている法律と事実状態との間の軋轢，それは法規制と一致しないにも拘らず，登記制度によって不動の適用を要求できるようになってしまう。こうした軋轢は，―経済的弊害を完全に無視し，変則状態から発しているが―立法の介入を当然と思わせる。

---

15 Josef Kaserer, Das Gesetz vom 30. März 1879 betreffend die Theilung von Gebäuden nach materiellen Antheilen mit Materialien, 1879.（以下，カゼレールと略す）本書は，前書きから始まり，1879年法，立法提案への解説的注記，貴族院での司法委員会報告，下院での司法委員会報告，下院での審理（1879年3月18日の会議），からなる総45頁にわたる資料である。

当然ながら，(前述の) 行政命令で長くは甘んじることはできない。それは，他の地域 Land にある変則状態を一層際立たせる。そして，直ぐに停止（制限）されないのならば，その結果生じる経済的誤解と悔やまれる概念の混乱は常に広がるとの心配が，容易に推測できる。

高裁が委託を受けて，家屋の実体的分割の調査をし，法的に評価し，意見を出し，最高裁が鑑定した。

この右の資料から，次のことが出てくる。空間の分割を軀体部分として通用させる過てる理解に基づく建物の区分は，例え不揃いな大きさであったとしても，あらゆる地域で生じてくる，と。

多様な分割の例を示す。家屋の個々の地上の oberirdisch 又は地下の unterirdisch 構成部分が隣家と結びついており，それ故にある家屋は他の家屋に一定の様式で突き出て（入り込んで）おり，二つの家屋の境は垂直の線で画され，隣家を取り壊すときには残りの一戸だけでは存続できるとは思えない，例がある。」

次いで第二の審理はどうであったろうか。ここでは，下院でのリーンバッファー Lienbacher の反対討論を取り上げる。

「本法はかくも重要で緊急を要する立法なのか，との疑問がある。私はそれに賛成できない。

どれがそのために挙げられる根拠なのか，何よりも質したい。本法の核心は何か，と。

委員会は，根拠として一体何を持ち出すのか？　第一に，現在ある実体的分割の状態は，民法典と登記法の法概念と矛盾するだろう。第二に，この実体的分割は紛糾する手続きの元となろう。第三に，道徳（良風美俗）への危険。第四に，健康への危険，を持ち出している。第一は後で語ることとし，他の三点が誤っている証明を試みよう。

（第二で）紛糾させる手続きが，そこから生じるという。私のザルツブルグでの体験から，建物の実体的分割による手続きは，決して他の所有権関係よりも多くはないと確言する。

ABGB 361 条と 829 条だけに言及する。実体的分割は，原則として観念的分割と比較して，場所（州）では多いが数では少ない。実体的分割に面した

登記導入の困難をみる場合，観念的分割の方がより大なる困難があることを告白しなければならない。観念的分割の家屋では，100とか1000の部分に分けられ，そこでは30ないしそれ以上の所有者が登場し，その中の一人が他人と入れ替わり，彼は再び多くの人に所有権を譲渡するからだ。又，個人が観念的部分に責めを負う場合に，何がその時点で本来の登記の状態かを直ぐ明らかにするのは，極めて困難だ。

規制の草案の報告から，私は次のことを見て取る。これは誤った前提から出発し，実体的分割がされない各建物部分との関連では何等の取り決めもないので，その部分に絡んで多くの手続きを必要とする。

実体的に区分されている家屋では，実体的に区分できないような部分も存する。階段，暖炉，屋根等を念頭に浮かべる。これらは原則として実体的に分割されずに，共有の財産である。この共用部分に絡む取り決めは，多数あるといえる。しかし，取り決めがなく裁判官が探求する場合には，今日まで常にそこには権利がある，とみてきた。この関係を斟酌するためには，仏と伊では共有の対象に特別規定があるのだから，オーストリアでもそうできるだろうに。

手続きを規制して，この権利自体を完全に排除するのは，逆の（誤った）対策である。

法案では，チロル Tirol，フォアアルルベルグ Vorarlberg，ダルマティーン Dalmatien でも全く同じように統治しようとしている。何故なのか。実体的分割がそこでは順応しており，排除しようとしたら激しい戦いを呼び起こすだろう，といわれている。ザルツブルグでも同じだ。オベルオスターライヒ Oberösterreich・ニーダーオスターライヒ Niederösterreich 及び全領域で順応しており，数世紀来存続してきたことが証明されている。草案を導入しないで，立法を否決するのが，他の領地にも又最良である。

（第三の）道徳への危険につき，どこで，何時，賃貸借に比較してその危険があるのか，正しく考えて頂きたい。この理由は全く間違って持ち出されて

---

16 共有と他の物権的諸権利についての第16節で，持分への持分保持者の諸権利を定めた条文。「各持分保持者は彼の持分の完全な所有者である。彼は共有団体の権利を侵害しない限り，それ自体をもしくはその利用を実際に自分だけで抵当に入れ，遺贈し，もしくは処分できる。」

おり，建物の実体的分割の議論とは完全に別の論点だ。

　実体的分割は決して道徳の危機ではなくて，観念的分割又は分割されない所有が決して道徳の保護とはならない。

　同棲はただ警察法の適用があればよく，それは分割されていない家屋と同じことだ。

　(第四の) 健康への危険についても，この危険はないといわざるを得ない。誰かが，所有者としてある階に住むかもしくは単なる賃借人としてかは，健康にとって何等の振幅を与えはしない。

　日々解約されるかもしれないと思いつつ貸借人として住むよりも，所有者として生活する方が，その住居にとってむしろ清潔で良き光が入り都合がよいだろう。

　防火につき述べられてはいないが，この危険は警察で対処され得るし，そうされるべきだ。本法にとって金銭的理由が課税と絡んで出されるならば，税法の間違いを登記法改正で補わないで，税法改正で修正を施さなければならない。

　(さて，第一の論点で) 報告では，『われわれの民法の規定によれば』といっている。所有権法の性質は，〝物の支配の独占 (専有)〟であり，物支配の独占がないならば所有権の対象を欠く，との原則から出発している。ABGB 357条[17]は，分割された不完全な所有権を知っており，その所有権によって物支配の独占があるとはいい得ない，と。358条は制限された不完全な所有権であり，359条[17]は個々の占有者による物支配の独占を一定程度有する共有である。

　一般に所有権の概念はこの独占にあるが，それは一般論であり，異なる方

---

[17] 所有権についての第2節で，完全及び不完全な所有権の分割。357条「物の本体への権利が利用権とともに一人に統合された場合には，所有権は完全であって分割されない。しかし，物の本体への権利だけが他人に，本体への権利を含みつつそれを利用する排他的な権利が帰属する場合には，その所有権は分割され，双方に不完全なものとなる。一人は上級所有権者となる。：それは利用所有権者と呼ばれる。」358条「法律もしくは所有者の意思によって制限される他のあらゆる種類の権利を，所有権の完全性は廃棄するわけではない。」359条「利用権から本体への権利を分離するのは，一部は所有者の処分によって生じ，一部は規定による。上級及び利用所有者間に存する関係の多様さに従い，内部的に所有権が分割されている財産，(封建領地，) 永借地，永借地料財産，と呼ばれる。しかし，(封建領地，) 永借地，永借地料財産については，存続契約の中で扱われる。」

向への重大なズレ（偏差）も有している。361条2文は，共有の分割されていない部分への完全な所有権である。それはそれで物支配の独占であるが，全ての所有権の決定的なメルクマールではない。更に842条は，次のように言っている。『仲裁人又は裁判官は次のことを決する。土地もしくは建物の分割に際し，それを分割する者は地役権の持分の利用を要求するのか否か，及びその条件の下で分割が他の共有者に承諾されているのか否か，を。』

　ここでは，明らかに建物の実体的分割からの答弁（釈明）がある。私は更に法案の過ちを指摘する。何時分割が可能なのだ，と質さなければならない。法は『分割が出来ない場合』という。何時それが出来るのか？草案の規制はこの問題に対し，消極（否定）的でもあり，積極（肯定）的でもある。例えば，空間（部屋）の区分は何等物理的部分ではないだろう，という。それ故に，規制は，物の物理的分割が起こるならそれは二つの完全な物（全体）になることを要求する。規制は更に，次のような物理的分割を否定する。垂直でない線が二つの部分の境界となっていたり，二つの家屋のうち一つがもはや存在しない場合には直ちに他の部分が取り壊される，と。それと共に，規制は次の場合にも一つの家屋での所有権を否定する。それは，家屋が他の家屋の壁により支えられなければならず，且つそれが容認されている場合だ。こうした事例を考慮願いたい。（実際には）単に三つの外部の壁しか有しない家屋が存する。四つ目の壁は岩壁なのだ。こうした家屋は，規制の意味での登記目的物なのだろうか。本来的には，そうなるだろう。岩壁がある限りその岩の基礎 Felsengrund が独立した登記対象と考えられ，家屋も又同様にそう取り扱われる。岩に替わって二つ目の家屋を考えてもらえば，双方の家屋が元々隔壁を共同で有しているのだ。（しかし）規制の見解によれば，双方の家屋が独立した登記対象となることができる可能性は否定されるに違いない。

　規制は更に言う。『区分は，一個のものから二つの独立して存続するもの（全体）をつくる作業である。』『排他的利用の目的のための建物空間の一部は，物理的分割ではない。』

　ここでは物理的分割につき語られている。更に言う。『元々の建物の状態に手をつけさせず，従って一個の建物からではなしに二個の建物をつくるよ

うな建物の利用に係わる処分は，それ故に分割でない。』

　この種の事態は土地との絡みでも出現する，といえる。分割を，民法及び登記法の意味で妥当せしめるために物理的分割がされなければならないというのは，しかし，全く当を得ていない。

　登記上の意味で実体的な一部を正当と認めるために，当該対象を二つの部分に物理的に分けるのは，決して物理的に分割された部分とはならない。今日，数百年存続してきた実体的分割の法律関係の表示を，『異常だ』として変える訳にはいかない。法的に根拠づけられている以上は。上級審が近時では他の見解を信奉しているのを知っているが，しかし，かつては上級審によっても又適法だと認識されていた。オーストリアはローマ法によって規律されてはいない以上，ローマ法を援用しては助けにならない。オーストリア法に拠り所を求めなければならず，実体的分割は法的に許容され，完全な所有権を基礎づけると解釈されてきた。立法は，法に権力を与えるような規定ではなく，国民生活で展開してきたような容認と適応力をもたらす規定を有するべきだ。

　国民の自由な意思によって形成された純粋な市民的法律関係に切り込みをつけ，それを全く排除してしまうのは，立法の使命とは思えない。又，『経済的過ち』についても，それは語られよう。

　規制は，土地の自由な分割を廃棄するか制限するものであるが，建物の実体的分割を階層によっても又将来にわたり不可能とする法律を伴って到来している。私はそれを本来転倒だ，と主張した。土地の実体的分割を現在のごとくそれぞれの程度で許容する限り，建物の実体的分割を廃棄すべきではない。

　土地の財団（基金）設立強制 Bestiftungszwang が存在したときよりも永く，建物の実体的分割は存続してきた。建物の分割不能は，特に領地と係わる実質的な損害を招く。昔は自立していた農業経済のヨッホ Joch が買われたからといって，簡単には賃貸借関係を始められない。それは何時でも解約されることが有り得るから，危険だろう。

　実体的分割を排除するのには経済的根拠がない，ともいえるだろう。一般に所有の中で居住しようとする場合には，家屋の個々の階層の買い取りに甘んじている者にとって，自ら自分の小さな家を建てるように強いられるから

だ。それにより，多数のそうした小さな家屋が生じるに違いなかろう。(しかし)それはその場所の飾り(誇り)とはならないだろうし，相当の場所を必要としようし，相応の屋根をつける必要もあるだろう。

　経済的に独立した人々は，住宅に関しても自立し独立しようとしており，階層(いわゆるHerberge)を買おうとする。賃借を強いられるよりも，感覚的にはるかに独立し自立しよう。規制は，実体的分割が許容されない場合に，他の法律関係，例えば人役権，存続権Bestandrecht，賃貸借，共有を成立させるように指示している。このような他の法律関係は，十分な代償にはなり得ないし，よくは判らない。規制は，都市住民の中間層や下層階級に，住宅の要求を満たせるためにこれらの(他の)方法だけに制限しようとする。

　そして，(この立法によって)何故にそんなにも多くの都市住民が利益を見出し且つ誰も損害をもたらさないのか，何故に突如として法律の条文で(実体的分割を)排除するのか，を考えるべきだ。景観のことも考えるべきだ。都市，特に州都にとってもその方がよい。様々な所有権が外から見て大変きれいに建てられ得る建物の中でまとまり，各人が実体的部分に住み，それはまるで一列に小さな目に見えない建物を建造したごとくである。

　最後に，3条の2項に含まれる次のような内容の規定を指摘したい。『(強制執行の)実行は，持分登記以前に取得されている権利が問題ならば，登記される持分だけが引き受けられ得る』のであって，法案は本来権利侵害である。その権利を以前に他の部分に確保させていた者は，実行のためには必要でなかったであろう部分が，又なお実行されてしまうことを，何故甘受しなければならないのか。そして，(法案では)この他の部分も実行される必要が，3条からのみ引き出される。これは，この登記された部分の所有者に対する一つの不法であり，他の債権者への不法である。」

　本法は登記法とセットになっており，その登記法の適用がされる地域に重ねられる。その登記法はまずは1871年に立法されたが，チロルとフォアアルルベルグには遅れて適用された[18]。そして，本法がチロルの君主領にも直接適用になったのは，更に遅れて1910年であった[19]。更にブルゲンラントBurgelandに至っては，1922年であった[20]。

第1節　階層所有権の歴史的展開　173

(2)　その後の学説

エーレンツバイク Ehrenzweig[21]は，階層所有権を認めてこなかった立法後の立場に格別に異を唱えることなく，客観的に記述する。

クラング Klang[22]も，同様にそうした階層所有権禁止の流れを前提としつつ解説を加える。

又，グシュニッツァー Gschnitzer[23]は，大要次のように理解する。

確かに現実に分割された家屋は共有と対立するが，しかし，物理的に分割された家屋の共同した（共用）部分の権利関係を越えて拡大する訳ではない。その上で，水平的分割と垂直的分割を明確に区別する訳ではない。西オーストリアでは所有権による分割であったが，そこでは各家屋部分には固有の領域があり，出入り出来るように分けられており，且つ垂直の隔壁によって他と仕切られていなければならない。最後の例では，完全に別の法的な事実が明らかになる。

又，バルツシュ Bartsch[24]は，登記法との関係で次のように議論している。

「実体的に分割された家屋の登記は，きわめて難しい。階層所有権者による土地の共同利用の経済的必要には，次のことが必然的に伴う。土地の所有権はただすべての階層所有権者の共有としてのみ表現され得るし，敷地への特別所有権は除外される。ABGB10条により，この共有の権利は全体との関係で決まる持分に従って登記簿に登記されなければならない。」[25]

では，ほぼ唯一と思われる1879年法に即した議論をしているディートリ

18　Tirol: Gesetz vom 17. 3. 1879,; Vorarlberg: Gesetz vom 1. 3. 1900.
19　Gesetz vom 27. April 1910, über das Verbot der Teilung von Gebäuden nach materiellen Anteilen in den Kreisgerichtssprengeln Trient und Rovereto und den Bezirksgerichtssprengeln Ampezzo und　Buchenstein.
20　Verordnung BGBl. 1922/315
21　Armin Ehrenzweig, System des österreichischen allgemeinen Privatrechts, 1923, Bd.1, 2. Hälfte, S.23.
22　Heinrich Klang, Kommentar zum Allgemeinen bürgerlichen Gesetzbuch, Bd.3, 2 Aufl. 1952, S.1128. 彼はABGB 843条の解説で分割の（不）可能性につき述べている。
23　Franz Gschnitzer, Österrechisches Sachenrecht, 1968, S.68.
24　Heinrich Bartsch, Das österreichische allgemeine Grundbuchsgesetz in seiner praktischen Anwendung, 1933, 7. Aufl. S.142.
25　「慣習については，法律がそれを引き合いに出している事例の場合にだけ，顧慮されることが出来る。」

ッヒ Dietrich[26] をみよう[27]。彼は1879年法を承認した上で，1960年段階で対応すればどうなるのかを，とりわけ登記上の取り扱いを念頭に置き考察しているとみられる。

「立法者の意図は，かくして総括的に以下のようになった。：a）実体的持分の新たな形成を阻止するため：b）現在の持分の更なる細分化を回避するため：c）現状から生じる紛争を最小限に制限するため：d）現存する実体的持分を次第に解消するため。これら全て遡及効無く，強制手段無く，現状への侵害もない。

（そして1879年法を受けて，ディートリッヒは1929年一般登記法＝GBG. 1955の旧法，の次の二つの条文を指摘する。）5条(4)　実体的に分割された家屋の個々の部分は，（登記法の意味での持分の）登記に至るまでは，独立した登記対象と扱われ得る。6条(2)　多数が共有している登記対象に際しては，個々の共有持分，更に実体的に分割されている家屋の場合には個々の家屋の持分に対し，それらが独立した登記対象と扱われていない限り（5条(4)），そうすることにより見通しやすくなるならば，独立した所有権及び負担の用紙が開設される。

1879年法によって，当時あった実体的持分の50％は解消されたと見積もられようし，農業では80％解消された例もある。全ての面での根底的な解消には，立法的基礎が欠けており，現在では解消させる本質もないから，殆ど不可能である。問題は未解決のままである。

（もはや実体的分割は新たに出来ないから，相続によるそうした分割も許されない。そこで）相続人は，その主旨に沿った新たな合意をする可能性が残されている。それによれば，相続人は相互に『無制限で無償で果実取得権』を授与される。又，空間的に区切られた不動産の一片には，用役権設定とその登記が出来る。同様に，人役権及び地役権の設定と登記も出来よう。

その登記には，次のような例を考えることが出来よう[28]。

26　Ivo Dietrich, Auswirkungen des Gesetzes vom 30. 3. 1879 R.50, betreffend die Teilung von Gebäuden nach materiellen Anteilen. in Österr. Notariats-Zeitung, 1960, S.84.

27　なお，中世におけるウィーン法での階層所有権を論じたノバック Novak の論文がある。Franz Novak, Das Stockwerkseigentum im Wiener Rechte des Mittelalters, in SZ (Germ.Abt.) Bd.54. S.89 (1934).

A2欄 Blatt　a）実体的持分1と2の明示的な記載：
b）実体的持分2のための，持分1…に添えての，排他的，無償，永続的利用権の明記：
c）実体的持分1のための，持分2…に添えての，排他的，無償，永続的利用権の明記
B欄　実体的持分1及び2での所有権の登記 Einverleibung
C欄　実体的持分1：持分2の所有者のための…への永続的，無償，排他的な利用権の登記
　　　実体的持分2：持分1の所有者のための…への永続的，無償，排他的な利用権の登記

相続と同様に，現存する実体的持分の更なる『細分化』Zerstückelung は出来ないので，新たに契約による合意が必要となる。例えば個々の部屋，台所，屋根，ないし類似の箇所のような実体的部分は，契約による交換による可能性があるが，登記簿上は『正しい』が経済的には『真実でない』状態となっていく。年月を経て個々の空間は最早そのままではなく，建築的に変更されたものとなり，他の利用（台所，浴室等）がなされている事例がある。実体的に分割された家屋の所有者も風呂や水洗便所を備え付ける可能性を与えられるべきであるが，それは殆ど建替えや増築によってのみ達成されよう。それ故にこうした（占有）関係の新たな規制は，この増築，建替え，新築と手を携えてなされる。

　登記上の扱いについては，次の正しい打開策のみがある。それは，従来の実務に立ち返り，予見された法的ないし建築上の変更を根拠にした『新たな記載』を承認することだ。」

(3) 判例

　他方，判例はといえば，これ又学説以上に乏しい。二つの裁判例をみよう。
　一つは，1928年3月14日判決[29]。階層所有権に向けた基本的な解釈論を推論することが出来る判決である。「（チロルでの）実体的な家屋の持分の所有権は，建築された区分地 Bauparzelle の全部の敷地からみれば共有を含んだも

28　現行法での例ではあるが，登記の見本を最後（189頁）に資料として掲載しておく。
29　OGH vom 14. 3. 1928, I Ob 142/28 プッツアー，603頁注85による。

のである。階層により区分された家屋の敷地への特別所有権は，排除される。そうした敷地への共有の承認を認める提訴では，観念的持分の大きさを申し立てることは許されない。」

　他の一つは，1951 年 3 月 1 日判決[30]。階層所有権がある家屋の，外壁利用の権利についての判決である。

　地上の家屋と地下にある地下室との間で階層所有となっている共有者間の争いで，地下室を所有する被告が壁のところに出入口を設置したのに対し，地上家屋所有者の原告がそれによる所有権侵害の中止と原状回復を請求した事件である。第一審で棄却，第二審で控訴認容。最高裁は次のように述べて，第一審の判断を受け入れる形で原告の訴えを退けた。

　「正当にもピネレス Pineles は次のことを指摘した。階層所有は必然的に完全な建物分割を伴うとは限らないし，何らそれをもたらす訳でもない。というのは，建物の水平分割の場合には常に建物構成部分があり，それは主な壁，階段，屋根の如く全所有者の要請に応えられ，それ故に実体的に分割され得ないからだ。他方で分割は中壁，住居の従物，のごとき他の部分をみれば，物理的に可能であるから，階層所有は独立した所有権と独立していない共有権の集合を不可分的に形成している。ピネレスはこのために可分的共有との表現を使い，それは大なり小なり弛められた状態である共同である。新たな住居所有権法 WEG も又，二つの概念を使って，一方では特定の住居と営業空間での排他的な利用と独立した処分権，他方では不可分の共有持分とを区別している。

　住居所有 WE とは異なり，明文規定を欠いている古い階層所有の場合には勿論，所有権者の共有は分割され得ない建物構成部分が具体的に階層所有にとって重要であるときに限って，受け入れられ得る。それ故に本件のケースで被告の共有は家屋の壁全体に想定され得ることはなくて，地下室の境界を形成すると同時にその部分によってドアがその境界を破壊してしまったその部分でだけの共有が想定され得よう。この共有はもちろん―控訴審が扱ったごとく―ABGB 854 条（共同関係の推定―片桐注）の管轄下におかれる訳では

30　OGH vom 1. 3. 1951, SZ XXXIV/58

ない。隣あった土地の間の壁が問題ではなくて，家屋の壁の部分での多数の親密な共有が問題であって，その部分は外部的に所有権の限界となるだけではなく，組織的に双方の権利者の目的にも資さなければならない。ABGB 855条（共同関係の推定—片桐注）から壁の事実上分割された所有権を，双方の所有者のそれぞれが相隣権の規定によってのみ制限されており壁の丁度真ん中まで分けてもかまわないとの意味で，推論することも又出来ない。この見解は，通説ではないけれども，たぶん明確な限界付けとして受け入れられ得よう。」

「地下室の上にある台所への重大な冷気の作用はドアの設置によって起きているのではなく，それ故に原告の言う権利侵害は何等認められ得ない。」
「原告によって争われている被告によるドアの設置は，被告の地下室のよりよい利用となり，原告には何等の重大な損失をもたらさず，それについては許される管理の措置とみることが出来る。原告には被告の所有権侵害を止めさせて原状へ回復せよと訴える権限はない。」

(4) 小括

まず，概括的に言えば，階層所有権をめぐる争いについては，次の二つの面からの対抗が指摘出来よう。即ち，国家制定法と慣習法，そしてその背景にあるロマニステンとゲルマニステンの対抗である。1879年法が成立したことは，いずれの面でも前者が勝利を納めた，と取りあえずは言えよう。しかし，この結果はいわば表面に留まったというべきではなかろうか。言うまでもなく，1879年法の規制対象は階層所有の新設に対してだけであって，既存のそれには手をつけられなかった。この特別法以降でも，引き続き階層所有の従来の慣行は制定法レベルでさえ生き続けることが出来たのである。それは同時に，第二の対抗面でも同様の指摘が可能であり，特にオーストリアにおいて，果たしてどこまでロマニステンの勝利といい得ようか[31]。それをロマニステンの勝利とみてしまうのは，余りにも一面的ではなかろうか。ゲルマニステンからみれば，制定法では破れたものの，引き続き従来の慣習は容認

---

31 尤も，ロマニステンからみれば，元来ローマ法は土地と別個の階層での所有権を認めていないわけで，1879年法はそれを確認し改めて宣言したこととなろう。ABGBがこの問題につき沈黙したのも，ローマ法の原則からみれば当然の態度，とみることとなろう。

されたのだから，全面的に敗北した訳ではない（本稿では，この点での検証まで及んでいないものの。又，検討が及ばなかったオーストリアのパンデクテン法学（者）についても，残された課題である。）。

では，法律構成の面ではどうであろうか。最大の焦点として争われたのは，建物の（新たな）実体的分割を承認するか否定するか，であった。既存の階層所有権を擁護する規制反対論は，実体的分割を承認せよと主張し，その部分への単独所有権の成立を主張した。この立場は，その後（今日で）いうところの単独所有権，特別所有権とする見解に結びつき易いといえよう。

そして，他方の規制論は少なくとも共有論と結びつき易い，といえよう。この立場からは，もう一つの賃貸借や役権構成の当否・適否の問題が正面に浮上してくる。この立場は階層部分への所有権成立を否定し，それは貸借関係や人（地）役権の設定で対応せよ，という。基本は，建物部分も（分割されない）共有と解するのであろうから，共有者相互の関係はどうなるのであろうか。そして，貸借や役権の場合にも，階層相互間のその当事者関係はどうなるのであろうか。それらは自明とはいえないであろう。

学説の展開をみれば，ABGB立法前後は階層所有権を承認していたものが，その後は否認の態度へ変化していく。恐らくは，その最大の原因は歴史法学の影響と思われる。これは，本稿とは別途に興味を引くに十分な点である。

今少し，1879年法の立法過程の議論を振り返ってみよう。最大の疑問は，何故に何を本当の目的として立法化にまで至ったのか，との点である。そして更に言えば，その目的は果たして十分に達成されたのか。いずれの点についても，疑問なしとしない。1879年法以前に，1850年代に出されていたVerordnung（注14参照）と，それと内容的に矛盾する部分を含んだ1790年のHofdecret（注4参照）の二つの存在は，当時の国家の分析を待つ以外にないが，恐らくは権力の担当部署によって見解が別れていた一つの証拠と理解することは許されよう。そして，立法当時の議会でのやり取りはどうであったろうか。1879年法の主旨説明には，既にして強固な歴史法学の影響が見て取れるが，概念の混乱の指摘はまだしも説得的かも知れない（どちらかに整理した方が望ましいから）が，経済的な誤解や混乱の指摘は正しいのであろうか。こ

の検証まで，本稿は及んではいないが。筆者には，下院で反対討論を繰り広げた Lienbacher の議論の方が当を得ているのではないか，と思われる。建物の実体的分割は手続きを紛糾させ，道徳へ危険であり，健康にも危険であるとの立法理由は，彼が言うように根拠がないか薄弱であろう。更に中心的論点は，実体的分割を承認すれば ABGB 及び登記法と矛盾するとの提案理由であった。しかし，元来が階層所有につき何らの態度を決定せず，明文規定も有しなかったのだから，この理由も当てはまらないといわざるを得ない。

　尤も，そもそもの基本的な議論・一般論として，実体的分割の承認，階層への単独所有権の承認しか選択肢はないかといえば，それはそうでは無かろう。一般には建物への利用権設定なる方途でも同様のないしは類似の目的を達成出来ることまで，筆者は否定するつもりは毛頭ない。利用権構成に戦後の歴史は消極的ではあるが，階層所有しか無いというのは，行き過ぎの議論であろう。しかし当時の立法として，1879 年法は適切妥当なものであったのだろうか。旧来の慣習を無視するならば，借権なり役権なりからの居住保護に十分な手当が取られたのであろうか。どうやらそうでもなさそうである。

　もう一つ，今日からみれば重要な論点として，土地（敷地）との関係といわゆる（現行法でいう）共用に資する部分との関係は，明確にはされていないままであろう（土地自体の共有は認めているようであるが）。建物分割承認・否認を問わず，建物と土地共有の相互関連は不明のまま残された，といわざるを得ないだろう。階層所有権への規制推進論も反対論も，この点を明らかにしてはいないであろう。

　結局本法は，新たな分割を（形の上で）排除することを眼目としただけで，こうした問題の（今日からみるところの）核心には何等資すところがない[32]。本稿の一つの意義は，既に 1850 年代から階層所有の承認と否認を巡って，右にみてきたような争いが存在したことの歴史的確認が出来た，というにあろうか。

　かくして 1879 年法は特別法として成立するが，既にみたごとくその後の

32　こうした論点は，日本での議論を強く思い起こさせる。例えば，かつての私法学会では，現行区分所有法への改正に当たっての検討がなされ，従来の立場から玉田教授が，「極端な立法論」として鈴木禄弥教授が，報告され，種々の議論が展開された。私法 43 号 79 頁（1981 年）参照。

適用地域と時期については，君主領全域に対して一律に適用された訳ではなかった。これは一体何を物語っているのだろうか。（残念ながら本稿では，当時の君主領の全体像と各地域の詳細，及び当時の登記法との関連についてまで探求できなかったが）当地では1879年法を直ちに適用するには，何らかの困難が存在したことを予想するに難くない，といえるのではなかろうか。つまり，それは階層所有の存在ではなかったのか（これだけがその原因であるとの断定は避けるべきであろう。主要と思われる他の原因として，当時の君主国＝国家のいわば統治力の弱さもあるのではなかろうか）。

以上の展開をみれば，（本稿の論点だけからみれば）既述した歴史法学ないしはロマニステンがオーストリア全域でも勝利を納め，慣習を重んずる立場をとるゲルマニステンは敗れたことを意味するようにみえる。ABGBについて言えば，法典で触れることなく曖昧のままにされていた問題領域に対して，1879年法なる手段を用いて制定法化されることにより明確に態度決定されたこととなる。そしてこれ以降は，法律構成上の詰めがなされないまま（少なくも法的には）階層所有権は否認され，歴史の表舞台から消え去った。

4　その後の展開

では，その後はどうなって行ったのだろうか。ごく概括的にみてみよう。

まず，第二次世界大戦以前の表だった動きとして，法曹大会での議論がある。1924年開催の第33回ドイツ法曹大会で，正面からこの立法がテーマとして提起され議論されるに至る。[33] クラング Klang は，第二（民法）部会で，ABGBの改正を主張し，債務法上の住居賃貸借の改正と共に，階層所有権を再導入するか又は類似の法形式を作り上げる提案をした。しかしこれ又，結局は実現されないままで終わった様子である。

そしてそのまま戦後を迎える。オーストリアもこの第二次世界大戦の影響を避け得なかったのは，他の欧州諸国と同様である。そこで発生してきた社会問題の一つは住宅の困窮である。その解決策の一つとして提起されてきたのが，かつての階層所有権であるところの住居（区分）所有権がいわば装い

33　Verhandlungen des Dreiunddreizigsten Deutschen Juristentags (Heidelberg), 1925, ff.165

も新たに登場してきた[34]。その議論はここでの課題ではないので，触れない。

第2節　補　論

1　はじめに

筆者は，標記のテーマにつき，過日の比較法学会65回総会で報告の機会を得た（2002年6月1日，広島大学，個別報告大陸法部会）。その場では，拙稿（『階層所有権の歴史的展開――オーストリア法に即して』亜細亜法学35巻2号1頁（2000年），以下『本論』と略す）を中心に報告したが，数人の研究者からは有益な教授や質問を頂くことが出来た。逐一ご芳名を挙げないが，この場を借りて感謝申し上げる。本稿は，その場で幾つかご指摘を受けた諸点に対し，補論の形を取って論じてみようとするのが主たる目的である。一部再論となるかもしれないし，関連する内容についてはご指摘と離れることがあるかもしれないが，それは更なる議論としてご理解頂ければ幸いである。以下，論点ごとに記す事とする。

2　条文訳

「本論」の7頁（本書166頁）で訳した法文に対し，数点にわたり修正すべきとの指摘を受けた。基本的にはその指摘を受けて，次のように改訳する。こなれていない訳文の部分は，筆者の非力が原因であるから訂正することに吝かではない。尤もそれ以外の点については，率直に言えば迷いが未だに残っている（括弧の中で示す如く）。というのも，「本論」でも言及した如く，そもそも階層「所有（権）」自体を問題にしている訳であって，その存在と理解が自明であれば通常の訳を採用することに躊躇は無いのであるが。筆者の中心的に解明すべき（であった）点は，その根拠（階層『所有（権）』の存在のみならず，その禁止立法についても）と理論構成であったが故に，敢えていわば硬直した訳を採用したとの問題意識が働いた，との弁明は許されないであろうか。

以下，訳

34　シュバルツァハー Schwarzacher は，立法前にその再導入を主張していた。Friz Schwarzacher, Rechtsfragen des Stockwerkseigentums. JBl. 69.99 (1947)

『実体的持分に応じた建物部分に関する1879年3月30日法』第1条
「建物の構成（実体的）部分であって，例えば個々の階層や部屋（建物の空間）のような，独立の有体物（独立した物理的な物）とみなされ得るような状態でない部分には，独立の所有権は成立し得ず，又そのような所有権を取得する目的で登記簿に登記することは出来ない。

そのような建物の部分（一部）又は部屋（空間）に，排他的且つ譲渡（権利付与）に適するような利用権をどの範囲で成立（設定）せしめ（利用権で根拠付け），且つ登記簿に登記し得るかは，民法と登記法の規定に従って判断される。」

右記1条以外にも，再考し改訳すべき部分があろうが，別の機会とさせていただく。

3　所有権概念について

階層所有権という以上は，いかなる意味での所有権であるのかが当然問題となる。まず歴史的事実として，階層「所有（権）」といわれている関係があったことは改めて確認しておこう。[35] そして，本稿で取り上げている場面に於いても又そのことは指摘出来る。ではここでの所有（権）とはいかなるものであったのか，これは筆者には簡単に答えを用意できる問題ではなさそうである。政治的な歴史区分上は，既に近世の途上で近代に移行しようとする段階であろう（因みに，オーストリア＝ハンガリー二重帝国は1867年に成立している）。ところが，オーストリア民法典ABGBは既に1811年に立法化されており（1812年施行），それは時間的にフランス民法典に次ぐ近代法典と一般には位置づけられている。勿論，当時（該当する時代）の社会から遊離した法律は基本的にあり得ないから，ABGBも又当時の社会的条件をも考慮せざるを得なかった。

では本稿で取り上げている階層所有権については，どうであったろうか。

35　その豊富な資料の一つとして，「本論」でも挙げておいたStanislaus Pineles, Die communio pro diviso, Zeitschrift für das Privat-und öffentliche Recht der Gegenwart (Hg. Grünhut), Bd.29, 1902, S.68 同Bd.30, 1903, S.767. がある。

既に「本論」で言及した如く，ABGB はこの点について沈黙したといわざるを得ない。それ故に，オーストリア近代民法典の階層所有権に対する明文規定上の態度は不明である。

　この一つの関係を，「本論」では国家制定法と慣習法との対抗と描いてみた（本書178頁参照）。勿論前者（国家制定法）では，ABGB と 1879 年法＝特別法との二重構造があるが。そして，あくまで図式的な説明に留まるものの，前者では近代的な所有権概念，後者（1879年法でも全面否定・排除できなかった，従来の慣習法としての階層所有権）では近代と対比的に語られる意味での封建的な所有権概念，と一応は言うことが許されよう。

　遺憾ながら筆者の作業は，未だここで問題となっている歴史的に存在した慣習法の内容的な解明までには至っていない。そこで，オーストリアの私法の発展史を論じているフロスマン Floßmann の業績によりながら，まず所有権について少しばかりみておきたい。[36]

　中世での所有権は，それ以前とは異なり，二つの特徴を指摘できる。一つは，土地に関するさまざまな利用権から動産所有権を区別した点であり，もう一つは，土地所有権の強力な社会的拘束である。

　その後，普通法を継受する中で，所有権観念は完全権（Vollrecht）の総体となっていく。絶対的で抽象的な所有権概念である。

　また共有についてであるが，オーストリアの法典編纂史を見れば，オーストリアも総有（Gesamteigentum）の概念から確かに遠いものではなかったが，結局は持分に基づく共有（Miteigentum nach Quoten, condominium, communio pro indiviso）となった。

　更に学会では，分割所有権下での階層所有権につき示唆を受けたので，言及しておこう。

　ALR（I 8 §19-20：I 18 §1）は，上級所有権者に物の所有権（Proprietät）を付与し，下級所有権者には所有権の共有と単独の（個別の）利用権を付与した。この概念を ABGB（357条）も又引き継いだ。その適用は，Erbpacht（永

36　Ursula Floßmann, Österreichische Privatrechtsgeschichte, 3.Auf. 1996.
　　所有権について、156頁以下、共有165頁以下、分割所有権169頁以下。次の４土地と建物の関係の箇所は、140頁以下。

小作権）関係に例を見，それは Miet-u. Pacht（使用および賃貸借）契約によった。Lehngüter（世襲封土権者）や Familienfideikommisse（家族世襲財産）にも，この関係は存在した。

　分割所有権は，しかし既にもはや法典編纂の時点で，何ら生きた所有形態ではなくなっていた。中世で既に，特に都市では，「下級所有権による上級所有権の吸収（Aufzehrung）」（都市での自由地化。因みにドイツでは，最終的に1938年7月6日法で消滅）が始まっていた。この展開は近世で脇へやられ，19世紀の立法による土地改革で終わった（Grundentlastung, Allodifikation, Ablösungsgesetzgebung）。1848年（＝革命）来の恭順さの廃棄は，永小作権─小作料契約の規定を時代遅れなものとした。分割所有権の憲法上の禁止（7条2項，StGG 1867年）は，封土関係の廃棄，家族世襲財産とその他の拘束的な財産の消滅を強制し，結局不完全な所有権の所有形態を最終的には歴史的なものとした。

　以上のように述べられている。確かに下級所有権者は，土地を共有するとともに階層（建物）を利用できるとの関係が，この分割所有権からは引き出されるかもしれない。しかし第一に，階層「所有」であった。利用権といっても，それは慣習による権利であって，それを指して「階層所有」とすることにはさほどの難点は無いかもしれないが。そして第二に，右で見たごとく，時代のずれ・食い違いがありはしないだろうか。「本論」で見たごとく，階層所有禁止立法は1879年であったのだから。いずれにせよここでも又，当時の当該地における慣習によった，というのが正解であろう。

4　当時の土地と建物の関係

　では土地と建物が，いかなる関係に立っていたのであろうか。まず，ここでもフロスマンをみよう。

　中世の法世界は，構成部分とそれに付属した（付加した）物の間の法的に重要な区別を何ら知らなかったから，物の一部分への物的な権利は異例ではなかった。土地所有から独立した建物ならびに空間的に区分された建物部分への特別所有は，全く慣例的（慣用によるもの）であった。

第2節　補　論　185

　このことは木材建築によって助長された。それは「松明が焼き尽くすものは動産である」との諺に従って土地の構成部分とは考えられなかったが，農村 - 都市法でも又支配的だった土地の貸付の場合でもそうであった。他人の土地の上での建築は，実体的には利用権の内容であったし，不動産所有者に与えられるべきではなかった。

　物の構成部分が特別な権利となり得る能力については，例えば階層所有が特徴的であった。土地の産物（木，穀物，果実）をめぐっても，例えば質権の設定によって，土地からの分離以前に処分され得た。

　その後，近世ではどうであったのだろうか。

　ローマ法は，物理的又は経済的な材料の結合と分割に法的考慮を払うべき限りで，物の個別性の問題に，衒学（決疑論）的な特別規定によって迫っていった（取り掛かった）。継受した法律家は，そこから一般的な原則を引き出したし，例えばその観念から，土地をめぐる法的支配は継続的にそれと結びついた財をも把握するとした。添付原則である（superficies solo cedit）。

　この普通法の理論は，ABGB でその結果を見出す。それはすべての動産の不動産化を宣言し，不動産に帰属すると取り決めた（293条）。勿論，こうした規定が全面的に適用されるには無理があるから，その後には部分的な補正が再びされなければならなかった（Überbauten（Superädifikate））。注釈（片桐）を加えておくと，これ（Superädifikate）は地上権と同様にして，他人の土地上に建物等を設置できる権利関係を指している。

　次いで，プッツアー Putzer の議論の中から，シュローダー Schröder とギールケ Gierke を対比している部分を取り上げる。但しオーストリアに即したものではなく，ドイツ法上での階層所有権をめぐる議論の分析である。

　そこでは二つの立場がある。

37　Peter Putzer, Zur Rechtsgeschichte des Stockwerkseigentums (in FS für Ernst Carl Hellbling), 1971. 600頁以下。次のシュローダーでは，例えば129頁，そしてギールケでは，例えば42頁，参照。
　　Richard Schröder, Über eigentümliche Formen des Miteigentums im deutschen und französischen Recht, in Festgabe für Grossherzog Friedrich von Baden, 1896.
　　Otto v. Gierke, Deutsches Privatrecht, 2.Bd., Sachenrecht, 1905.

第一の見解は，階層所有権を単独所有権，つまり特別所有権と見る。この特別所有権理論は Schröder に見られるが，それは相互の土地負担，地役権，そして共同体から発する相対する階層所有権者の法的義務の助力があった場合のみではあるが。しかしながらなお大胆にも，特別所有権は，この理論の殆どの支持者によって理論構成される個々の階層の単独所有権と共用部分での共有との結合を主張する。

　Schröder の解決の試みは，第二の独法での階層所有権把握の変形を示す。それは共有理論の基盤に立ち，建物全体の分割されない共有として，一つの物的で継続する使用・利用部分と結びついたものとして説明される。この共有の特別な形式は，共有持分を全体の中での割合で言い表すのではなく，「個々の建物部分に化体（具体化）」されるとする。：それ故に，分割されない共有の一例と見る。階層所有権の相続性と譲渡性が特徴であるとこの理論は言明するが，しかし他方では，譲渡に当たっての共同体構成員の分割宣言・先買権・通行権の禁止（排除）が，合手的共有にとってむしろ典型的ではあるが。

　正にこの点に Schröder は，ドイツ封建法の重要な類推を見る。：法の統一を基本的に保持したいときの完全な利用区分，それは又階層所有権の場合にも共有の一形態にとり独法上の特別な展開として語られる。

　Schröder が一般論として定式化した概念は，古きヴュルテンベルグ Württemberg での実務に一つの具体例（分割宣言を許容しているが）を見るが，しかし Gierke によって考えがたいものとして拒絶された。

　階層所有権の解釈論的判断では，近代民法では第一の独法概念が普及した。：それに従えば，階層所有権は共有としてではなく単独所有権と一般に理解される。分割可能な共有は，法的共同体としてではなく単なる相隣関係と理解されるとの前提では，階層所有権の把握も又分割可能な共有とするのが正しい。

　独法的出発点の貫徹にも拘らず，階層所有権の解釈論的理解は，しかし争いが無いものでもなければ明瞭なものでもない。

　Gierke は，次のように詳論する。敷地と共同利用する建物部分との分割できない「団体としての所有権」は，特別所有権により排他的に利用される

建物部分への個々の構成員の特別所有権と結びついている，と。この結びつきを分かつことが出来ないのは，争いがなく，「団体としての所有権」は単独所有権の本体（実体）的構成部分である。Gierke によれば，この団体には合手的共有のための不変の秩序が妥当する。：共同体構成員の先買権，通行権，加入権を承認する理由があろう。

個々の構成員毎に実体的に区分された建物部分に帰属する権利の評価について，それを単独所有権とみようと特別所有権とみようと，今日では何等の相違はもはや無い。通説によれば，現実に分割された家屋に分与された所有者の関係は，その階層所有権の観点からみて純然たる相隣関係と把握される。

分割できる共有の正当な判断の強調には，ヴォルフ Wolff の批判的な注釈が当てはまる。BGB は相隣権の徹底した規律を，階層所有権についてもしてこなかった。殆どの法典編纂（仏法系を除き）によってもその規律はされてはいない。

この法的な不規則性は，特に物理的に区分された建物の共用部分への階層所有権と結びついた権利の解釈論的把握の試みの場合には重要だ。一個の現実に分割された対象のこの共用の—より良い形は特別所有権がない—部分に共有があるとの理解は，確かに広く主張されているが，しかしそのままの共有か合手的共有が問題なのかどうかについては，殆ど全く言明してはいない。

この共用部分には合手的共有秩序があるのだとの Gierke の断定は，かなり孤立的であるし，特にオーストリアの関係には根拠がしっかりしてはいない。Gierke はその際，少なくともドイツの特別法規範めざして挑戦しているが，それをオーストリア法は全く無しで済ましている。

5　まとめに代えて

補足的に，1879 年法が何故立法されたのかにつき，次の論点を加えておく。歴史法学派の影響に加えて，ABGB 自身の態度についても—補強的な原因であると思われるが—みておくべきであろう。それは法源論であって，ABGB 10 条の規定が注目される。当時の理性法に基づく条文と思われる。

ABGB 10 条によれば，慣習は法律がそれに基づく（依拠する）とした場合

にのみ顧慮され得る，としている。慣習をもって，法律以外の独自の法源とはしないことを意味しよう（併せて11条も参照されたい）。繰り返すまでも無いが，ABGB自身が不明確のままであった階層所有につき，それを慣習として存続させることは自己の態度と矛盾・対立しかねない（＝慣習法となってしまう）からではなかったか，とも思われるのであるが。

なお，学会では当時進行中であった区分所有法改正に関して質問が出された。本稿（学会報告）の視点からは，所有権構成か利用権構成かの論点が抽出されようが，それは現下の対立点ではなく既に日本法は（当初から）所有権構成を採用済みである，と対応した。

しかし，直接オーストリア法の特有な構成（WEG 1条参照）を採用するか否かは別としても，校正時点で既に国会を通過した改正区分所有権法（および改正建替え円滑化法）を前にした場合には，利用権構成を改めて一考すべきではないかとの感が拭い得ない。新法は，所有権の軽薄化（更に言えば変質）・居住の軽視ないし流動化，を促進するためのものではなかろうか（特に，客観的要件を排除した建替え要件と団地での一括建替え方式の導入を眼前にしたとき）。尤も，重大な疑問がある新法に対し，果して利用権に基づいての構成で十分なアンチテーゼたり得るかはなお検討を必要とするであろうが。

以上，改訳(2)は一部に留まり（1条のみ），続く所有権概念(3)と土地・建物の関係(4)も殆どは学説の紹介に終始してしまい，筆者としての見解を十分まとめるにまで至らなかった。

せっかくの貴重な場所を提供して頂いた比較法学会（および亜細亜法学）に対し，はなはだ不十分な論及で終わらなければならない不明を恥じつつも，一旦は筆を擱かせて頂く。

訂正：「本論」を次のように訂正した。

「合併 Einverleibung」→「登記」（理由：Verbücherung, Intabulationとほぼ同義と思われる）

〈資料〉登記の例

```
GRUNDBUCH 81113 Innsbruck                        EINLAGEZAHL 95
BEZIRKSGERICHT Innsbruck                                SEITE 1
besondere Abschrift ★★★★★★★★★★★★★★★ ABFAGEDATUM 1998-03-25
Letzte TZ 1467/1995
Einlage mit materiellen Anteilen
MATERIELLER ANTEIL I: B-LNR 1
MATERIELLER ANTEIL II: B-LNR 2
★★★★★★★★★★★★★★★★★★★ A1  ★★★★★★★★★★★★★★★★★★★★
    GST-NR BA (NUTZUNG) FLÄCHE GST-ADRESSE
    .376 Baufl. (Gebäude)         108 Herzog Friedrich-Str. 20
                                  Seilerg.1
★★★★★★★★★★★★★★★★★★★ A2  ★★★★★★★★★★★★★★★★★★★★
    1  a  MATERIELLER ANTEIL I:
          der sogenannte im Erdgeschoß befindliche, im Westen gelegene und ein
          Fenster in die Seilergasse offende Ukeller, das westlich an diesen
          stoßenden Gewölbe welches jedoch nicht bis zur Seilergasse reicht
    2  a  MATERIELLER ANTEIL II:
          alle übrigen Bestandteile des Hauses
    3  a  2800/1963 Sicherheitszone Flughafen Innsbruck hins Gst .376
    4  a  6922/1980 Denkmalschutz hins Gst .376
★★★★★★★★★★★★★★★★★★ B-LNR 1  2 ★★★★★★★★★★★★★★★★★★
    1  ANTEIL: 1/1
       Jeweiliger Eigentümer des Gst .375 in EZ 94
       ADR:
          a Stand 1902 Ersitzung Eigentumsrecht
          c gelöscht
    2  ANTEIL: 1/1
       ------------------------------------------
       GEB:--------ADR:Kundl 212 6250
          a 5471/1979 IM RANG 9938/1978 Kaufvertrag 1978-12-07 Eigentumsrecht
          e gelöscht
★★★★★★★★★★★★★★★★ ENDE ★★★★★★★★★★★★★★★★ FORMAT 1 A4 ★★
```

収録論文初出一覧

第1章
第1節
「マンションでのペット飼育をめぐって㈠」九州産業大学「商経論叢」第33巻第3号，1993年
「マンションでのペット飼育をめぐって㈡・完」九州産業大学「商経論叢」第33巻第4号，1993年
第2節
「マンションでのペット飼育をめぐって・補論」名城法学　第60巻　別冊　法学部創立60周年記念論文集，2010年

第2章
第1節
「マンション・専用使用権を巡る裁判例の検討」下森定編集代表『現代民事法学の構想』内山尚三先生追悼，2004年，信山社
第2節
「専用使用権論――総括と課題――」マンション学22号，2005年

第3章
第1節
「マンション建替え小論―要件論を中心に」法学志林99巻1号，2001年
第2節
書き下ろし

第4章
第1節
「階層所有権の歴史的展開――オーストリア法に即して」亜細亜法学35巻2号，2000年
第2節
「階層所有権の歴史的展開―オーストリア法に即して：補論」亜細亜法学37巻2号，2003年

筆を擱くにあたって

　以上開陳してきた全てにわたって，当然ではあるが研究対象は時代と共に変化してきた。ペット問題と専用使用権は，私が研究した当時の時代から発せられ対応を迫られた問題であった。現在は既に過去の領域に属しつつある問題であって，現代的意義があるかはかなりの疑問が残らなくもない。このように時代の変遷での中で，今後とも区分所有法のテーマと内容は多様に変化していくであろう。主要にオーストリアを対象とした階層所有権論も，その後に本国での詳細な研究がされている。他方，建替え論は今日でも一つの焦点であるが，私の立場は建替え推進への批判的立場で一貫してきた積りである。

　来し方を振り返れば，総論に裏付けられた各論での展開，法社会学（基礎法学）に基礎付けられた解釈学での成果，民法解釈学での精髄，こうした方法に基づく成果を必ずしも具体化できて来なかったし，個別具体の平面での切り結びに成功してはいないのではないかとの思いから，解き放たれていないままである。

　「探究」は未だ道半ばではあるが，一旦は筆を擱くこととしたい。もし何らかの形で，今後の研究者等の方々に資する点が少しでもあれば幸甚である。

　最後に，これまでの60数年を支えてくれた多くの方々にこの場をお借りしての感謝を述べることを，名城大学法学会にはお許し頂きたい。このような私を教員として遇し日々刺激を与えてくれた学生達，今は亡き父母を初めとして，その他の全てのお名前を挙げることは差し控えるが，特に静岡大学時代の平野毅・平野克明両先生，大学院時代の内山尚三先生を初めとする法政大学の諸先生方，その後の就職後の三大学での同僚の方々には，こうした自称研究者へと導いて頂いたことに，感謝を申し上げる。又，本書の出版につき，成文堂の篠崎雄彦氏と小林等氏にはお世話になった。全く私的なことであるが，修士時代から未熟であり続ける私の最大の支えとして常に共に歩

んでくれた我が妻・和恵には，言葉に表せないほどの想いが湧き出てくる。

2015年5月

片 桐 善 衛

事項索引

あ 行

アソシエーション……………………61
生ける法………………………………55
維持回復費用………………………146
一括売却……………………………131
委任契約………………………101, 103
委任状…………………………………7
売渡し………………………………135
売渡し請求…………………………133
エチケット……………………………55
王宮布告 Hofdecret………………161

か 行

買受指定者……………………133, 135
解消（消滅）………………………157
階層所有権………………160, 182, 186
開発型建替え………………………137
家禽……………………………………33
瑕疵…………………………………123
環境権論………………………………13
慣習…………………………………187
慣習法………………………………177
間接強制…………………………22, 96
管理委員会……………………………51
管理組合…………………………6, 58
規約………………………7, 51, 69, 91
規約自治………………………………59
客観的要件…………………………139
給付訴訟………………………………48
強制執行…………………………22, 96

行政命令 Verordnung……………164
共同所有権…………………29, 32, 36
共同体主義……………………………60
共同体論………………………………60
共同の利益………………15, 19, 95
　　――に反する行為………………92
競売請求…………………………17, 18
形成権………………………………152
結社の自由……………………………58
原告適格………………………………96
権利濫用論……………………………12
行為規範………………………………55
公共性………………………………157
公序……………………………………69
合同行為……………………………123
幸福追求権……………………………95
効用維持回復費用…………………133
コネティカット法曹協会……………68
コミュニティー………………………61
コンセンサス原理……………………62
コンドミニアム………………50, 129

さ 行

再売渡し請求………………………137
再開発………………………………132
災害法………………………………150
再建…………………………………128
財産権保障……………………………58
財産上の給付………………………153
再生（修繕や改修）………………157
差止……………………………8, 17, 50

差止訴訟……………………………48
更地………………………………136
三領域（圏）……………………156
時価………………………………136
自主管理……………………………6
執行方法……………………………22
司法権………………………………59
社会的陳腐化……………140, 147
集会自治……………………………59
住居所有権………27, 30, 31, 32, 37
　――法……………………………28
終了（消滅）……………………150
主観的要件………………………138
受忍限度……………………………12
　――論………………………………7
使用禁止…………………………17, 18
使用細則……10, 19, 27, 31, 32, 34,
　37, 42, 45, 46, 47, 91
消滅（廃止）……………………114
使用料……………………………115
除却…………………………23, 157
自力救済……………………………48
生活利益…………………………154
生存権……………………………154
正当事由…………………………153
全員の同意………………………127
宣言…………………………………68
1879年法……………165, 177, 178
専用使用権…………………………98
相関関係説（論）…………………12
相隣関係……………………………14
訴訟追行権…………………………19

た　行

耐震性不足のマンションに係るマンション

敷地売却ガイドライン…………158
代替執行……………………………22
耐用年数…………………………146
対話的合理性………………………62
建替え…………………124, 126, 128
建物価額…………………………141
建物の実体的分割………161, 179
建物滅失…………………………127
団地管理規約……………………135
担保責任…………………………123
地区計画…………………………159
地上物は土地に属す……………163
中高層共同住宅標準管理規約……10
駐車場……………………………100
手続的要件………………………155
添付原則……………………163, 185
統一共同体法………………………69
道徳…………………………………55
特別所有権……24, 29, 30, 32, 42, 178
特別の影響……7, 8, 12, 14, 94, 102,
　104, 106, 114, 115
共（とも）法論…………………156
取消…………………………………33

な　行

ニューサンス…………………16, 52
任意的訴訟担当……………………18

は　行

パターナリズム……………………62
東日本大震災……………………151
被災型……………………………141, 149
被災（災害）型建替え…………137
非訟事件手続………………………35
標準管理規約………………21, 109, 120

費用の過分性………*134, 135, 139, 149*
附合契約……………………………*6, 100*
不作為債務………………………*21, 22*
普通法……………………………………*185*
復旧………………………………………*128*
不当利得…………………………*101, 103*
部分社会論…………………………………*57*
部分所有権…………………………………*29*
分割所有権………………………………*184*
分割宣言……………………*23, 24, 37, 41*
ペット…………………………………*1, 54*
ペット法学会………………………………*67*
変更………………………………………*114*
法源………………………………………*187*
法曹大会…………………………………*180*
法定訴訟担当………………………………*18*
補償………………………………………*123*

ま 行

マンション総合調査………………………*64*
マンション標準管理規約…*91, 109, 119*
無効…………………………………*33, 45*

や 行

有償化決議………………………………*106*

ら 行

利益衡量論…………………………………*12*
リベラリズム………………………………*60*
利用規制……………………………*27, 43*
ルール…………………………*9, 55, 71*
歴史法学派………………………………*163*
連邦住宅法…………………………………*72*
老朽………………………………………*134*
老朽化……………………………………*131*

——型………………………*141, 145, 148*
——型建替え……………………*137, 138*
ローマ法…………………*163, 171, 177*

欧 文

Common Law……………………………*130*
Condominium……………………………*129*
deed………………………………………*130*
equity……………………………………*130*
LexisNexisJP………………………………*66*
nuisance……………………………………*16*
Powell on Real Property…………………*67*
unit…………………………………*129, 130*

人名索引

あ 行

淡路剛久……………………………*13*
五十嵐清……………………………*15*
磯村哲………………………………*56*
稲本洋之助……………………*91, 98*
遠藤浩…………………………*12, 16*
大塚直………………………………*12*
大西泰博……………………………*16*
大橋智之輔…………………………*57*
岡崎泰造……………………………*4*
奥川貴弥……………………………*66*
於保不二雄………………………*153*
折田泰宏……………………………*5*

か 行

梶浦恒男……………………………*5*
加藤一郎………………………*12, 13*
加藤新平………………………*56, 58*
鎌田薫……………………………*146*
鎌野邦樹…*65, 91, 98, 113, 125, 126, 127*
河上倫逸……………………………*56*
川島武宜………………………*13, 153*
楠本安雄……………………………*13*

さ 行

斉藤博………………………………*15*
佐藤幸治……………………………*57*
沢井裕………………………………*13*
潮見佳男…………………………*114*

篠原みち子……………………*12, 65*
四宮和夫………………………*12, 15*
水津太郎…………………………*152*
末弘厳太郎…………………………*58*

た 行

竹下守夫……………………………*22*
竹田智志…………………………*127*
舘幸嗣……………………………*109*
田中耕太郎……………………*56, 58*
田中成明………………………*57, 62*
田中嗣久……………………*108, 119*
玉田弘毅……………*4, 10, 16, 66, 125*
千葉恵美子………………………*152*
椿久美子……………………………*67*
椿寿夫………………………………*67*
富田善範……………………………*22*

な 行

長尾美夏子…………………………*67*
中村哲也……………………………*12*
中村直美……………………………*63*

は 行

長谷川義仁…………………………*65*
花房博文……………………*109, 125*
濱崎恭生………………*8, 12, 142*
原島重義……………………………*13*
原田純孝……………………*12, 152*
広中俊雄……………………………*14*
星野英一……………………………*12*

ま 行

升田純 ································· 65
丸山英氣 ····················· *1, 12, 109*
三カ月章 ····························· *22*
三島淑臣 ····························· *57*
水本浩 ······························· *16*
美濃部達吉 ··························· *58*

や 行

矢崎光圀 ····························· *57*
山田卓生 ····························· *67*
山田伸直 ···························· *146*
山野目章夫 ·························· *152*
吉田眞澄 ························· *66, 67*
米倉喜一郎 ······················ *12, 66*

わ 行

我妻栄 ······························· *12*
若松良樹 ····························· *60*

外国人名

Alter, Jonathan B. ··················· *51*
Augustin, Georg ····················· *32*
Bärmann, Johannes ············ *27, 160*
Barta ································· *46*
Bartsch, Heinrich ··················· *173*
Call ·································· *46*
Clurman, David ····················· *50*
Diester, Hans ······················· *23*
Dietrich, Ivo ······················· *174*
Ehrenzweig, Armin ················ *173*
Ehrlich, Eugen ······················ *56*
Exner, Adolf ······················· *164*
Faistenberger ························ *46*
Floßmann, Ursula ·················· *183*
Freedman, Warren ·················· *51*
Gaishauer, G. ······················· *28*
Gierke, Otto v. ···················· *185*
Gray, Genevieve ···················· *50*
Gschnitzer, Franz ·················· *173*
Hart, H. L. A. ······················ *57*
Hebard, Edna L. ···················· *50*
Hubricht, Manfred（フーブリヒト）····· *56*
Kaserer, Josef ····················· *166*
Klang, Heinrich ···················· *173*
Lienbacher ························· *167*
Mair, Alexandra ···················· *83*
Meinhart, Walter ···················· *45*
Merle, Werner ·················· *27, 73*
Nippel, Franz ······················ *162*
Novak, Franz ······················ *174*
Ofner, Jurius ······················ *162*
Ogris, Werner ····················· *164*
Pick, Eckhart ··················· *27, 73*
Pineles, Stanislaus ············ *161, 182*
Prader, Christian ···················· *83*
Putzer, Peter ·················· *161, 185*
Roll ································· *33*
Savigny, Friedrich Carl v. ·········· *163*
Schröder, Richard ·················· *185*
Schwarzacher, Friz ················ *181*
Seuß, Hanns ························ *27*
Staudinger ··························· *75*
Unger, Josepf ······················ *164*
Weitnauer, Hermann ················ *29*
Zeiller, Franz v. ··················· *162*
Zimmermann ························ *30*

裁判例索引

最大決昭和 28 年 1 月 16 日民集 7 巻 1 号 12 頁
……………………………………57
最（二小）判昭和 56 年 1 月 30 日判時 999 号 56 頁, 判タ 437 号 101 頁, 金商判 616 号 16 頁………………………………100, 117
横浜地判昭和 56 年 2 月 18 日判タ 435 号 84 頁
……………………………………16
東京地判昭和 58 年 1 月 28 日判時 1080 号 78 頁, 判タ 492 巻 78 頁……………………………4
東京地判昭和 58 年 8 月 24 日判時 1109 号 99 頁
……………………………………104
大阪地判昭和 58 年 10 月 28 日判時 1106 号 106 頁………………………………………12
東京地判昭和 59 年 10 月 4 日判時 1153 号 176 頁
……………………………………4
東京高判昭和 59 年 11 月 29 日判時 1139 号 44 頁
……………………………………104
東京地判昭和 60 年 10 月 22 日判例集未登載……4
東京地判昭和 61 年 9 月 25 日判時 1240 号 88 頁
……………………………………12
最大判昭和 62 年 4 月 22 日民集 41 巻 3 号 408 頁
……………………………………152
横浜地判平成 3 年 12 月 12 日判タ 775 号 226 頁
……………………………………2, 66
福岡地裁小倉支判平成 6 年 2 月 1 日民集 52 巻 7 号 1577 頁, 判時 1521 号 107 頁, 判タ 876 号 186 頁……………………………………101
福岡地小倉支判平成 6 年 2 月 1 日判タ 876 号 192 頁……………………………………103
東京地判平成 6 年 3 月 24 日判時 1522 号 85 頁
……………………………………104
東京高判平成 6 年 8 月 4 日高民集 47 巻 2 号 141 頁………………………………………66, 94
東京地判平成 7 年 11 月 21 日判時 1571 号 88 頁
……………………………………96
東京高判平成 8 年 2 月 20 日判タ 909 号 176 頁
……………………………………104
福岡高判平成 8 年 4 月 25 日民集 52 巻 7 号 1593 頁, 判時 1582 号 44 頁, 判タ 928 号 150 頁……………………………………101, 103
東京地判平成 8 年 7 月 5 日判時 1585 号 43 頁
……………………………………65, 66

最（一小）判平成 8 年 10 月 31 日民集 50 巻 9 号 2563 頁…………………………………152
東京高判平成 9 年 7 月 31 日（非公刊）………65
東京地判平成 9 年 12 月 11 日判タ 970 号 280 頁
……………………………………132
東京地判平成 10 年 1 月 29 日判タ 984 号 177 頁
……………………………………66
最（一小）判平成 10 年 3 月 26 日（非公刊）…65
大阪地判平成 10 年 8 月 25 日金商判 1058 号 34 頁………………………………………151
最（一小）判平成 10 年 10 月 22 日民集 52 巻 7 号 1555 頁, 判時 1663 号 47 頁, 判タ 991 号 296 頁………………100, 103, 117, 125
最（二小）判平成 10 年 10 月 30 日判時 1663 号 90 頁………………………………103, 118
最（二小）判平成 10 年 10 月 30 日民集 52 巻 7 号 1604 頁, 判時 1663 号 56 頁, 判タ 991 号 288 頁………………………101, 118, 125
最（二小）判平成 10 年 11 月 20 日判時 1663 号 102 頁………………………………103, 118
大阪地判平成 11 年 3 月 23 日判時 1677 号 91 頁, 判タ 1038 号 275 頁……………………133
東京高判平成 11 年 5 月 31 日判時 1684 号 64 頁
……………………………………104, 118
神戸地判平成 11 年 6 月 21 日判時 1705 号 112 頁, 判タ 1035 号 254 頁……………………135
東京高判平成 11 年 7 月 27 日判タ 1037 号 168 頁
……………………………………105, 118
東京高判平成 13 年 1 月 30 日判時 1810 号 61 頁
……………………………………106, 118
最大判平成 14 年 2 月 13 日民集 56 巻 2 号 331 頁………………………………………152
東京地判平成 14 年 11 月 11 日 Lexis Nexis JP
……………………………………66
東京地判平成 15 年 6 月 10 日 Lexis Nexis JP
……………………………………66
東京地判平成 19 年 1 月 30 日 Lexis Nexis JP
……………………………………66
東京地判平成 19 年 10 月 9 日 Lexis Nexis JP
……………………………………66
最判平成 21 年 4 月 23 日判時 2045 号 116 頁
……………………………………152

外国裁判例

ドイツ

KG, 16. August 1956, NJW 1956, 1679; BayObLG, 7. März 1972, ZMR 1972, 226···29
KG, NJW 1956, 1679; BayObLG 72, 90·········30
KG, NJW 1956, 1679·························32, 34
KG（ベルリン上級地方裁判所 1956 年 8 月 16 日決定）NJW 1956, 1679······················34
AG Karlsruhe, Rpfleger 1969, 131············30
OLG Hamm, NJW 1969, 884····················32
BayObLG, Rpfleger 1972, 176···················32
BayObLG vom 1972. 3. 7·······················27
BayObLG, 7. März 1972, ZMR 1972, 226······28
BayObLG, NJW 1972, 880·················33, 34
BayObLG（バイエルン上級地方裁判所 1972 年 3 月 7 日決定）MDR1972, 516. ZMR1972, 226. ···38
OLG Hamburg, MDR 1974, 138················29
LG Wuppertal, Rpfleger 1978, 23···············34
LG Wuppertal（ヴッペルタル地裁（LG Wuppertal）1977 年 7 月 5 日決定）Rpfleger 1978, 23. ···41
OLG Frankfurt/Main, 13. Juli 1978, Rpfl. 1978, 414···28, 29
OLG Frankfurt, Rpfleger 1978, 414·······33, 34
OLG Frankfurt（フランクフルト高裁 1978 年 7 月 13 日決定）Rpfleger 1978, 414.··········42
OLG Frankfurt, Rpfleger 1979, 109············30
OLG Hamm, NJW 1981, 465···············31, 32
OLG Stuttgart, Rpfleger 1982, 220·············33
OLG Stuttgart, OLGZ 1982, 301················34
OLG Stuttgart（シュツッツガルト高裁 1982 年 3 月 4 日決定）Entscheidungen der Oberlandsgerichte in Zivilsachen 1982, 301. Die Justiz 1982, 230.····································43
BGHZ 129, 329（Beschl. 4. 5. 1995)···········76
BGHZ 145, 158（Beschl. 20. 9. 2000)··········80
OLG Frankfurt 20. Zivilsenat, Beshluss vom 13. 09. 2005···80

オーストリア

OGH vom 14. 3. 1928, I Ob 142/28···········175
OGH vom 1. 3. 1951, SZ XXXIV/58··········176
OGH 25. 11. 2003. 5 Ob261/03y················84

アメリカ

Wilshire Condominium Assn., Inc. 対 Liza Kohlbrand 事件································52
Hidden Harbor Estates,Inc.v.Basso., 393So.2d. 637 (1981) Distroct Court of Appeal of Florida, 4. District································72
Villa De Las Palmas Homeowners Asso.v.Paula Terifaj,. 33Cal. 4th 73; 90p. 3d1223; 14Cal. Rptr. 3d67 (2004) Supreme Court of California··72
John G.Dubois, Timothy Peindable v. Assoc. of Apt. Owners, (2005), 453 F. 3d1175U.S.Court of Appeals for the 9th Circuit···············72

著者略歴

片桐善衛（かたぎり　ぜんえい）

1947 年　滋賀県生まれ
1972 年　静岡大学卒業
1979 年　法政大学大学院博士課程単位修得退学
1986 年　九州産業大学商学部専任講師
1993 年　亜細亜大学法学部助教授
1998〜1999 年　インスブルック大学法学部留学
2003 年　名城大学法学部教授（現職）

区分所有法の探究
名城大学法学会選書 12

2016 年 2 月 25 日　初版第 1 刷発行

著　者　　片　桐　善　衛

編　者　　名城大学法学会
　　　　　　会長　佐　藤　文　彦

発行者　　阿　部　成　一
　　〒162-0041　東京都新宿区早稲田鶴巻町 514 番地

発行所　　株式会社　成　文　堂

電話 03(3203)9201　　Fax 03(3203)9206
http://www.seibundoh.co.jp

製版・印刷　三報社印刷　　製本　弘伸製本
©2016 Z. Katagiri　　Printed in Japan
☆落丁・乱丁本はお取り替えいたします☆
ISBN978-4-7923-2683-8 C3032　　　検印省略

定価（本体 3300 円＋税）

◆名城大学法学会選書◆

1　ミランダと被疑者取調べ
　　小早川義則著　Ａ５判/4300円

2　イギリスの少年司法制度
　　木村裕三著　　　　　（品切）

3　基本権保護の法理
　　小山　剛著　　　　　（品切）

4　損失補償研究
　　小高　剛著　　　　　（品切）

5　ドイツ国際氏名法の研究
　　佐藤文彦著　Ａ５判/5500円

6　地方議会の法構造
　　駒林良則著　　　　　（品切）

7　雇用における年齢差別の法理
　　柳澤　武著　　　　　（品切）

8　Beiträge zur Geschichte der deutschen Staatsrechtswissenschaft
　　栗城壽夫著　Ａ５判/8500円

9　現代北欧の法理論
　　出水忠勝著　Ａ５判/4000円

10　委任による代理
　　柳　勝司著　Ａ５判/4700円

11　集団的自衛権とその適用問題
　　肥田　進著　Ａ５判/6000円

成文堂　http://www.seibundoh.co.jp